中国社会科学院创新工程学术出版资助项目

社会蓝皮书

BLUE BOOK OF
CHINA'S SOCIETY

2014 年
中国社会形势分析与预测

SOCIETY OF CHINA ANALYSIS AND FORECAST
(2014)

主　编／李培林　陈光金　张　翼
副主编／李　炜　许欣欣

社会科学文献出版社
SOCIAL SCIENCES ACADEMIC PRESS (CHINA)

图书在版编目（CIP）数据

2014 年中国社会形势分析与预测/李培林，陈光金，张翼主编.
—北京：社会科学文献出版社，2013.12
（社会蓝皮书）
ISBN 978 - 7 - 5097 - 5392 - 7

I. ① 2… Ⅱ. ① 李… ② 陈… ③ 张… Ⅲ. ① 社会分析 - 中国 -
2013 ② 社会预测 - 中国 - 2014 Ⅳ. ① D668

中国版本图书馆 CIP 数据核字（2013）第 293066 号

社会蓝皮书
2014 年中国社会形势分析与预测

主　　编／李培林　陈光金　张　翼
副 主 编／李　炜　许欣欣

出 版 人／谢寿光
出 版 者／社会科学文献出版社
地　　址／北京市西城区北三环中路甲 29 号院 3 号楼华龙大厦
邮政编码／100029

责任部门／皮书出版中心（010）59367127　　责任编辑／王　颉　桂　芳　陈晴钰
电子信箱／pishubu@ ssap. cn　　　　　　　责任校对／王韶颖
项目统筹／邓泳红　　　　　　　　　　　　责任印制／岳　阳
经　　销／社会科学文献出版社市场营销中心（010）59367081　59367089
读者服务／读者服务中心（010）59367028

印　　装／北京季峰印刷有限公司
开　　本／787mm×1092mm　1/16　　　印　张／23.25
版　　次／2013 年 12 月第 1 版　　　　　字　数／375 千字
印　　次／2013 年 12 月第 1 次印刷
书　　号／ISBN 978 - 7 - 5097 - 5392 - 7
定　　价／69.00 元

社会蓝皮书编委会

主　　编　李培林　陈光金　张　翼

副 主 编　李　炜　许欣欣

课题核心组成员

李培林　陈光金　张　翼　李　炜　许欣欣

张丽萍　刁鹏飞　田　丰　崔　岩　邹宇春

本书作者（按文序排列）

李培林	张　翼	吕庆喆	莫　荣
周　宵	孟续铎	杨宜勇	池振合
王发运	丁　谊	王　建	房莉杰
范　雷	李　炜	崔　岩	张海东
毕婧千	姚烨琳	袁　岳	张　慧
张健健	梁　宏	李春玲	祝华新
单学刚	刘鹏飞	卢永春	齐思慧
赵联飞	田　丰	薛　品	石长慧
张文霞	何光喜	赵延东	乔　健
张厚义	吕　鹏	许欣欣	张丽萍

主要编撰者简介

李培林 男，山东济南人。博士，研究员，中国社会科学院副院长，中国社会学会副会长，《社会学研究》主编。主要研究领域：发展社会学、组织社会学、工业社会学。主要代表作：《村落的终结》（专著）、《社会结构转型——中国经济体制改革的社会学分析》（专著）、《和谐社会十讲》（专著）、《另一只看不见的手——社会结构转型》（专著）、《转型中的中国企业：国有企业组织创新论》（合著）、《新社会结构的生长点》（合著）、《社会冲突与阶级意识——当代中国社会矛盾问题研究》（合著）、《国有企业社会成本分析》（合著）、《中国社会发展报告》（主编）、《中国新时期阶级阶层报告》（主编）等。

陈光金 男，湖南醴陵人。博士，研究员，中国社会科学院社会学所所长。主要研究领域：农村社会学、社会分层与流动、私营企业主阶层。主要研究成果：《中国乡村现代化的回顾与前瞻》（专著）、《新经济学领域的拓疆者——贝克尔评传》（专著）、《当代中国社会阶层研究报告》（合著）、《当代英国瑞典社会保障》（合著）、《内发的村庄》（合著）、《中国小康社会》（合著）、《当代中国社会流动》（合著）、《多维视角下的农民问题》（合著）、《当代中国社会结构》（合著）等。

张　翼 男，甘肃静宁人。博士，研究员，中国社会科学院社会学所副所长。主要研究领域：工业社会学、人口社会学、家庭社会学、社会流动、社会融合等。主要代表作：《就业与制度变迁：下岗职工与农民工——两个特殊群体的就业》（专著）、《国有企业的家族化》（专著）、《中国人社会地位的获得：阶级继承与代内流动》（论文）、《中国城市社会阶层冲突意识研究》（论文）、《当前中国中产阶层的政治态度》（论文）、《农民工进城落户意愿与中国近期城镇化道路的选择》（论文）、《中国婚姻家庭的变化态势》（论文）。

李 炜 男，陕西西安人。博士，副研究员，中国社会科学院社会学研究所社会发展研究室主任。主要研究领域：发展社会学、社会分层、社会研究方法。主要研究成果：《当代中国社会阶层研究报告》（合著）、《当代中国社会流动》（合著）、《农民工在中国社会转型中的经济地位和社会态度》（论文/合著）、《当代中国社会阶层的主观性建构和客观实在》（论文/合著）、《中韩两国社会阶级意识比较研究》（论文）。

许欣欣 女，北京人。博士，中国社会科学院社会学研究所研究员。1996～2012年，先后于美国哥伦比亚大学、杜克大学、韩国国立首尔大学、德国柏林自由大学、瑞典斯德哥尔摩大学做访问学者。主要研究领域：社会结构变迁、社会分层与社会流动、农村社会学。主要研究成果：《当代中国结构变迁与社会流动》（专著）、《中国农民组织化与韩国经验》（专著）、《中国城镇居民贫富差距演变趋势》（论文）、《从职业评价与择业取向看中国社会结构变迁》（论文）。

摘　要

本报告是中国社会科学院"社会形势分析与预测"课题组 2014 年度分析报告（社会蓝皮书），由中国社会科学院社会学研究所组织研究机构专家、高校学者和政府研究人员撰写。

本报告根据党的十八届三中全会的主要精神，以"全面深化改革"为主题，在系统总结了近年来我国经济社会发展取得的突破性进展的基础上，认为在新的决定性发展阶段，还需要继续调整经济结构，同时要努力保持经济平稳增长态势，着力解决收入不平等问题，防范城乡收入差距反弹风险；调整就业的结构性问题，完善社会保障体系，推进社会公共服务均等化，着力提高社会发展质量和城乡居民生活质量；消除社会体制改革的阻力，推动社会治理的现代化发展。

全面深化各方面的改革，将为我国经济社会发展提供新的动力。经济增长速度放缓趋势尚未根本扭转，产业结构调整空间仍然较大，资源环境约束力继续增强，在这种情况下，社会公平正义问题显得更加突出。必须按照《中共中央关于全面深化改革若干重大问题的决定》的要求，推进国家治理体系和治理能力的现代化，包括政府治理和社会治理的现代化，以改革促发展，不断推进劳动就业增长，推进收入分配体制、社会保障体制、医疗卫生体制、教育培训体制、文化体制以及其他社会体制的改革，一方面确保城乡居民收入和消费的正常增长，发展和改善民生，另一方面促进社会公平正义，提升城乡居民的客观和主观福祉，为每一个中国人实现"中国梦"创造条件。

正是基于以上认识，各篇分报告，分别讨论了涉及"劳有所得"的劳动就业和培训问题，涉及"老有所养"的社会保障问题和老年人居住安排及健康问题，涉及"病有所医"的医疗保障与新医改问题，涉及"学有所教"的

中国教育发展公平与改革问题、大学生的就业与社会态度问题，涉及收入分配的公平公正问题，涉及居民生活质量和社会发展质量的评价问题，涉及有利于就业增长和市场繁荣的私营企业尤其是小微型企业发展的政策和环境问题，以及涉及社会治理新挑战的网络舆情问题。在这些问题上，各篇分报告大多以经验调查数据或官方统计数据为基础，进行了具有一定深度的描述、分析，提出了具有针对性的对策建议。

前　言

本书是中国社会科学院"社会形势分析与预测"课题组第 22 本分析和预测社会形势的年度社会蓝皮书。

2014 年社会蓝皮书的议题有以下几个突出的方面。

1. 全面深化改革阶段的经济社会发展

2013 年中国经济增长速度相比 2012 年有所回落，年度增幅估计在 7.8%左右。国际经济社会形势仍然复杂，不稳定不确定因素仍然存在，稳结构、保增长、促改革，是 2013 年国家经济工作的重心。在社会发展领域，城乡居民收入增长速度有所放缓，如何稳定缩小城乡居民收入差距仍然是一个重要的课题；人口结构转型加速，城市化水平将超过 54%；"单独二孩"政策一旦启动，将有可能稍微缓解人口老龄化的趋势；由于城镇化的推动，劳动就业在经济增长速度略有下降的情况下继续增长；义务教育均衡发展战略的实施在积极稳妥地推进，医疗卫生体制改革有所深化，但"看病难"的问题仍然存在；社会保障覆盖面继续扩大，但养老金缺口问题以及是否延迟退休年龄的问题引起社会广泛关注。在这种形势下，必须继续实施积极就业政策，加快发展新型劳动就业培训，确保劳动就业平稳发展；坚持人民共享发展成果和共同富裕，从根本上扭转收入分配差距扩大的趋势；不断扩大社会保障覆盖面，在国民经济可承受和经济效率有保障的前提下提高社会保障水平；加快发展文教卫生事业，促进教育公平和医疗卫生服务均等化，让每一个中国人都有机会实现自己的"中国梦"。

2. 中国梦是每一个中国人的梦

"中国梦"已经成为激励中国人的一个关键词。从"中国梦"的视角了解公众对国家现实状况的综合评价和对未来的期盼，意义十分重大。需要从经济建设、政治建设、文化建设、社会建设、生态建设诸方面，并以多个次级指标

来测量人民对"中国梦"的想象。总体来看，在经济建设方面，城乡居民收入稳步提高，就业形势总体稳定，社会保障覆盖面不断扩大。政治建设方面，公众对反腐败工作的信心有进一步的提高。文化建设方面，我国文化实力在国际中的地位得到公众较高评价，社会主义核心价值观不断深入人心。在社会建设方面，人们对生活的安全感较高，生活满意度及幸福感也不断提高。在生态建设方面，转变经济增长方式、实现人与自然和谐发展已经成为城乡居民的普遍要求。

3. 社会质量与居民生活质量

在新的发展阶段，社会发展的质量受到广泛关注，其中一个关键问题是城乡人民的生活质量不断提升。社会质量是指人们能够在多大程度上参与其共同体的社会与经济生活，并且这种生活能够在多大程度上提升人们的福利和潜能。一般而言，社会质量包含四个条件性因素，即社会经济保障、社会凝聚、社会包容和社会赋权，对每一个条件性因素指标化就获得了衡量社会质量的指标体系。从现实状况看，用社会经济保障、社会凝聚、社会包容与社会赋权四个领域的各项指标来综合评价，不同地区的社会质量存在明显的差异。如何通过改善社会政策，全面提高社会质量，是我国城市化进程中面临的普遍问题。居民生活质量的提高，不仅表现为收入和消费水平的提升，也表现为广大城乡居民对他们的生活状况、生活福祉的主观感受改善。就 2013 年的情况来说，城乡居民的总体生活满意度与往年相比保持稳定，但收入不平等、物价以及房价等问题，仍然是广大居民深切关注的社会问题。并且，由于各种因素的影响，人们的社会经济地位认同仍然普遍偏低。全面深化改革尤其是社会领域的改革、促进社会公平正义，是提高社会质量和居民生活质量的重要途径。

本书的作者来自专业的研究和调查机构、大学以及政府有关研究部门，除总报告外，各位作者的观点，只属于作者本人，既不代表总课题组，也不代表作者所属的单位。

本书涉及的大量统计和调查数据，由于来源不同、口径不同、调查时点不同，所以可能存在着不尽一致的情况，请在引用时认真进行核对。

本课题研究受到中国社会科学院的重点资助，本课题的研究活动的组织、协调以及总报告的撰写，均由中国社会科学院社会学研究所负责。

　　本年度"社会蓝皮书"由李培林、陈光金、张翼、许欣欣、李炜、张丽萍、刁鹏飞、田丰、崔岩、邹宇春负责统稿，李培林、陈光金、张翼审定了总报告，傅学军负责课题的事务协调和资料工作。社会科学文献出版社社长谢寿光及本书编辑邓泳红、王颉、桂芳、陈晴钰，为本书的出版做了大量工作，在此表示诚挚谢意。

编者

2013 年 11 月 23 日

目录

BLUE BOOK B

B Ⅵ　附录

皮书数据库阅读使用指南

总 报 告

General Report

B.1

在全面深化改革中创新社会治理

——2013~2014 年中国社会形势分析与预测

中国社会科学院"社会形势分析与预测"课题组　李培林　张　翼 执笔*

摘　要：

2013 年，中国进一步踏入改革深水区。总体而言，调结构、稳增长、促发展的一系列政策初见成效，经济增速企稳，就业形势呈现出总需求略大于总供给的积极趋势，城镇化水平有望超过 54%。义务教育进一步均衡发展，大学招生向中西部地区倾斜。政府职能加速转变，社会组织将在未来大幅增长。社会保险参保人数趋于上升。但发展的不平衡、不可持续问题仍然存在。从 2013 年前三季度统计数据看，城乡居民收入增速放缓。食品价格与住房价格的攀升，影响了普通民众的消费生活，延缓了农民工的市民化进程。未来很长一个历史时期，都会出现大

---

* 李培林，中国社会科学院副院长；张翼，中国社会科学院社会学所副所长。

001

学毕业生就业难的问题——结构性失业现象会长期存在。在老龄化影响下，养老问题会越来越突出。由环境恶化引起的群体性事件快速增加，某些地区发生的暴力恐怖事件影响了全社会的安全感。所以，对2014年这个改革年来说，继续把控好宏观调控的力度、进度和方向，在保障和改善民生上稳定做出努力，具有非常重大的现实意义。"教育梦"和"就业梦"是每一个中国人的主要梦想。要在推进户籍制度改革中要统筹相关政策。对于"单独"放开二胎政策的实施，需要防止人口规模反弹。要在保护农民利益的前提下稳妥推进农村土地与住宅制度改革。而最关键的任务，则是大力创新社会治理方式，促进社会的和谐稳定。

关键词：

社会治理　户籍制度改革　城镇化　教育公平　社会公正

2013年是中国改革开放历史上具有里程碑意义的一年。面对十分复杂的国际形势和艰巨繁重的国内改革发展稳定任务，党的十八届三中全会审议通过了《中共中央关于全面深化改革若干重大问题的决定》，确定要推进国家治理水平和治理能力的现代化，使市场在资源配置中起决定性作用。全会还明确指出，要加快形成科学有效的社会治理体制，确保社会既充满活力又和谐有序。中国步入中等收入国家行列之后，过去发展中积累的问题和当前发展面临的新问题使中国进入"矛盾凸显期"。党的十八届三中全会向全世界释放出强烈的改革开放信号，中国将在新的历史起点上展开新一轮改革。

一　2013年社会发展基本形势

在复杂多变的世界经济大环境的影响下，伴随经济结构调整的深入，2013年中国的经济增长呈现出了"先下行、后拉起"的V形走势。第一季度GDP增长率为7.7%，第二季度为7.5%，第三季度又上升到7.8%，预计全年GDP增长率能够保持在7.7%以上。调结构、稳增长、促改革的政策配置为经济平稳运行注入了新的动力和活力，做到既稳增长又调结构，既利当前又利长远，避免了经济的大起大落，稳定了经济社会大局。

（一）经济增速企稳，结构调整初见成效

自20世纪80年代以来，我国经济在波动增长中出现过三次周期性下行。1985～1990年是第一次下行周期，1993～1999年是第二次下行周期，2008年之后进入了第三次下行周期。虽然在巨大投资的拉动下，2009～2011年经济仍保持较高的增长速度，但2012年GDP增长率又下降到7.8%，这是自20世纪90年代以来最低的增长水平。面对这种局面，中央继续加大了调整结构力度，没有像以往那样采取相对宽松的货币政策。即使在年中出现"钱荒"的情况下，也保持定力，坚决贯彻"调结构、稳增长、促改革"的方针，显示了中央保证经济平稳增长、化解发展中积累的问题、加大结构调整力度的决心和信心，结构调整初见成效。

2013年，我国粮食生产连续第10年大丰收。全国夏粮总产量达13189万吨，同比增长1.5%；早稻总产量为3407万吨，同比增长2.4%；秋粮有望再获丰收。2013年前三季度，猪牛羊禽肉产量为5803万吨，同比增长1.3%，其中猪肉产量达3831万吨，增长2.1%。粮食与肉类产量的稳步增长，对于稳定物价和发展经济具有举足轻重的作用。

2013年前10个月，全国财政收入突破11万亿元，达到110525亿元，同比增长9.4%。2012年年末，按照农村扶贫标准年人均纯收入2300元（2010年不变价），农村扶贫对象减少到9899万人，比2011年减少了2339万人，预计2013年全国扶贫对象将减少到8000万人以下。2300元/年已经相当于中位国际贫困标准，我国将按照这一标准在未来若干年实施大幅度减少扶贫对象的计划。

（二）就业形势总体稳定，就业市场总需求略大于总供给

从全国来看，2013年的就业形势总体稳定，没有出现大起大落，也没有出现与经济下行相伴生的失业率的上升。1～9月，城镇新增就业人数1066万人。在经济增速放缓的情况下，平均工资水平继续上升。截至2013年9月底，

全国共有24个地区上调了最低工资标准，平均上调幅度为18%。目前，全国"月最低工资标准"最高的是上海，为1620元；"小时最低工资标准"最高的是北京和新疆，为15.2元。到第三季度末，全国城镇登记失业率控制在4.04%，预计全年城镇登记失业率为4.1%。

2013年，全国城市劳动力市场出现需求人数略大于求职人数的情况。第三季度，我国东部、中部、西部的求人倍率分别为1.06、1.08和1.13。由于我国人口结构巨大而快速的变化，今后农民工每年的净增长率将被限定在一定的幅度内，农村作为取之不尽、用之不竭的劳动力蓄水池的情况已经一去不复返了。在现有技术水平与产业结构下，由农民工的短缺所造成的人工成本的上升还将持续。因此，在经济增长率被稳定在现有水平的情况下，岗位需求人数将持续性大于求职人数。

（三）人口结构转型加速，城镇化水平将超过54%

2012年，全年的死亡人口达到966万人。0～14岁人口占总人口的比重继续降低，从2010年年底的16.6%降低到2012年年底的16.5%，60岁及以上老年人口占总人口的比重达到14.3%的新高峰。中国人口的自然增长率连年下滑，截至2012年年末，自然增长率已经下降到4.95‰。但中国大陆每年仍净增人口660多万人，中国人口结构面临着人口老龄化和年均净增人口仍较多的双重压力。

与此同时，2013年中国经济增速下滑，罕见地未曾导致对农民工的"挤出效应"。2013年前三季度，农村外出务工劳动力达到17392万人，超过了1.7亿人，比上年增加了525万人，同比增长3.1%。另外，外出务工劳动力月均收入上升到2542元，同比增长13.0%。这就是说，即使在经济增速放缓的趋势下，由于城镇化的推动，中国GDP每增长1%，也会在城镇新创造130万～170万人的就业岗位。2009年、2010年、2011年、2012年城镇新增就业岗位分别达到了1102万、1168万、1221万和1266万个。从最近几年的发展趋势看，城镇新增就业岗位有逐渐增加的趋势。

城镇化进入新一轮的快速发展期，到2013年年底，我国城镇化水平将超过54%，按目前的增长速度，估计到2018年将达到60%。

（四）义务教育进一步均衡发展，大学招生向中西部地区倾斜

针对教育事权与财权的矛盾，中央实施从地方政府土地出让收益中计提教育资金的政策，保证和拓宽教育经费的供给渠道。2013 年，中央财政继续支持农村义务教育学生的营养改善计划。截至 2013 年 8 月底，22 个国家试点省份的 699 个国家试点县中，有 9.59 万所学校开餐，受益学生达 2243.21 万人；19 个地方试点省份的 529 个县中，有 3.98 万所学校开餐，受益学生达到 1002.01 万人。

2013 年 5 月教育部、国家发改委、财政部联合发布了《中西部高等教育振兴计划（2012~2020 年）》（简称《振兴计划》），启动了中西部高校基础能力建设工程。该工程以五年为一周期，第一期实施期限为 2012~2015 年，计划投入 100 亿元支持 100 所中西部地方本科高校建设。在 2013 年的高等教育招生名额安排中，要求东部高校招收中西部地区考生 18.5 万人。更多高等教育优质资源惠及农村、边远、贫困、民族地区的农家子弟。

（五）转变政府职能力度加大，社会组织将出现大幅增长态势

近年来，中国政府不断深化行政审批制度改革，国务院 10 年来共分 6 批取消和调整了 2497 项行政审批项目，占原有总数的 69.3%。新一届中央政府进一步加大转变政府职能力度，决心将国务院各部门 1700 多项行政审批事项再削减 1/3 以上。截至 2013 年 11 月底，已经分三批取消和下放 238 项行政审批项目。

新一轮改革将加大社会力量在提供公共服务和参与社会治理中的作用，加快实施政社分开。2013 年，在全国民政部门登记的社团、基金会、民办非企业单位等民间组织的总数将首次突破 50 万个。预计在出台促进社会组织发展的"直接依法申请登记"政策后，社会组织将在 2014 年之后出现大幅度增长态势。

（六）社会保障制度更加健全，各项参保人数继续上升

社会保障制度覆盖面继续扩大，城镇职工和城乡居民参加养老保险人数合

计已经达到8.06亿人。截至2013年9月底,城镇职工基本养老、城镇基本医疗、工伤、生育、失业五项保险参保人数分别达到31626万人、56360万人、19603万人、16061万人、16195万人,比上年底分别增加1200万人、2719万人、593万人、632万人、971万人。五项社会保险基金总收入合计达到23198亿元,同比增长了13.7%;五项社会保险基金总支出合计为19161亿元,同比增长20.6%;基金收入1503亿元,同比增长25.2%,基金支出1067亿元,同比增长34.7%。2013年城乡居民社会养老保险参保人数为49030万人,比上年底增加661万人。

农村医疗保险发挥重要作用。2012年年末,全国共有2566个县(市、区)开展了新型农村合作医疗工作,新型农村合作医疗参合率达到98.1%,人均筹资为290~300元。2013年,全国新农合人均筹资金额上涨到340元左右,并力争使平均住院报销额提高55%左右。另外,2013年,国家基本公共卫生服务项目人均经费标准还从27.2元提高到了30元,并使地广人稀的边远地区人均经费标准保持在40元。

二 2013年社会发展中存在的问题

(一)城乡居民人均收入增速放缓,食品价格趋于攀升

在经济增速放缓的同时,城镇居民与农村居民人均收入的增速也放缓了。2013年前三季度,城镇居民人均可支配收入为20169元,同比名义增长9.5%,扣除价格因素后实际增长6.8%;农村居民人均现金收入7627元,同比名义增长12.5%,扣除价格因素后实际增长9.6%,预计全年农民人均纯收入将增长8%左右。农村居民收入增长速度继续保持了超过GDP增长速度的局面,并且连续第四年超过城镇居民收入增长率,收入分配结构继续得到改善。但是,2013年城镇居民人均可支配收入增长速度,在连续几年高于GDP增速之后,再次跌落到GDP增速之下,这给扩大国内消费和完成到2020年城乡居民收入比2010年翻一番的目标增加了难度,需要引起高度关注。

通过宏观调控,物价总体平稳,保持了较低的上涨水平。2013年前三季

度，居民消费价格同比上涨2.5%。但是，2013年10月份全国居民消费价格总水平上涨了3.2%，创下了近8个月以来的新高，特别是食品价格同比上涨6.5%。在食品价格中，鲜菜价格上涨31.5%，肉禽及其制品价格上涨5.8%，鲜果价格上涨8.8%，水产品价格上涨6.4%，粮食价格上涨3.8%。冬季是蔬菜生产和供应的淡季，所以CPI还有可能在食品价格的拉动下有所上升。食品价格的上升，对低收入家庭的影响大于对中高收入家庭的影响，再加上房租价格的涨幅也高达4.5%，所以，应该高度关注低收入群体和生活困难家庭的生活变化状况。

（二）大学毕业生人数增加，就业压力逐渐加大

劳动力市场的分割带来白领就业市场和蓝领就业市场的结构性差异。每年春节后的"民工荒"与年中大学生的"就业难"在相当一段时期内会并存。大学持续扩招使每年应届大学毕业生数量不断增加，2013年大学毕业生的数量达到了699万人。为保障大学生的就业，国务院办公厅于2013年5月专门下发了《关于做好2013年全国普通高等学校毕业生就业工作的通知》。

根据国家中长期教育发展规划纲要，到2015年高等教育在校生总规模要达到3350万人，大学毛入学率达到36.0%，今后若干年大学毕业生数量将继续处于上升态势。但大学生的就业与农民工的就业截然不同。对于农民工来说，转换工作和找到新工作相对容易。但大学生的就业，却存在较大的专业区分，这种专业区分很难在短时间内通过培训弥合。在现实劳动力市场，大学生找到满意的工作较难，最后找到的工作往往与所学专业不对口，只有50%多一点的人找到了专业对口的岗位，而在随后半年或一年内，转岗率也比较高，很多人会处于间歇性就业与间歇性失业之中。而且，与西方发达国家不同的是，我国大学生的创业率很低。对大学生而言，最好是成为公务员，其次是到事业单位工作，再次是去国企。只有在难以找到上述工作岗位时，才不得不去非国有企业。学历越高的毕业生，成为公务员和进入事业单位就业的比率也越高。但在整个劳动力市场上，70%以上的就业岗位是由民营经济和其他非国有企业创造的。从"下海"到"入公"，反映的是大学生就业取向的变化。必须通过增强劳动力市场的活力，改变目前数百万大学生过"独木桥"争相"入公"的局面。

（三）人口老龄化加速，60 岁及以上老年人口达到 2 亿人

中国迎来了人口转型的拐点，人口红利将进入逐渐收缩时期。未来若干年里，中国劳动力人口将在波动中趋于下降，出现负增长趋势，人口老龄化开始加速，2013 年 60 岁及以上老年人口达到 2 亿人。老年人口总量的上升，也带来了生活不能自理的"失能老人"数量的迅速攀升。现在"失能老人"的总数已经超过 3700 万人，估计到 2015 年将接近 4000 万人。

在人口老化速度逐渐加快的过程中，整个社会高度关注退休与养老问题。对于公务员与事业单位工作人员，甚至对于整个白领职业群体而言，延迟退休年龄的政策容易被接受；但对于蓝领工人，尤其是对于那些从事建筑、纺织、煤炭、清洁、生产组装等重体力劳动的职工来说，延迟退休年龄是难以接受的。国家延迟退休年龄的政策配置，要把握好职业群体的差别和渐进推行的步骤。

（四）住房价格继续上升，农民工市民化面临新困难

2013 年 3 月，国务院颁发了"国五条"，采取了完善和稳定房价的工作责任制、坚决抑制投机投资性购房、增加普通商品住房及用地供应、加快保障性安居工程规划建设、加大房地产市场监管力度等一系列措施，力图控制和稳定住房价格的上涨。

然而，住房价格却继续呈现上升态势，2013 年第三季度公布的对全国 70 个大中城市的监测表明，2013 年 9 月份与上年同月相比，在 70 个大中城市中，新建商品住宅（不含保障性住房）价格下降的城市只有 1 个，上涨的城市有 69 个，其中同比价格上涨 10% 以上的城市有 13 个，而北京、上海和广州同比价格上涨则分别达到 20.6%、20.4%、20.2%。即便是二手房市场，在 70 个大中城市中，2013 年 9 月份与上年同月相比，二手住宅价格下降的城市也只有 2 个，上涨的城市有 68 个，其中最高涨幅达到了 17.8%。

伴随新建住房和二手房价格的上升，城市的房租价格也日趋攀升。农民工增长的收入，也因为房租的上升、粮食价格的上升以及蔬菜水果类价格的上升而显得微不足道或难以承受城市生活费用之重。这对农民工的市民化极其不利，估计 2014 年春节后企业招工（农民工）会更加困难。

（五）环境群体性事件多发，暴力恐怖事件影响社会安全感

空气污染和水污染正在成为影响人民群众生活品质的重要负面因素。现在，我国 70% 左右的城市空气质量达不到新的环境空气质量标准，京津冀、长三角、珠三角等地区空气污染严重。中国气象局国家气候中心发布的数据显示，从 2013 年 1 月 1 日至 4 月 10 日，中国内地的平均雾霾天数达到了 12.1 天，较常年同期多 4.3 天，为 1961 年以来历史同期最多。同期北京市雾霾天数竟然高达 46 天，较常年同期的 7.1 天多 5.5 倍，为近 60 年来雾霾天气最多的时期。另外，当前 70% 的江河湖泊被污染，90% 流经城市的河段受到严重污染。国土资源部 2012 年公报显示，在全国 198 个地市级行政区 4929 个监测点，近六成的地下水为"差"，其中 16.8% 为"极差"。环境污染在影响居民身心健康的同时，也难以避免地导致了群体性事件的多发。最近，在信访总量、集体上访总量、群体性事件总量下降的情况下，因为环境问题而发生的群体性事件却在快速上升，这说明了环境问题的敏感性和尖锐性。

暴力恐怖事件严重影响社会稳定。2013 年新疆连续发生多起暴力恐怖事件，造成民警、社区工作人员和居民数十人伤亡，造成很大负面影响。要认真研究新疆新形势下的事态，防止类似事件频发。

三　2014 年社会发展态势与政策建议

（一）继续把握好宏观调控力度，保障和改善民生

从长远考虑，保持经济持续增长的最好办法就是转变发展方式，调整产业结构，化解过剩产能，实现产业结构升级。经济增长与社会发展仍然是化解社会矛盾的最好药方。没有一定程度的经济增长，就难以创造劳动就业岗位。没有就业岗位，也就没有民生之本，更无社会稳定的前提。通过对新世纪中国国内生产总值增长率与就业之间关系的推测，GDP 每增长一个百分点，城镇就会新增加 130 万~170 万个就业岗位。在第三产业成为吸纳劳动力就业的主渠道之后，GDP 的增长所带动的就业机会更趋于增多。虽然 2013 年前三

季度的 GDP 增长率低于 2012 年，但前三季度创造的就业岗位却超过了 1000万个。

在经济增长和居民收入增长放缓的情况下，更要高度关注保障和改善民生，控制好通货膨胀，特别是解决好低收入和生活困难群体的生活改善问题。

（二）推进城乡教育公平，让每个公民都有"中国梦"

要高度关注教育资源均衡配置的实际效果。近年来，为了推进教育公平和公共服务均等化，国家向农村、向欠发达地区、向边远地区援建了很多小学，虽然校舍很好，但由于农民工子女随迁进入城市，农村生源不足，造成了校舍闲置。很多地方因为农村生源不足，实行"撤村并校"，造成村无小学、乡无中学，边远地区小学或初中师资匮乏，很多农村学生上学路途遥远、成本增加，出现新的辍学。而在城市，仍然存在着相当数量的农民工子弟只能在农民工子弟学校上学的现象。

在九年义务制教育和高中教育阶段产生的城乡教育质量差异，在很大程度上衍生了高等教育机会的不公平。农业户籍生源在重点大学学生中所占比重较低，但在高职院校成为主流。虽然高职院校毕业的学生易于找到工作，但其初职收入却较低。要构筑公民的中国梦，就必须首先维护好起点的公平，在相对均衡的教育资源配置中让每一个学生建构自己的中国梦。我国进入人口红利收缩期，要通过推进城乡教育公平、大规模提高农村劳动力的素质，延长人口红利期。

（三）强化户籍制度改革的政策指向，统筹推进相关改革

户籍制度的改革将全面启动，建制镇和小城市将全面放开落户限制；中等城市将有序放开落户限制，大城市的落户条件将被合理确定，特大城市人口规模则将被严格控制。但流动人口尤其是农民工的主要流入地，仍然是大城市与特大城市。北京流动人口的总量接近 1000 万，上海流动人口的总量超过 1200万，广州和深圳等一线城市的流动人口总量也极其庞大。流动人口选择大城市和特大城市的一个重要原因，是大城市和特大城市有更多的就业机会和较高的劳动收入。所以，户籍改革和城镇落户政策要与就业岗位等资源配置相配合。只有缩小中小城市与大城市和特大城市之间的发展差距，使农民工易于在家门

口找到相对稳定的工作，户籍制度的改革才会让农民工受益更多。如果中小城市和小城镇缺乏相对稳定的就业机会，农民工就难以就近就地城镇化。世界很多国家的著名大学与新产业孵化基地都建立在中小城市，这一点值得借鉴。除就业岗位的创造外，教育、卫生医疗、养老等民生工程的建立健全与否，也影响着农民工的流动选择。

户籍制度改革要注重社会保障制度的整合和公共服务的均等化。从全国范围考察，目前将暂住证改为居住证的改革红利还不明显。要尽快出台将农村养老保险和医疗保险接入城镇社保体系的制度规范与实施细则。

（四）有序放开"单独"二孩，防止人口净增长的规模反弹

实施放开"单独"二孩的生育政策，对延缓老龄化和保证劳动力供给都是必要的。现在，全国的独生子女家庭达到 1.5 亿多户。在很多大城市和特大城市，城镇户籍人口的实际生育率大大低于政策生育率。第六次人口普查发现，全国的总和生育率只有 1.18，而北京的总和生育率才 0.71，上海的总和生育率也仅仅为 0.74。城市房价的上升、孩子养育成本的提高、女性在正规学校受教育时间的延长、女性较高的劳动参与率以及女性对职业升迁的重视等，都会延迟初婚年龄和降低生育率。现在，上海女性的初婚年龄接近 30 岁，北京女性的初婚年龄也接近 28 岁。另外，由于受地域因素、收入与家庭背景因素的影响，城镇户籍适龄年龄段人口的择偶结果，往往是独生子女与独生子女结婚的多。一个独生子女与另外一个非独生子女婚配所形成的"单独"比例并不高。放开"单独"二孩，短期内可能会刺激生育，但长期的生育冲动一定会随收入和受教育水平的快速提高而降低，不会造成太大的人口增长波动。

但是，我国目前每年仍然有 660 多万的人口净增长，距离人口零增长还有很长一段时间，而婚龄青年人群占总人口的比重，将在未来几年达到顶点。因此，放开"单独"二孩要渐进有序，防止人口净增长出现较大反弹。

（五）慎重稳妥地进行农村土地和住宅制度改革，切实保护农民利益

农村土地制度和住宅制度的改革是一项重大变革。在符合规划和用途管制

的前提下，允许农村集体经营性建设用地出让、租赁、入股，实行其与国有土地同等入市、同权同价；在坚持和完善最严格的耕地保护制度的前提下，赋予农民对承包地的占有、使用、收益、流转及承包经营权抵押、担保权能；慎重稳妥地推进农民住房财产权抵押、担保、转让，探索农民增加财产性收入渠道。这一系列关于农村土地制度和住宅制度的改革措施，将产生非常深远的影响。在这些政策的实施过程中，要采取慎重稳妥、循序渐进、试点先行的方针，认真研究由此带来的后果和影响，把握好改革的进度与力度，坚决防止在政策实施过程中偏离轨道。

在推出改革的相关实施细则时，应该对农民在市场中较之资本所处的弱势地位，对可能产生的对地方财政、地方债务和基础设施建设的影响，对改革释放红利过程中可能衍生的新矛盾等，有足够的估计，同时还应该警惕强势利益集团的违规操作和不正当获利。

（六）创新社会治理方式，促进社会和谐稳定

党的十八届三中全会提出要创新社会治理方式，这为激发社会活力、有效预防和化解社会矛盾、维护社会和谐稳定提供了新的视野。要尽快走出过度依赖无限责任政府实施社会管控的老路，充分调动社会各方面的力量，加强社会治理的体制机制建设，保障社会的平安有序，维护国家的长治久安。

发 展 篇

Reports on Social Development

B.2
2013 年中国城乡居民收入和消费状况

吕庆喆*

摘 要：

本文对 2013 年中国城乡居民收入和消费状况进行分析，并对 2014 年中国城乡居民生活消费的发展趋势做出判断。2013 年，中国城乡居民收入持续增长，生活水平不断提高，消费层次进一步提升，消费理念和模式发生了变化；但是也出现了宏观经济形势使消费预期不乐观，高房价和物价上涨影响即期消费、削弱了消费增长后劲，现行扩大内需政策边际效应接近极限，当前社会仍然缺乏安全宽松的消费环境等问题。预计 2014 年，中国 GDP 增长略高于 7%，社会消费品零售总额增长 13% 左右。

关键词：

居民收入 居民消费 生活质量

* 吕庆喆，博士，国家统计局统计科学研究所社会统计研究室主任、高级统计师。

一 城乡居民收入持续增长，但差距仍较大

（一）居民收入持续增长

改革开放以来，我国城乡居民收入持续增长。2012 年，城镇居民人均可支配收入达 24565 元，剔除价格因素的影响后，是 1978 年的 11.5 倍，年均增长 7.4%；全国农村居民家庭人均纯收入达 7917 元，剔除价格因素的影响后，是 1978 年的 11.8 倍，年均增长 7.5%（见表 1）。

表 1　城乡居民收入及增长情况

年份	城镇居民家庭人均可支配收入		农村居民家庭人均纯收入	
	绝对数(元)	指数(1978 = 100)	绝对数(元)	指数(1978 = 100)
1978	343	100.0	134	100.0
1979	405	115.7	160	119.2
1980	478	127.0	191	139.0
1985	739	160.4	398	268.9
1990	1510	198.1	686	311.2
1995	4283	290.3	1578	383.6
2000	6280	383.7	2253	483.4
2005	10493	607.4	3255	624.5
2006	11760	670.7	3587	670.7
2007	13786	752.5	4140	734.4
2008	15781	815.7	4761	793.2
2009	17175	895.4	5153	860.6
2010	19109	965.2	5919	954.4
2011	21810	1046.3	6977	1063.2
2012	24565	1146.7	7917	1176.9

资料来源：《中国统计年鉴 2013》。

截至 2013 年三季度末，城镇居民人均可支配收入继续增长，达 20169 元，剔除价格因素影响后，比上年同期实际增长 6.8%；农村居民人均现金收入达 7627 元，剔除价格因素影响后，比上年同期实际增长 9.6%。从各地区看，城乡居民收入也有不同程度的增长（见表 2）。

表 2　2013 年前三季度各地区城乡居民收入情况

地　区	城镇居民人均可支配收入		农村居民人均现金收入	
	绝对数(元)	名义增长速度(%)	绝对数(元)	名义增长速度(%)
全　国	20169	9.5	7627	12.5
北　京	29626	9.9	16150	11.0
天　津	23215	8.7	14594	13.5
河　北	16795	9.7	8391	12.9
山　西	16227	9.6	5971	12.9
内蒙古	18937	10.1	9144	13.2
辽　宁	19109	10.0	12823	12.1
吉　林	16625	10.1	10368	11.8
黑龙江	14343	10.2	10536	11.7
上　海	32786	8.5	16916	9.5
江　苏	24695	9.2	12036	11.4
浙　江	29108	9.1	16122	10.3
安　徽	17232	9.9	7398	13.8
福　建	23354	9.5	8966	13.0
江　西	16157	10.0	6664	12.9
山　东	20780	9.7	10372	12.5
河　南	16644	9.6	6798	12.5
湖　北	17433	9.6	7147	13.3
湖　南	17404	9.5	6983	12.9
广　东	25081	9.3	9689	10.8
广　西	17326	9.6	6154	13.5
海　南	17117	9.6	7647	12.7
重　庆	18812	9.5	7289	12.8
四　川	17145	9.8	7012	12.8
贵　州	15547	10.4	4039	14.9
云　南	17129	10.1	5140	13.7
西　藏	14525	12.6	4244	14.9
陕　西	17160	10.0	6175	13.1
甘　肃	13799	10.3	4311	13.7
青　海	13431	11.5	5180	15.9
宁　夏	15289	9.4	6644	12.7
新　疆	14399	11.1	5892	14.4

资料来源：国家统计局住户调查资料。

（二）收入结构发生变化

工资性收入一直是城镇居民收入的主体，其占全部收入的比重有所下降，由 2000 年的 71.2% 下降到 2012 年的 64.3%；经营净收入和财产性收入比重有所上升，由 2000 年的 3.9% 和 2.0% 分别上升到 2012 年的 9.5% 和 2.6%（见表 3）。

表 3　城镇居民收入结构

单位：%

项目 \ 年份	2000	2001	2002	2003	2004	2005	2006	2007	2008	2009	2010	2011	2012
总收入	100	100	100	100	100	100	100	100	100	100	100	100	100
工资性收入	71.2	69.9	70.2	70.7	70.6	68.9	68.9	68.7	66.2	65.7	65.2	64.3	64.3
经营净收入	3.9	4.0	4.1	4.5	4.9	6.0	6.4	6.3	8.5	8.1	8.1	9.2	9.5
财产性收入	2.0	1.9	1.2	1.5	1.6	1.7	1.9	2.3	2.3	2.3	2.5	2.7	2.6
转移性收入	22.9	23.6	24.5	23.3	22.9	23.4	22.8	22.7	23.0	23.9	24.2	23.8	23.6

资料来源：基于历年《中国统计年鉴》数据整理获得。

家庭经营收入一直是农村居民收入的主体，其占纯收入的比重有所下降，由 2000 年 63.3% 下降到 2012 年的 44.6%；工资性、财产性和转移性收入比重均有所上升，由 2000 年的 31.2%、2.0% 和 3.5% 分别上升到 2012 年的 43.5%、3.1% 和 8.7%（见表 4）。

表 4　农村居民收入结构

单位：%

项目 \ 年份	2000	2001	2002	2003	2004	2005	2006	2007	2008	2009	2010	2011	2012
纯收入	100	100	100	100	100	100	100	100	100	100	100	100	100
工资性收入	31.2	32.6	33.9	35.0	34.0	36.1	38.3	38.6	38.9	40.0	41.1	42.5	43.5
家庭经营收入	63.3	61.7	60.0	58.8	59.5	56.7	53.8	53.0	51.2	49.0	47.9	46.2	44.6
财产性收入	2.0	2.0	2.0	2.5	2.6	2.7	2.8	3.1	3.1	3.2	3.4	3.3	3.1
转移性收入	3.5	3.7	4.0	3.7	3.9	4.5	5.0	5.4	6.8	7.7	7.7	8.1	8.7

资料来源：基于历年《中国统计年鉴》数据整理获得。

（三）城乡居民收入差距依然较大

1. 基尼系数依然较高

从反映城乡居民收入差距的基尼系数看，2003 年已超过 0.4，达 0.479，2008 年更是攀升到 0.491。自 2009 年起基尼系数开始逐步回落，2012 年已下降到 0.474（见图 1）。

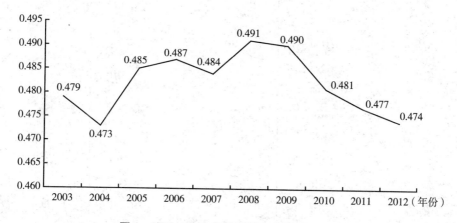

图 1　2003～2012 年中国居民收入基尼系数

资料来源：国家统计局住户调查资料。

2. 各地区城镇居民之间、农村居民之间收入差距较大，但差距逐步缩小

从各地区城镇居民人均可支配收入、农村居民人均纯收入来看，2012 年，城镇居民和农村居民收入最高的均为上海，分别达 40188 元和 17804 元，而最低的均为甘肃，分别为 17157 元和 4507 元，城镇居民和农村居民人均收入最高的分别是最低的 2.34 倍和 3.95 倍（见表 5）。

自 2006 年开始，全国 31 个省（区、市）城镇居民人均可支配收入、农村居民人均纯收入的变异系数逐年缩小，表明各地区城镇居民之间和农村居民之间收入差距有所缩小（见图 2、图 3）。

3. 城乡居民之间收入差距较大

受二元经济结构的影响，我国城乡居民之间收入水平一直存在着一定差距，特别是 20 世纪 80 年代以来这一差距有所扩大，90 年代后期差距进一步拉大，至 2010 年开始有所缩小（见图 4）。

表5 各地区 2012 年城乡居民收入的比较

单位：元

地　区	城镇居民家庭人均可支配收入		农村居民家庭人均纯收入	
	金额	排名	金额	排名
北　京	36469	2	16476	2
天　津	29626	6	14026	4
河　北	20543	19	8081	12
山　西	20412	21	6357	23
内蒙古	23150	10	7611	15
辽　宁	23223	9	9384	9
吉　林	20208	23	8598	11
黑龙江	17760	29	8604	10
上　海	40188	1	17804	1
江　苏	29677	5	12202	5
浙　江	34550	3	14552	3
安　徽	21024	15	7160	20
福　建	28055	7	9967	7
江　西	19860	24	7829	14
山　东	25755	8	9447	8
河　南	20443	20	7525	16
湖　北	20840	17	7852	13
湖　南	21319	12	7440	17
广　东	30227	4	10543	6
广　西	21243	13	6008	25
海　南	20918	16	7408	18
重　庆	22968	11	7383	19
四　川	20307	22	7001	21
贵　州	18701	26	4753	30
云　南	21075	14	5417	28
西　藏	18028	27	5719	27
陕　西	20734	18	5763	26

续表

地　区	城镇居民家庭人均可支配收入		农村居民家庭人均纯收入	
	金额	排名	金额	排名
甘　肃	17157	31	4507	31
青　海	17566	30	5364	29
宁　夏	19831	25	6180	24
新　疆	17921	28	6394	22

资料来源：基于《中国统计年鉴 2013》数据整理获得。

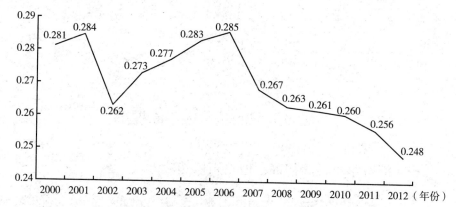

**图 2　2000～2012 年全国 31 个省（区、市）城镇居民
家庭人均可支配收入差异系数**

资料来源：基于历年《中国统计年鉴》数据计算获得。

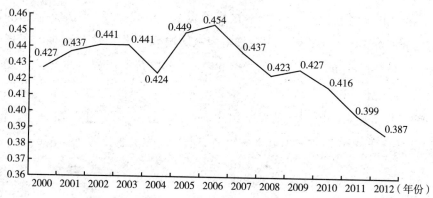

**图 3　2000～2012 年全国 31 个省（区、市）农村居民
家庭人均纯收入差异系数**

资料来源：基于历年《中国统计年鉴》数据计算获得。

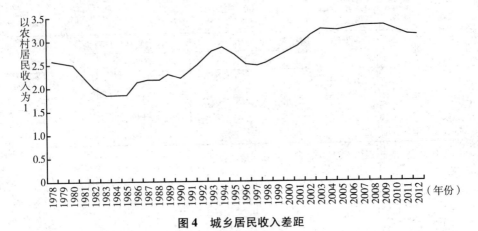

图 4 城乡居民收入差距

资料来源：基于历年《中国统计年鉴》数据计算获得。

二 城乡居民消费水平不断提高

（一）消费水平显著提高，但差距依然较大

2012 年，城镇居民家庭人均现金消费支出为 16674.3 元，是 2000 年的 3.3 倍，剔除价格因素影响后，年均实际增长 8.1%；农村居民家庭人均消费支出为 5908.0 元，是 2000 年的 3.6 倍，剔除价格因素影响后，年均实际增长 8.1%（见表 6）。

截至 2013 年第三季度末，城乡居民消费水平继续提高。其中，城镇居民人均现金消费支出 13319 元，剔除价格因素影响后，比 2012 年同期实际增长 5.1%；农村居民家庭人均消费支出 4385 元，剔除价格因素影响后，比 2012 年同期实际增长 11.1%。

2003 年，城乡居民人均消费支出比高达 3.35，最近几年开始有所好转，至 2012 年已下降到 2.82，但城乡居民消费水平差距依然较大（见表 6）。

（二）不同收入群体的消费水平存在差异

按收入五等份对城镇居民家庭人均消费支出（未考虑价格因素影响）进行分组分析，2000～2012 年，从低收入户组到高收入户组，每组人均生活消费

表 6　城乡居民家庭消费情况

年份	城镇居民家庭人均现金消费支出		农村居民家庭人均消费支出		城乡居民人均消费支出比
	绝对数（元）	指数（上年＝100）	绝对数（元）	指数（上年＝100）	
2000	4998.0	—	1670.1	—	2.99
2001	5309.0	105.5	1741.1	103.4	3.05
2002	6029.9	114.7	1834.3	105.8	3.29
2003	6510.9	107.0	1943.3	104.3	3.35
2004	7182.1	106.8	2184.7	107.3	3.29
2005	7942.9	108.9	2555.4	114.5	3.11
2006	8696.6	107.9	2829.0	109.1	3.07
2007	9997.5	110.0	3223.9	108.1	3.10
2008	11242.9	106.5	3660.7	106.6	3.07
2009	12265.0	110.1	3993.5	109.4	3.07
2010	13471.5	106.4	4381.8	105.9	3.07
2011	15160.9	106.9	5221.1	112.6	2.90
2012	16674.3	107.1	5908.0	110.4	2.82

资料来源：基于历年《中国统计年鉴》数据计算获得。

支出年均增长幅度逐渐加大。其中：低收入户人均生活消费支出由 2000 年的 2899.1 元提高到 2012 年的 8457.0 元，年均增长 9.3%；中等收入户由 4794.6 元提高到 15719.9 元，年均增长 10.4%；高收入户由 8135.7 元提高到 31602.8 元，年均增长 12.0%（见表7）。

表7　按收入五等份分组的城镇居民家庭人均消费支出比较

单位：元/人，%

年份＼分组	低收入户（20%）	中低收入户（20%）	中等收入户（20%）	中高收入户（20%）	高收入户（20%）
2000	2899.1	3947.9	4794.6	5894.9	8135.7
2003	3066.8	4557.8	5848.0	7547.3	12066.9
2005	3708.3	5574.3	7308.1	9410.8	15575.9
2007	4840.1	7123.7	9097.4	11570.4	19300.9
2009	5833.0	8738.8	11309.7	14964.4	24043.1
2011	7478.7	10872.8	14028.2	18160.9	29453.0
2012	8457.0	12280.8	15719.9	19830.2	31602.8
2000~2012 年年均增长率	9.3	9.9	10.4	10.6	12.0

资料来源：基于历年《中国统计年鉴》数据计算获得。

按收入五等份对农村居民家庭人均消费支出（未考虑价格因素影响）进行分组分析，2000～2012年，不同收入组居民消费水平普遍增长较快，人均生活消费增长幅度均达到10%以上。其中：低收入户人均生活消费支出由2000年的977元提高到2012年的3742元，年均增长11.8%；中等收入户由2000年的1501元提高到2012年的5430元，年均增长11.3%；高收入户由3086元提高到10275元，年均增长10.5%（见表8）。

表8　按收入五等份分组的农村居民家庭人均消费支出比较

单位：元/人，%

年份 \ 分组	低收入户（20%）	中低收入户（20%）	中等收入户（20%）	中高收入户（20%）	高收入户（20%）
2000	977	1233	1501	1877	3086
2003	1065	1378	1733	2189	3756
2005	1548	1913	2328	2879	4593
2007	1851	2358	2938	3683	5994
2009	2355	2871	3546	4592	7486
2011	3313	3962	4818	6003	9150
2012	3742	4464	5430	6924	10275
2000～2012年年均增长率	11.8	11.3	11.3	11.5	10.5

资料来源：基于历年《中国统计年鉴》数据计算获得。

三　城乡居民消费层次不断提升，消费结构优化升级

随着城乡居民收入的提高，其消费重点也发生了变化，由基础型消费转向发展、享受型消费。

（一）满足生存的食品类消费支出比重持续下降

恩格尔系数是食品支出（指基础的满足温饱需求的食品）总额占个人消费支出总额的比重。一个家庭或个人收入越多，用于购买生存性的食物的支出在家庭或个人收入中所占的比重就越小。

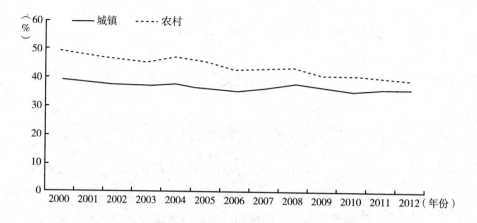

图 5　2000～2012 年城乡居民家庭恩格尔系数

资料来源：基于历年《中国统计年鉴》数据计算获得。

从图 5 可以看出，经过多年的发展，我国城镇和农村居民家庭恩格尔系数均有所下降，分别由 2000 年的 39.4% 和 49.1% 下降到 2012 年的 36.2% 和 39.3%，分别下降了 3.2 个和 9.8 个百分点，恩格尔系数的下降充分体现出城乡居民消费层次和结构发生了变化。

（二）发展与享受型消费支出成为当前消费的热点

进入 21 世纪以来，城乡居民消费全面升级，各类消费支出均呈增长态势。消费结构明显改善，用于满足基本生活需求的食品和衣着商品等基础性消费占总消费支出的比重逐渐下降，而满足人们交通、通信、娱乐、旅游、医疗保健等发展和享受型消费所占比重逐渐提高。2012 年，城镇居民的基础型消费（食品与衣着）的比重为 47.2%，比 2000 年降低 2.3 个百分点，发展与享受型消费（家庭设备用品和服务、医疗保健、交通和通信、教育文化娱乐服务）的比重由 2000 年的 35.8% 增加到 2012 年的 40.0%；2012 年，农村居民的基础型消费（食品与衣着）的比重为 46.0%，比 2000 年降低 8.8 个百分点，而发展与享受型消费的比重由 2000 年的 26.5% 增加到 2012 年的 33.1%。

四　城乡居民消费理念和模式发生变化

随着网络的广泛运用和商品种类的丰富，居民的消费理念和模式也在发生着变化。

（一）网络购物成为越来越重要的购物方式

随着网络的广泛应用，各大网站纷纷推出网络购物功能，而银行对网上消费的支持和物流系统的越加完善，也使得网络购物环境逐渐成熟；从网店自身来看，受益于经营成本较低，其所售商品显得性价比更高，而网店提供的服务和售后保障和实体店趋同，也使得消费者购物更安心。种种有利因素，使得居民足不出户就可以买到各种心仪的物品，网上购物有越来越红火的势头。

（二）节假日购物冲动减弱

节假日刺激往往是商家全年营销计划中最重要的环节，每当这个时候各种促销总是铺天盖地而来，这种商家大让利的良机以往总是可以带动消费者的热情，但是随着网络购物的兴起，消费者在网上随时都可以买到价格低于商店售价的物品，因此对节假日促销的热情减退。

（三）购物受季节性因素影响不大

一方面，随着科技的发展，商品种类变得极其丰富，并且很多物品不再限于特定季节，譬如蔬菜，现在一年四季都可以吃到新鲜的蔬菜，商品的季节性越来越不明显，这造成了消费者购逐渐不受季节性因素影响；另一方面，商家的经营理念和消费者的消费理念都在发生改变，商家冬天也在吆喝着卖短袖，夏天羽绒服大卖场照样开得红红火火，而消费者对此也买账，只要价格合适，反季购买现象比比皆是。

五　居民生活消费中存在的主要问题

（一）宏观经济形势使消费预期不乐观

席卷全球的金融危机给包括中国在内的世界经济带来严重影响，居民消费心理和消费行为悄然发生变化，居民没有出现以往那种恐慌式购物消费，再加上对未来收入预期担忧，消费更加谨慎，捂紧钱袋减少支出，特别是自 2007 年股市热和炒房热过后一部分居民受股市长期低迷和房地产调控影响，财富缩水，削弱消费能力，这些因素使居民总体消费倾向下降，延缓居民消费升级步伐。

（二）国民收入分配结构不尽合理，居民收入差距较大

近年来我国劳动者报酬占 GDP 比重偏低且呈现出下降趋势，劳动者报酬占 GDP 的比重由 2004 年的 50.7% 下降到 2012 年的 45.6%。但从国际比较看，劳动者报酬占 GDP 比重世界平均水平为 50%～55%；在日本、韩国工业化进程中的重化工时期，劳动者报酬占比也曾出现过低于 40% 的年份，但从未出现过持续性的下降；英、美、德等国家在工业化时期，劳动者报酬占比始终是最高的。这些因素都是导致居民消费不足的重要原因。

城镇居民间收入差距拉大，导致有消费能力的不消费或异地消费而有欲望消费的低收入群体又受制于收入水平。2012 年全国城镇居民最高收入户人均可支配收入是最低收入户的 7.8 倍，收入是居民消费的基础，居民收入差距过大、增长速度偏低是导致居民消费率偏低的一个重要原因，抑制居民消费升级。

（三）高房价和物价上涨影响即期消费，削弱消费增长后劲

1997 年国家取消福利住房后，购房成为居民消费升级热点商品，但房价上涨过快，导致有刚性需求的消费者压力增大，为购买动辄几十万、上百万的房子动用多年储蓄和几代人的积蓄，使得多数人不敢消费、谨慎消费，影响即期消费能力，削弱消费增长后劲，抑制购买其他消费品的欲望。2012 年全国城乡居民储蓄存款达 399551 亿元，是 2007 年的 2.3 倍，年均增长 18.3%。

（四）现行扩大内需政策边际效应接近极限

这几年国家陆续出台了汽车下乡、家电下乡和节能补贴等政策，这些扩大内需政策刚出台时效果明显，但是在实施一段时间之后，其功效逐渐弱化，尤

以汽车和家电最为典型。这一现象表明政策的刺激客观上使部分购买力提前实现，短期内市场容纳消化的能力已经受到制约，而且政策刺激的产品主要为大宗和耐用物品，消费提档升级的间隔时间比较长，市场供应量趋于饱和，未来这些产品的销售增速仍将逐步减缓，甚至会出现销售量下降的局面。

（五）当前社会仍然缺乏安全宽松的消费环境

目前大部分普通居民仍然缺乏安全的消费环境，由于包括医疗保障体系、失业和养老保险体系在内的完善健全的社会安全保障体系网络还没有完全建立，大多数人不敢增加消费，这是扩大居民消费变得困难的直接而关键的原因，同时食品安全、产品质量和售后服务等问题频频被曝光，也使得消费者不敢安心消费。

（六）高端消费拉动作用有所减弱

中央"八项规定"出台后，公务接待得到规范，各种会议明显精简，公款消费也得到了有效遏制，导致一些以公务消费为主的高端零售、住宿和餐饮企业受到影响，政策效应的正能量正逐步释放，反映到住宿餐饮企业，特别是一些政府定点消费大企业和一些高端企业，其营业收入的下降较为明显。1～10月，全国限额以上企业（单位）餐饮收入比2012年同期下降1.7%。为了增加客源、提高营业额，一些高端企业推出了亲民菜系、团购、宴席、自助餐等面向普通百姓的经营项目，企业经营正在转型。

六 2014年城乡居民生活消费的发展趋势和促进居民消费的主要任务

2013年是全面贯彻落实党的十八大精神的开局之年，也是加快发展方式转变的关键之年。面对错综复杂的国内外形势，党中央、国务院采取了一系列调控措施，有效引导市场预期，经济运行企稳向好，预计全年GDP增长7.6%左右。展望2014年，国际经济总体趋稳，我国内需增长面临下行压力，预计GDP增长略高于7%，社会消费品零售总额增长13%左右。

（一）收入是消费的基础，提高居民消费最重要的是增加收入

居民收入水平是决定消费水平的根本因素，要提高居民的消费能力、繁荣城乡消费市场，核心是要增加城乡居民收入，提高城乡居民特别是中低收入群体收入水平。从边际消费倾向来看，高收入群体的边际消费倾向远不如中低收入群体高，也就是说高收入群体即使提高收入也未必增加消费，而对于中低收入群体来说，增加的收入最容易直接转化为现实的消费。因此，提高中低收入群体的收入水平，努力扩大中等收入者的比重，对于增强消费能力非常关键。

（二）调整收入分配政策，缩小居民收入差距

加大税收调节力度，提高个人所得税的起征点。根据经济发展水平和企业经营状况，适时制定和调整本地最低工资标准，提高劳动报酬在初次分配中的比重。适当增加转移支付的比重，增加低收入者、离退休人员、失业人员的收入，缩小贫富差距，以拉动居民消费。

（三）减少城乡居民即期消费顾虑

1. 保持物价水平稳定

一是加大政府补贴。在农产品生产源头，加强技术指导，提供准确信息，确保既不出现生产资料"价贵伤农"的问题，也不出现农产品"价贱伤农"的问题，保障农民利益，进而稳定城镇居民的"菜篮子"、"米袋子"等。二是缩短流通渠道。进行"农村－超市"的无缝对接，减少运输成本和流通环节。三是建立健全社会救助体系。在物价波动时，对低收入家庭启动物价补贴联动机制，确保低收入居民家庭生活稳定。四是加强市场监管，对不合理定价行为要严厉制止和给予相应处罚，保障市场价格平稳有序。

2. 控制房价，使其合理上涨

一是要加大房价调控力度，落实"国五条"，严格房产登记制度，对于倒卖房屋、囤积房源、哄抬房价、价格欺诈等行为应予以严肃查处。二是要扩大安居房、保障房、经适房的比例，减少审批环节，加快中小面积户型普通商品

住房项目的供地、建设和上市，满足合理的住房需求。三是要盘活存量用房，激活二手房市场。

3. 减轻教育竞争压力

一是积极推进"大学区"制，整合资源，利用名校的管理和优秀师资来带动周边普通学校的教育水平。二是建立长效管理机制，从根本上治理择校费的攀升与城镇居民收入水平极不相符的现象。

（四）健全社会保障体系，提振居民消费信心

完善的社会保障体系可以增强居民边际消费倾向，是刺激消费的重要保证。因此，应积极推进社会保障制度的完善，建立健全与经济发展水平相适应的居民养老、医疗、教育、失业保障体系，扩大保险覆盖面，减少居民因病致贫现象，减轻子女的养老负担，解除居民消费的后顾之忧，最大限度地将居民的这部分储蓄转化为即时消费。同时：调整政府财政支出结构，清理和减少针对普通老百姓的税费，加大公共性消费支出，特别是增加对社会保障资金、教育、医疗及公共设施等社会公共服务和产品的投入，为居民增加消费支出提供切实的保障，提升居民的消费信心，从而达到扩大消费需求的目的。

B.3

新一轮产业转型升级与中国就业的发展

莫荣 周宵 孟续铎*

摘 要：

2013 年中国就业实现了稳中求进，城镇新增就业持续增长，前三季度城镇新增就业 1066 万人，提前超额完成年度目标任务；城镇登记失业率为 4.04%，低于 4.6% 的控制水平。近年来的产业转型升级对就业总量的影响总体上是正面的，并使就业结构得到了优化，第二、第三产业内部结构发生了较大变化，第三产业成为吸纳就业的最主要产业。产业转型升级过程中产生的摩擦性失业，在特定时间对传统制造业就业产生了负面影响。

关键词：

产业 转型升级 就业影响

一 2013 年就业形势分析

（一）城镇新增就业持续增长，前三季度城镇新增就业 1066 万人，完成全年就业任务

2013 年 1～9 月，城镇新增就业人数 1066 万，同比多增 42 万，增幅

---

* 莫荣，人力资源和社会保障部国际劳动保障研究所所长、研究员、博导，所学术委员会主任，中国就业问题专家，中国劳动学会企业人力资源专业委员会会长，主要研究人力资源管理、劳动就业、社会保障和职业培训等问题。周宵，人力资源和社会保障部国际劳动保障研究所博士、助理研究员，主要研究劳动就业问题。孟续铎，中国劳动保障科学研究院博士，主要研究劳动就业问题。

4.1%。虽然东中西部都实现了同比增长，但各地区增速不平衡，表现为西部地区增速高于东部地区，东部地区增速高于中部地区的特征。东部地区2013年以来保持了稳步增长，恢复了较高的就业增长能力。

第三季度末城镇登记失业率4.04%，低于第一季度和2012年同期水平。城镇登记失业人员921万人，同比减少5万人，环比减少2万人。

截至9月底，全国共有24个地区调整了最低工资标准，平均调增幅度为18%。目前，全国月最低工资标准最高的是上海（1620元），小时最低工资标准最高的是北京和新疆（15.2元）。

为做好就业工作，政府做了以下工作：一是落实政策。加强就业政策宣传和分类指导，强化小额担保贷款财政贴息资金管理，完善创业小额担保贷款政策。二是组织实施离校未就业毕业生就业促进计划。加大就业见习和职业培训力度，帮助有就业意愿的离校未就业毕业生尽快实现就业或参与到就业准备活动中。三是开展就业援助活动。包括就业援助月、春风行动、民营企业招聘周、高校毕业生就业服务月，以及季度网络招聘周等专项服务活动，集中为就业困难人员、农村转移劳动力、高校毕业生等就业群体和用人单位提供政策支持和就业服务。同时，加强全国公共服务信息平台建设，完善全国公共招聘网。

（二）受经济增长趋缓的影响，人力资源市场劳动力的供求均出现下降，需求下降速度相对更快

2013年第三季度，全国100个城市劳动力市场职业供求信息[①]与2012年同期相比，需求人数约564.8万人，减少了13.9万人；求职人数约524.2万人，减少约39.2万人。与第二季度相比，第三季度的需求人数、求职人数分别减少了23.2万人和25.6万人，各下降了4%和4.7%。

目前，从人力资源市场需求看，城镇第三产业的用人需求依然占主体地位。第一、第二、第三产业需求人数所占比重依次为1.8%、40.9%和

---

① 数据来源于中国劳动力市场信息网监测中心的2013年第三季度部分城市公共就业服务机构市场供求状况分析。

57.3%（见图1）。与第二季度相比，第二产业的需求比重下降了0.9个百分点，第三产业的需求比重上升了0.9个百分点；与2012年同期相比，第二产业的需求比重上升了2个百分点，第三产业的需求比重下降了2.2个百分点。

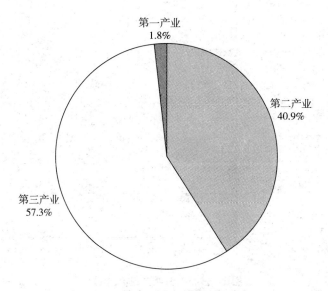

图1　按产业分组的需求人数

从行业需求看，80.9%的企业用人需求集中在制造业、批发和零售业、住宿和餐饮业、居民服务和其他服务业、租赁和商务服务业、建筑业。上述各行业的用人需求比重分别为33.8%、15%、11.4%、8.9%、6.6%、5.2%（见图2）。其中，第二产业中排在前两位的制造业和建筑业的用人需求，分别占第二产业全部用人需求的82.6%和12.7%，二者合计达到95.3%；第三产业中排在前四位的批发和零售业、住宿和餐饮业、居民服务和其他服务业、租赁和商务服务业的用人需求，分别占第三产业全部用人需求的26.2%、19.8%、15.5%和11.5%，四项合计达到73%。

与2012年同期相比，制造业、批发和零售业、住宿和餐饮业、租赁和商务服务业的需求比重分别上升了1.3个、1.6个、0.1个和0.5个百分点；居民服务和其他服务业的用人需求比重则下降了7.6个百分点。

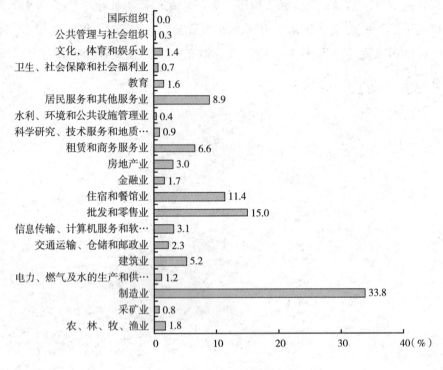

图2　按行业分组的需求人数

（三）求职人员中，新成长失业青年、就业转失业人员的求职比重上升，外来务工人员则下降

在所有求职人员中，失业人员①所占比重为52.6%，其中新成长失业青年占26.4%（在新成长失业青年中应届高校毕业生占51%）、就业转失业人员占14.2%、其他失业人员占12%。外来务工人员②的比重为35.9%，其中本市农村人员和外埠人员所占比重分别为15.4%和20.5%。

与2012年同期相比，新成长失业青年求职比重分别上升了2.1个和2.2个百分点，其中应届高校毕业生的求职比重环比上升了4.8个百分点，同比略有下降；就业转失业人员的求职比重分别上升了0.5个和0.8个百分点；外来

---

①　失业人员＝新成长失业青年＋就业转失业人员＋其他失业人员。

②　外来务工人员＝本市农村人员＋外埠人员。

务工人员中，本市农村人员的求职比重分别下降了 1 个和 0.2 个百分点，外埠人员的求职比重分别下降了 0.6 个和 4.8 个百分点。

分性别组来看，男性的求职人数多于女性，两者所占比重分别为 54.3% 和 45.7%。从供求状况对比看，男性岗位空缺与求职人数的比率为 1.06，女性岗位空缺与求职人数的比率为 1.09。

分年龄组来看，16～24 岁、25～34 岁、35～44 岁、45 岁以上各年龄组的岗位空缺与求职人数的比率分别为 0.97、1.27、1.06 和 0.78，呈现出 24 岁以下青年和 45 岁以上大龄劳动者就业困难的现象。

分技术等级来看，各技术等级的岗位空缺与求职人数的比率均大于 1，劳动力需求大于供给，技术工人短缺现象依然严重。其中，技师、高级技师、高级工程师的岗位空缺与求职人数的比率较大，分别为 2.19、2.19 和 2.11。用人单位对技术等级有明确要求的占总需求人数的 60.4%，主要集中在初级技能人员、中级技能人员和技术员、工程师上，其所占比重合计为 51.5%。

二　新一轮产业转型升级对就业的影响

进入 21 世纪以来，中国东部沿海地区的土地、劳动力、水、电等要素成本大幅度上升，急需产业转型升级，其中既包括产业转型、升级，也包括产业转移。部分产业搬迁转移到内地，开始了全球范围内的第四次产业大转移。把就业放在中国产业转型升级过程的大背景下进行研究，特别是厘清沿海与内地产业转移过程中的就业变化问题，既是解决当前发展阶段的就业区域结构性矛盾、积极有效扩大就业、提高就业质量的必然要求，也是解决中国劳动力供求结构失衡制约产业转型升级问题的重要途径。

（一）新一轮产业转型升级的特点

新一轮产业转型升级最主要的特点就是产业转移和产业转型升级同时进行。大致有如下四个特点。

1. 产业区域转移明显

在承接全球第三次产业转移的形势下，得到了高速发展的东南沿海城市成

为新一轮产业区域转移的主动力源。长三角、珠三角、环渤海等外向型经济活跃圈层正在将部分产业转移到中西部地区和东部欠发达地区，通过腾笼换鸟、调整土地使用结构，寻求本地新型经济发展模式。图3表现了东中西部地区加工贸易在2007~2011年的平均增速情况，西部地区明显高于中部，大大高于东部。

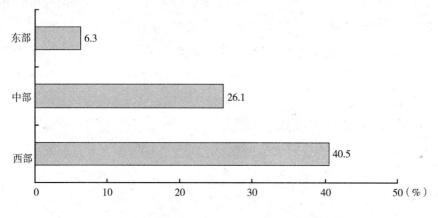

图3　中国2007~2011年加工贸易年均增速

从转移的主要产业领域看，中国东部沿海发达地区不仅向外转移劳动密集型产业（如服装、鞋帽、玩具、食品、金属、塑胶、家具等），还进一步转移电子信息、光机电技术、汽车及零部件等技术资金密集型产业，更包括制造配套产业（如模具、包装）及服务业（如旅游业）。

2. 转出地和承接地产业转型升级呈现共赢的局面

由于产业从沿海往内地转移，必然出现转出地和承接地不同的产业转型升级模式。一方面，对于转出地来说，将相对落后的产业转移到内地，腾出更多的人力物力资源引进和发展高新科技产业、高端服务业和战略性新兴产业，从而优化转出地产业结构和就业结构，进一步改善转出地经济发展模式，提高就业质量。另一方面，对于承接地来说，由于承接了转来的劳动密集型和技术资金密集型产业，产业结构发生变化，第二产业比重有所增加，部分产业转移带动当地产业链发展，促进了当地经济发展和就业量增长。

3. 出现了新型产业发展方式

新一轮产业转移的深化，正在推动形成沿海接单、内地加工、内外销售的区域合作新型模式，一个跨地区合作的产业链发展模式正在形成。通过调整产业布局，在中西部地区着力培育和壮大一批承载能力强、发展潜力大、经济实力雄厚的重点经济区（带），有利于促进产业集聚发展，发挥规模效应，增强辐射带动能力。

4. 产业园区成为产业转移的重要载体

在新一轮产业转移和转型升级中，产业园区成为主要的发展平台。一方面，一般承接地都专门设计产业园区来承接重要的产业转移项目，使其规模化、规范化、集约化发展，并以产业园区为载体，围绕产业转移项目，形成新型产业链，从而增强地区产业集聚能力。在 2010 年国务院出台的《中西部地区承接产业转移的指导意见》中就明确指出要促进产业的集中布局。

另一方面，在产业园区内，把产业园区作为承接产业转移的重要载体和平台，加强园区交通、通信、供水、供气、供电、防灾减灾等配套基础设施建设，增强园区综合配套能力，引导转移产业和项目向园区集聚，形成各具特色的产业集群。发挥园区已有重点产业、骨干企业的带动作用，吸引产业链条整体转移和关联产业协同转移，提升产业配套能力，促进专业化分工和社会化协作。

（二）新一轮产业转移对就业的影响

1. 产业的转型升级对就业总量的影响总体上是正面的

从全国范围来看，产业的转型升级对就业总量产生了正面影响。我们考察了最近 10 年的三次产业的结构变化和就业总量变化如表 1 所示。

表1　三次产业结构与全国就业情况

单位：%，万人

年份	GDP 构成			全国就业人员	比上年末新增
	第一产业	第二产业	第三产业		
2002	13.7	44.8	41.5	73280	—
2003	12.8	46.0	41.2	73736	456
2004	13.4	46.2	40.4	74264	528
2005	12.1	47.4	40.5	74647	383
2006	11.1	47.9	40.9	74978	331

续表

年份	GDP 构成			全国就业人员	比上年末新增
	第一产业	第二产业	第三产业		
2007	10.8	47.3	41.9	75321	343
2008	10.7	47.4	41.8	75564	243
2009	10.3	46.2	43.4	75828	264
2010	10.1	46.7	43.2	76105	277
2011	10.0	46.6	43.4	76420	315

资料来源:《中国统计年鉴2012》。

从表1可以看出,自2002年以来第一产业产值比重持续下降,第三产业比重呈现稳中上升的趋势。第一产业产值占GDP的比重从2002年的13.7%下降到2011年的10.0%,下降了3.7个百分点;第二产业从2002年的44.8%上升到2006年的47.9%,上升了3.1个百分点,之后有所下降,2011年维持在46.6%,比2002年依然上升了1.8个百分点;第三产业从2002年的41.5%上升到2011年的43.4%,上升了1.9个百分点。第二、第三产业,特别是第三产业所占比重越来越大。

总体来看,自2002年以来,全国就业人数保持了增长势头。每年净增就业人员数量维持在350万左右。增幅最高的2004年达到528万人,最低的2008年也达到243万人。

城镇新增就业数增幅更大,从2004年以来,城镇每年新增就业平均保持在1134万人。近几年保持了持续增长的势头,2009年、2010年、2011年、2012年分别为1102万人、1168万人、1221万人和1266万人。

2. 产业转移使就业结构得到优化

产业的转型升级必然带来就业结构的改变,近10年来中国产业结构和就业结构发生了较为深刻的变化。第一产业的产值比重和就业人员比重持续减少,出现了"双下降"的情况,第一产业产值占GDP比重从2002年的13.7%下降为2011年的10.0%,而就业比重也从占全国总就业人数的一半下降到34.8%。

第二产业的产值比重则呈现出"先升后降"的过程,从2002年的44.8%逐年上升,2006年达到峰值47.9%,之后便逐年波动式下降,2011年降到

46.6%。与此不同的是，第二产业的就业人员比重却在持续增加，从2002年的21.4%上升到2011年的29.5%。

第三产业的产值比重与第二产业的情况正相反，有一个明显的"先降后升"的变化，从2002年的41.5%降到2004年波谷时的40.4%，之后逐年波动式上升，到2011年已达到43.4%。与产值变化不同，第三产业就业人员的比重则是逐年增加的，2002年仅为28.6%，到2011年时比重已经超过1/3，达到了35.7%，且首次超过了第一产业的就业比重（34.8%），成为三次产业中就业人数最多的产业（见表2）。

经过10年的发展，目前全国的产业结构呈现出"二三一"的格局，且第二、第三产业所占比重越来越大，第一产业所占比重越来越小。同时，就业结构从十年前的"一三二"转变为当前的"三一二"的格局，第三产业成为吸纳就业人数最多的产业。

表2 三次产业结构与就业结构

单位：%

年份	GDP 构成			就业构成		
	第一产业	第二产业	第三产业	第一产业	第二产业	第三产业
2002	13.7	44.8	41.5	50.0	21.4	28.6
2003	12.8	46.0	41.2	49.1	21.6	29.3
2004	13.4	46.2	40.4	46.9	22.5	30.6
2005	12.1	47.4	40.5	44.8	23.8	31.4
2006	11.1	47.9	40.9	42.6	25.2	32.2
2007	10.8	47.3	41.9	40.8	26.8	32.4
2008	10.7	47.4	41.8	39.2	27.2	33.2
2009	10.3	46.2	43.4	38.1	27.8	34.1
2010	10.1	46.7	43.2	36.7	28.7	34.6
2011	10.0	46.6	43.4	34.8	29.5	35.7

资料来源：《中国统计年鉴2012》。

3. 第二、第三产业内部就业结构发生了巨大变化

从2003～2011年统计数据看，中国第二产业就业总人数不断增长，总体就业比重也在持续平稳增长，从2003年的21.6%上涨到2011年的29.5%。但是第

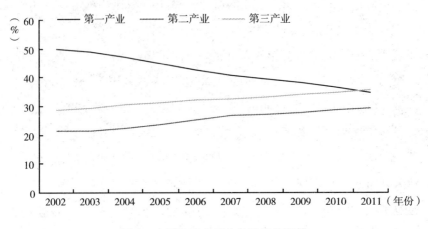

图4 中国各产业就业结构变化趋势

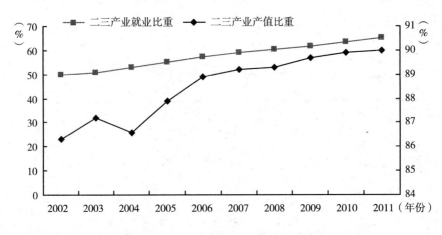

图5 产业结构与就业结构变化趋势

二产业内部各行业之间的就业情况却有所变化，各行业就业人数虽呈上涨趋势，但是就业比例却增减不一（见表3）。除了建筑业外其他行业的就业比例都有所下降：采矿业从2003年的10.6%下降到2011年的9.0%，下降了1.6个百分点；电力、燃气及水的生产和供应业从2003年的6.5%下降到2011年的5.0%，下降了1.5个百分点；而10年来，制造业就业比重下降得最多，从2003年的64.8%下降到2011年的60.5%，下降了4.3个百分点。在第二产业内各行业中，只有建筑业的就业人员比重有所增加，从2003年的18.1%增长到2011年的

25.5%，上升了 7.4 个百分点。建筑业就业人数从 2003 年的 833.7 万增长到 2011 年的 1724.8 万人，9 年间增长了近 900 万就业人口（见表 3、表 4）。

表3　近年中国第二产业内各行业城镇单位就业人数

单位：万

年份	合计	采矿业	制造业	电力、燃气及水的生产和供应业	建筑业
2003	4600.1	488.3	2980.5	297.6	833.7
2004	4693.1	500.7	3050.8	300.6	841.0
2005	4946.6	509.2	3210.9	299.9	926.6
2006	5172.5	529.7	3351.6	302.5	988.7
2007	5354.6	535.0	3465.4	303.4	1050.8
2008	5353.8	540.4	3434.3	306.5	1072.6
2009	5530.8	553.7	3491.9	307.7	1177.5
2010	5777.2	562.0	3637.2	310.5	1267.5
2011	6759.4	611.6	4088.3	334.7	1724.8

资料来源：《中国统计年鉴 2012》。

表4　2003～2011 年中国第二产业内各行业就业比例

单位：%

年份	采矿业	制造业	电力、燃气及水的生产和供应业	建筑业
2003	10.6	64.8	6.5	18.1
2004	10.7	65.0	6.4	17.9
2005	10.3	64.9	6.1	18.7
2006	10.2	64.8	5.8	19.1
2007	10.0	64.7	5.7	19.6
2008	10.1	64.1	5.7	20.0
2009	10.0	63.1	5.6	21.3
2010	9.7	63.0	5.5	21.9
2011	9.0	60.5	5.0	25.5

资料来源：根据《中国统计年鉴 2012》城镇单位就业人员数计算得出。

　　虽然制造业、采矿业的就业比例出现了下降的趋势，但这并不代表它们的就业空间缩小了，因为从绝对值上看制造业的就业人数仍然不断增加，2011 年制造业就业人数比 2003 年增加 1100 多万人。同时从各行业的就业比例可以看出，制造业仍然是第二产业就业的主要聚集行业，占第二产业就业总量的 60% 以上。

表5　中国第三产业就业结构

单位：%

行　　业		城镇单位就业比例	
		2003 年	2011 年
生产者服务业	金融业	6.0	6.9
	房地产业	2.0	3.4
	租赁和商务服务业	3.1	3.9
	科学研究技术服务和地质勘查业	3.8	4.1
	信息传输计算机服务和软件业	2.0	2.9
配送服务业	交通运输仓储邮政业	10.8	9.1
	批发零售业	10.7	8.9
个人服务业	住宿餐饮业	2.9	3.3
	居民服务和其他服务业	0.9	0.8
	文化、体育和娱乐业	2.2	1.9
社会服务业	水利环境和公共设施管理业	2.9	3.2
	教育	24.5	22.2
	卫生社会保障和社会福利业	8.3	9.3
	公共管理和社会组织	19.9	20.1

资料来源：根据《中国统计年鉴 2012》中城镇单位就业人员数计算得出。

我们将第三产业划分为四大类：生产者服务业、配送服务业、个人服务业和社会服务业。表5反映了第三产业城镇单位就业的结构。首先，社会服务业的就业比重相当高，2003 年为 55.6%，2011 年为 54.8%，一直保持在 50% 以上；其次，个人服务业比重最低，2003 年和 2011 年的比重相差无几；再次，配送服务业比重有所下降，从 2003 年的 21.5% 降到 2011 年的 18%；最后，生产者服务业的就业比重有较大提升，从 2003 年的 16.9% 增加到 2011 年的 21.2%，上升了 4.3 个百分点。可以看出，生产者服务业直接受到产业转型升级的有利影响，得到较快发展，相应行业的就业得以扩大。

此外，从具体行业变化来看，就业比重增加最多的前五个行业分别为：房地产业（1.4 个百分点）、卫生社会保障和社会福利业（1 个百分点）、金融业（0.9 个百分点）、信息传输计算机服务和软件业（0.9 个百分点）、租赁和商务服务业（0.8 个百分点）（见表5）。

4. 产业转型升级虽然在特定时段对传统制造业就业产生了负面影响，但随着现代制造业的发展仍然会促使就业增加

在过去 30 年的发展中，制造业是拉动中国经济发展的主要动力。伴随中国制造业生产及出口多年的快速增长，制造业创造了大量就业岗位，在第二产业劳动力构成中占有超过六成的比重。但自 20 世纪 90 年代以来，中国制造业就业人数及就业比重呈现出较明显的下滑走势。有关数据显示，1995～2010 年间，在第二产业就业人数增加 39.5% 的情况下，制造业就业人数却减少了 33.8%。其中 2000 年前后国有企业改革，使大量从事制造业生产的劳动力下岗，比如纺织、煤炭等，从而出现就业人数跳跃性下降。自 2003 年以后，制造业的就业情况基本稳定，但 2008 年受金融危机的影响，沿海加工业的大批工厂裁员，使 2008 年制造业就业量不但没有增长反而有少量的回落，与 2007 年相比，2008 年制造业损失了约 31 万个就业岗位。之后的 2009 年，制造业就业形势逐步好转，比 2008 年增长 1.7%。随着近两年的产业转型升级，劳动密集型产业内迁，虽然沿海地区的低端制造业减少导致了部分劳动者的失业，但企业内迁却带动了中西部整体的就业，全国制造业的总体就业形势好转，且在 2011 年有较大的增长，制造业的就业总量比 2010 年增长了 451 万余人，增长率高达 12.4%（见表 6、图 6）。

表 6　制造业增加值与制造业就业情况

年份	制造业增加值(亿元)	制造业城镇单位就业总量(万人)	制造业就业环比增长率(%)
2003	34088.7	2980.5	—
2004	51748.5	3050.8	2.4
2005	60118	3210.9	5.2
2006	71212.9	3351.6	4.4
2007	87465	3465.4	3.4
2008	102539.5	3434.3	-0.9
2009	110118.5	3491.9	1.7
2010	130325	3637.2	4.2
2011	—	4088.3	12.4

资料来源：《中国统计年鉴》（历年），中国统计出版社。

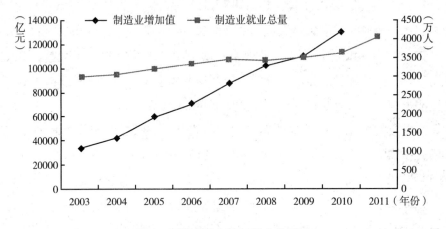

图6　制造业增加值与就业的关系

导致中国制造业就业变化的因素，首先是趋势性因素。中国产业结构调整带来制造业高新技术产业比重明显提高，部分传统产业比重接连下降，行业吸纳劳动力的能力弱化，就业弹性系数下降。其次，体制性因素一度造成中国制造业就业规模急剧下降。如在体制转轨过程中，公有制经济大量裁员，实行全面的减员增效，导致1998年制造业就业人数比1997年锐减25.4%。

5. 产业转型升级过程中产生了摩擦性失业

在当前新的历史机遇下，中国再次进行全面的经济结构调整和产业转型升级，力度空前。据我们的调研来看，此次转型升级并未造成大范围和大规模的劳动者失业问题，且全国产业转型升级对就业带来了正向效应，增加了就业量。

但我们也要看到，在总体就业形势稳定的大环境下，产业转型升级也带来了局部的劳动者失业问题。在产业转移的过程中，随着地区就业结构的调整，势必出现一定数量的失业问题。

例如深圳，这几年一些传统制造业在逐渐退出，电风扇、服装、照相机和塑料制品的产量不断减少，从事这些产品生产的企业必然面临转型升级的问题，产出的减少也必然带来劳动力投入的减少，也就是用工数量的减少。

从前述就业总体形势看，新一轮的产业转移给全国的就业总量和就业结构带来更多的正面效应，但对调整过程中无法避免的失业问题该如何解释呢？我们在进一步的研究中，认为本次产业转型升级带来的失业具有三个方面的特性。

第一，新一轮产业转移带来的失业大部分是摩擦性失业。这与20世纪90年代后期出现的大量国有企业职工下岗不同。国企转型后的岗位需求与下岗职工自身技能素质不相匹配，并且下岗职工由于年龄、技能等问题，很难通过再培训转岗方式迅速实现就业，从而出现了长期的结构性失业。而在此次的产业转型升级过程中，企业的确转移或淘汰了一些工作岗位，这些岗位的原有劳动者丧失了就业机会，在短时期内处于一种失业状态，但他们很快就能到其他企业或行业中再次就业，或者是作为返乡农民工，回到中西部承接地创业或就业。在调研中可以看到，一些企业从东部沿海地区转移到成都，原先在东部就业的川籍劳动者也会随着迁回内地，在家乡就业，并未长期处于失业状态。因此，此次转型升级造成的失业问题更多的不是结构性失业，而是摩擦性失业，并未对整体就业形势造成严重的影响。

第二，新一轮产业转型升级造成的转型或转移并非是全行业转移。与20世纪末的国有企业改制造成全行业转型不同，此次产业转型升级带来的不是全行业转移，因此对劳动力就业的冲击并不大。大部分企业在其生产领域能够积极主动地进行内部提升，包括调整产品结构、应对市场变化、强调自主创新，并非一味地坐等淘汰。在整个经济调整的大环境下，这些企业的生存能力得到了加强，劳动用工所受的影响不大。

第三，企业加强对员工的技能培训有利于员工的就业。近些年，大部分企业比较注重对员工的培训，使得员工技能素质不断提升，能够适应新产业和新岗位的技术要求，具有较强的就业能力。

三　积极应对产业升级，促进就业进一步发展

产业转型升级过程对就业产生两个方面的影响。一方面，中西部地区承接产业转移、引进外资，增加了当地就业机会，改善了就业结构；而转出地通过腾笼换鸟的方式，重新获得发展现代制造业、高新技术产业的空间，进一步承

接国际高附加值技术密集型产业转移，从而提升转出地的就业质量。另一方面，随着产业转型升级的深入，不管是转出地还是承接地都面临着新技术的引入，加强新技术的技能培训及相关配套，从而提升劳动者就业素质，为进一步的产业转型升级打好基础。同时，在地区上表现为内陆省份劳动力需求量显著增加，沿海地区劳动力流量减少；在人群上表现为大学生过剩而技能人才严重短缺，结构性问题突出；产业转移带来的产业集中布局导致了区域性劳动力市场的调整问题等。为此，我们提出以下建议。

（一）实施就业优先战略，把产业转型升级和就业有机结合

一方面，把坚持就业优先战略贯穿到产业转型升级过程中。在新一轮产业转型升级的过程中，要切实落实就业优先战略，要更加注重选择有利于扩大就业的经济社会发展战略，把扩大就业作为经济社会发展和经济结构调整的重要目标。完善更加积极的就业促进政策，在规划产业、财税、金融、贸易、户籍管理等方面，按照就业优先的原则，结合现行就业扶持政策，形成促进就业的综合性政策体系。结合产业转型升级的特点，提前研究探索新的就业增长点；财政支出逐步向结构性减税和民生倾斜，就业专项资金的安排应与财政收入同步，增幅不低于经济发展的增幅；针对产业转型升级中出现的由产业升级淘汰所造成的失业情况，继续发挥失业保险基金促进就业、稳定就业的职能。通过多维度的政策措施，积极应对产业转型升级给中国就业市场带来的机遇和挑战。

另一方面，将产业转型升级与促进就业结合，开发高端就业渠道。产业转型升级已经进行了一段时间，在总结产业转型升级经验教训的同时，应积极探索产业转型升级新的就业增长点，开发就业新领域，增加就业机会。以目前产业转型升级所形成的高新技术产业园区为重要载体，重点扶持发展拥有关键技术或产业集群的智力密集型企业，坚持以人为本和以需求导向为核心，大力发展高新技术服务业。

（二）完善公共就业服务，发挥劳动力市场对就业的调节作用

1. 完善劳动力市场监测，实时发布紧缺人才目录，引导市场供求

人力资源和社会保障部已建立起劳动力市场监测体系，定期监测劳动力市

场需求，但监测体系还仅停留在广泛的数据采集和简单的数据处理上，而在国外，如美国劳动力市场信息监测中就有专门的产业职业的相关就业信息及详细的趋势预测。因此，建议增加一些专题性的监测板块，如加强产业、行业人才发展统筹规划和分类指导，围绕重点发展领域和行业，开展人才需求预测分析，定期发布急需紧缺人才目录，形成官方权威人才需求和紧缺情况研究报告，从而指导相关职业技能培训机构和用人单位开展培训和招聘工作。

2. 完善公共服务体系，加强劳动力转移的配套

产业转移所带来的劳动力市场的重新布局，需要完善各类公共就业服务，为劳动者和转移企业搭建便捷的就业服务平台，使就业信息充分共享，从而实现区域间就业机会平等。同时出台促进劳动力转移的配套措施，加强区域之间的劳动就业信息交流，防止因信息不真实和不完全导致对劳动力流动的误导。

同时，进一步加强基层公共就业服务机构建设。建立健全地级以上市、县（市、区）、街道（乡镇）三级公共就业服务机构，配足人员、场地和服务设施，使之全面承担培训转移就业工作。进一步落实劳动力转移就业专项资金，把农村劳动力转移培训就业专项资金纳入财政预算，按规定全面落实农村劳动力职业培训补贴、职业技能鉴定补贴、农村贫困人口培训期间生活补贴及转移就业服务经费。

3. 对就业困难群体给予更多的就业扶持

在产业转型升级的过程中，产业重新布局、技能更新、新兴产业的发展，使得一部分就业困难群体难以在短时间内获得合适的就业机会，因此，政府应该出台一些专门针对这一就业群体的扶持政策，鼓励企业吸纳重点群体就业；设置专门的就业困难群体就业援助信息平台，有针对性地开展就业困难群体培训等；对有就业创业愿望和劳动能力的困难就业群体，在大力落实免费职介、培训补贴、鉴定补贴政策的基础上，加快将小额担保贷款及贴息等扶持政策全面覆盖到登记失业农民，逐步形成普惠均等的政策扶持体系。

（三）大力加强职业技能培训，解决职业技能人才短缺问题

1. 以新兴产业发展和市场需求为导向进行人才培养

通过劳动力市场监测定位企业需求后，在职业培训中要加强需求导向，以

企业需求指导培训的内容、培训的方式及培训的目标等，力求使劳动者走出校门就能走进企业，直接上岗工作。具体而言，一方面要调整当前人才培养结构，加强产学结合，围绕产业转型升级的重点领域进行配套培养；另一方面，加大职业培训教育的投入力度，创建硬件软件双高水平的职业培训机构。此外，要根据此轮产业转型升级的特点，以新兴产业发展为导向，引领和深化高校教育体制改革，培养优秀的智力密集型产业后备军，并结合智力密集型产业人才培养开发战略，形成新兴产业职工继续教育终身培训体系。

2. 加强对职业技术教育预测体系的探索

加强对职业技术教育预测体系的探索研究，借鉴国外的成熟经验和预测模型，结合中国劳动力市场和产业转型升级的实际情况，研究预测中国职业前景较好或需求较大的技术和专业，根据前瞻性的职业技术教育预警研究，科学地调整、优化职业技能培训学校的专业设置和教学。

同时，建设一批高级人才创新训练基地，使受过高等教育的人才有机会继续接受高等职业培训，形成与国际接轨的高级技术人才认证认可制度，提高研发技术人才职业化、国际化水平，为职业技能人才提供接受高等教育的上升通道。

3. 引导和鼓励私营机构进入职业技能培训市场

近些年，全国职业技术培训机构发生了较大变化。学校总数减少近40%，2004年各类职业培训机构有22万多所，到2011年只剩下不到13万所；注册学生人数也有所下降，从2004年的5700多万下降到2011年的5000万左右，减少了700万左右。建议加大职业培训学校的软硬件建设力度，按就业人口数量折算职业技能培训的需求，进而配备相应的专项建设资金。同时，政府可以通过购买服务的方式鼓励民间培训机构的发展，认定一批劳动力培训定点机构；建立远程职业培训网络体系，使劳动者更便捷地获得培训服务。

B.4
中国收入分配与收入差距现状及其未来发展趋势

杨宜勇　池振合*

摘　要：

收入差距问题是当今中国备受关注的社会问题之一，文章对收入分配与差距的最新变化进行了研究。2012 年城镇内部、农村内部和城乡之间的收入差距同时缩小，总体收入差距也随之缩小。至于功能性收入分配，由于第二产业产值比重的下降，2012 年中国总体劳动报酬占比上升。住户、企业和政府间的分配格局继续朝着有利于政府的格局发展，特别是收入再分配制度强化了政府在三者分配格局中的优势地位。

关键词：

收入差距　劳动报酬占比　收入再分配

一　引言

中国的收入分配与收入差距问题一直以来都是学术界最为关注的热点问题之一。黄泰岩的研究表明，收入分配与收入差距问题在 2012 年中国经济研究的前十大热点问题中仅次于经济增长与发展、资本市场、"三农"三个问题，排名第四位①。当前对中国收入分配和收入差距问题的研究分为功能性收入分

---

* 杨宜勇，国家发展和改革委员会社会发展研究所所长、研究员，世界经济（达沃斯）论坛全球议程理事会理事；池振合，中国劳动关系学院公共管理系。

① 黄泰岩：《2012 年中国经济研究热点排名与分析》，《经济学动态》2013 年第 4 期。

配和规模收入分配研究两个方面。功能性收入分配所关注的焦点问题是中国总体劳动报酬占比的下降快慢及其下降原因，现有的研究已经证实中国总体劳动报酬占比在2004年所表现出的快速下降是由劳动报酬统计口径的调整所引起的，而中国总体劳动报酬占比在改革开放之后只是缓慢下降①。改革开放之后中国总体劳动报酬占比下降的根本原因是由工业化所引起的产业结构变动。工业化使中国的产业结构由以农业为主的产业结构过渡到以第二、第三产业为主的产业机构，而第二、第三产业的劳动报酬占比远远小于第一产业，这就造成了总体劳动报酬占比的下降②。除此之外，外商投资、经济发展水平和中国所处的经济发展阶段也是导致总体劳动报酬占比下降的重要因素③。

中国的规模性收入分配不平等程度已经处于较高水平，居民收入差距较大，而这又是由城镇、农村和城乡间居民收入差距共同造成的。陈斌开、林毅夫的研究表明，重工业优先发展的战略是城乡居民之间收入差距不断扩大的主要原因④。程开明、李金昌⑤则认为，城市化与城市化倾向是城乡收入差距扩大的主要原因。至于不断扩大的城镇收入差距，有些研究者认为这主要是由国有部门与非国有部门劳动力市场分隔所造成的⑥。然而，徐舒⑦则发现，中国工资收入差距主要是由技能偏向型技术进步引起的，其表现之一是劳动力教育

① 白重恩、钱震杰：《国民收入的要素分配：统计数据背后的故事》，《经济研究》2009年第3期；池振合、杨宜勇：《2004～2008年劳动子收入占比估算》，《统计研究》2013年第7期。
② Huang Y., "Understanding China's Unbalanced Growth", *Financial Times*, 2013；罗长远、张军：《劳动收入占比下降的经济学解释——基于中国省级面板数据的分析》，《管理世界》2009年第5期。
③ 李稻葵、刘霖林、王红领：《GDP中劳动份额演变的U型规律》，《经济研究》2009年第1期；罗长远、张军：《经济发展中的劳动收入占比：基于中国产业数据的实证研究》，《中国社会科学》2009年第4期；邵敏、黄玖立：《外资与我国劳动收入份额》，《经济学》（季刊）2010年第4期。
④ 陈斌开、林毅夫：《重工业优先发展战略，城市化和城乡工资差距》，《南开经济研究》2010年第1期；陈斌开、林毅夫：《发展战略、城市化与中国城乡收入差距》，《中国社会科学》2013年第4期。
⑤ 程开明、李金昌：《城市偏向，城市化与城乡收入差距的作用机制及动态分析》，《数量经济技术经济研究》2007年第7期。
⑥ 夏庆杰、李实、宋丽娜：《国有单位工资结构及其就业规模变化的收入分配效应：1988～2007》，《经济研究》2012年第6期。
⑦ 徐舒：《技术进步、教育收益与收入不平等》，《经济研究》2010年第9期。

溢价不断上升。

虽然上述研究者从不同角度阐释了中国收入分配与收入差距方面存在的问题，然而现有研究仍然存在许多问题，突出表现为不同研究的结论相互矛盾。例如，徐舒[①]通过对中国营养和健康调查数据（CHNS）的分析发现，劳动力教育溢价不断上升，但是石丹淅、刘青桃[②]的研究则认为中国居民教育溢价呈倒"V"形，这说明居民工资收入差距并非由技能偏向型技术进步引起的，而是由劳动力供需结构决定的。在城乡和城镇居民收入差距得以缓解的背景下，农村居民收入差距却日益扩大，这将会对总体收入差距产生重要影响。然而，现有研究对农村收入差距事实的关注不足。与此同时，各种经济和社会因素变化必然会引起收入分配与收入差距事实发生新变化，但是对这些最新变化现有研究还未涉及。鉴于以上状况，本文对中国收入分配和收入差距的最新变化进行了研究。

二　居民收入差距变化

（一）城镇居民收入差距变化

城镇居民收入差距快速缩小（见图 1）。城镇居民收入差距以大岛指数表示，它是城镇居民家庭平均收入分布中收入最高 10% 家庭与最低 10% 家庭人均收入之比。从 2009 年开始，城镇大岛指数一直处于缓慢下降之中。截至 2011 年，城镇大岛指数已经由 2009 年的 8.91 下降到 8.56，年均下降 1.96%。2012 年，城镇大岛指数则下降到了 7.77，下降速度为 9.23%。城镇大岛指数在 2012 年的大幅度下降说明城镇居民收入差距快速缩小。大岛指数的变化由收入最高 10% 和最低 10% 家庭人均收入的增长率所决定。表 1 显示了 2002 ～ 2012 年，城镇收入最高 10% 家庭和最低 10% 家庭人均收入的增长率。从表中可以看出，2003 ～ 2005 年以及 2008 年城镇最高 10% 家庭人均收入增长率高于最低家庭人均收入增长率，所以在这些年份城镇大岛指数上升，城镇居民收入

---

① 徐舒：《技术进步、教育收益与收入不平等》，《经济研究》2010 年第 9 期。
② 石丹淅、刘青桃：《我国教育溢价倒 V 型变动趋势的经济学解释》，《江苏高教》2012 年第 5 期。

差距扩大。例如，2008年城镇收入最高10%家庭人均收入上升了18.57%，而收入最低10%家庭人均收入上升了12.91%，所以大岛指数较2007年上升了0.43。反之，其他年份城镇收入最高10%家庭人均收入增长率低于最低10%家庭人均收入增长率，则大岛指数下降，城镇居民收入差距缩小。2012年，城镇收入最高10%家庭人均收入增长率为8.47%，而最低10%家庭人均收入的增长率高达19.47%，这引起城镇大岛指数快速下降，城镇居民收入差距快速缩小。

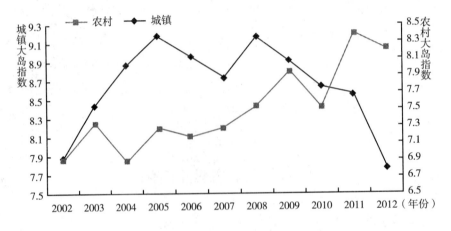

图1　城镇和农村居民收入差距变化

数据来源：由历年《中国统计年鉴》数据计算获得。

按照收入来源划分，工资性收入和转移性收入是城镇居民收入的主要来源。例如，2012年城镇居民家庭平均每人全部收入中工资性收入和转移性收入分别为17335.62元和6368.12元，分别占当年全部收入的64.3%和23.6%[①]。因此，2012年城镇收入最低10%家庭人均收入的快速上升主要由他们快速增长的工资和转移性收入引起的，特别是工资性收入。城镇收入最低10%家庭的工资性收入快速上涨，主要是对低端劳动力的需求拉动以及物价上涨特别是房价上涨共同作用的结果。低端劳动力需求的上升主要是以基础设施建设为重点的经济刺激计划引起的，而房价上涨则是货币供给引起的，而这又是通过政府的经济刺激计划实现的。低收入家庭转移性收入上升则主要是由政府所推出的一系列收

---

① 国家统计局编《中国统计年鉴2013》，中国统计出版社，2013。

入再分配政策决定的。未来随着政府经济刺激计划的停止以及货币政策的调整，城镇低收入家庭工资性收入增长速度有可能会下降。

表1 城镇家庭收入分布中最低10%和最高10%家庭人均收入增长率

单位：%

年份	2003	2004	2005	2006	2007	2008	2009	2010	2011	2012
最低10%	7.54	10.51	9.52	13.84	17.97	12.91	10.51	13.23	15.60	19.47
最高10%	14.96	16.21	13.38	11.10	15.07	18.57	7.37	9.84	14.41	8.47

数据来源：基于历年《中国统计年鉴》数据计算获得。

（二）农村居民收入差距变化

农村收入差距略有缩小（见图1）。2012年农村大岛指数①出现小幅度下降，其值由2011年的8.39下降到8.21，这说明农村居民收入差距扩大的局面得到一定程度的遏制。2002～2012年间，农村大岛指数仅在2004年、2006年、2010年和2012年四年下降，可以说2012年农村居民收入差距缩小并不能从根本上扭转农村居民收入差距扩大的长期趋势。农村大岛指数的变动趋势取决于农村收入最低20%和最高20%家庭的人均收入增长率的变动。2003～2012年农村收入最低和最高20%家庭人均收入增长率如图2所示。从图2可以看出，2003～2012年，大部分年份农村收入最高20%家庭人均收入的增长率都大于收入最低20%家庭人均收入的增长率，这就决定了农村大岛指数上升、收入差距扩大。从图2中还可以看到，农村收入最高20%家庭和最低20%家庭人均收入增长率的上升和下降交替进行。当家庭人均收入增长率过高时，它就会下降；反之，当家庭人均收入增长率过低时，它就会转而上升。农村收入最高20%家庭人均收入增长率在2011年达到了19.46%的历史最高水平，到2012年下降为13.26%。农村收入最高20%家庭的人均收入增长率在2012年仍然处于较高水平，它在2013年可能会出现下降，但是下降幅度会很小。与此相反，农

① 由于农村居民收入分组为5等分分组，所以农村大岛指数为农村居民家庭收入分布中收入最高20%家庭的人均收入与收入最低20%家庭的人均收入之比。

村收入最低20%家庭人均收入在2011年下降到了6.99%的较低水平，它在2012年强劲反弹到15.78%的较高水平。经过2012年的大幅度上升之后，农村收入最低20%家庭人均收入有可能在2013年出现较大幅度的下降。因此，我们估计未来农村大岛指数会转而上升，农村内部的收入差距会有所扩大。

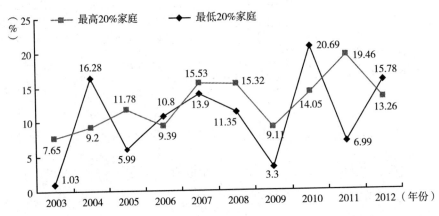

图2 农村收入最低20%和最高20%家庭人均收入增长率

数据来源：基于历年《中国统计年鉴》数据计算获得。

（三）城乡收入差距变化

2002～2012年中国城乡收入变化明显呈现两个阶段（见图3）。2002～2009年，城乡收入比逐渐上升，由2002年的3.11上升到2009年的3.33，这说明这一阶段城乡收入差距不断扩大。从2010年开始，城乡收入比不断下降。截止到2012年，城乡收入比已经下降到3.1，基本与2002年持平。2010年之后城乡收入比的下降说明城乡收入差距正在逐渐缩小。2010～2012年城乡收入比的下降主要是缘于农村居民纯收入的快速上升。2010～2012年农村居民人均纯收入的增速分别为14.86%、17.88%和13.46%，而同期城镇居民可支配收入的增长率分别为11.27%、14.13%和12.63%。[①] 按照收入来源划分，农民纯收入的主要来源是工资性收入和家庭经营性收入。例如，2012年工资性收入

---

① 根据历年《中国统计年鉴》相关数据计算获得。

和家庭经营性收入分别占当年农民人均纯收入的 43.55% 和44.63%。① 因此，2010～2012 年农村居民人均纯收入的快速增长主要是由农民工资性收入和家庭经营性收入的快速增长所决定的（见表2）。

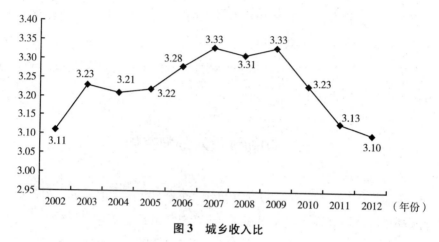

图3 城乡收入比

数据来源：基于历年《中国统计年鉴》数据计算获得。

表2 农民不同来源纯收入的增长率

单位：%

年份	工资性收入	家庭经营性收入	财产性收入	转移性收入
2003	9.30	3.68	29.74	-1.39
2004	8.72	13.27	16.67	19.32
2005	17.63	5.66	15.30	27.59
2006	17.05	4.69	13.63	22.63
2007	16.11	13.61	27.58	22.94
2008	16.13	11.03	15.49	45.44
2009	11.19	3.75	12.91	23.11
2010	17.94	12.11	20.96	13.81
2011	21.90	13.74	13.01	24.38
2012	16.33	9.66	8.96	21.90

数据来源：根据历年《中国统计年鉴》相关数据计算获得。

从表2 中可以看出，2010～2012 年农民的工资性收入和家庭经营性收入恰好都保持了较高的增长率，这就导致农民纯收入能够实现较高速度的增长。

① 国家统计局编《中国统计年鉴2013》，中国统计出版社，2013。

例如，2011 年农民工资性收入和家庭经营性收入的增长率高达 21.9% 和 13.74%。2012 年农民家庭性经营收入增长速度较 2011 年有所下降，这导致 2012 年农民纯收入增速下降，引起城乡收入比降速减缓（见图 3）。2010 ~ 2012 年农民工资性收入和家庭经营性收入的上涨主要也是由政府经济刺激计划所引起的低端劳动力需求增加以及农产品价格上涨所引发的。未来随着这些政策的改变，农民工资性收入和家庭经营性收入的增长速度会下降，导致城乡居民收入差距缩小速度下降。

三 功能性收入分配变化

功能性收入分配是指总产出在劳动和资本两种生产要素之间的分配。一般情况下以劳动报酬或者资本报酬占国内生产总值的比重变化来反映功能性收入分配的基本情况。改革开放之后，中国总体劳动报酬占比呈现逐渐下降的总体变化趋势（见图 4）。从图 4 可以看出，1994 年中国总体劳动报酬占比 50.35%，到 2012 年它已经下降到了 45.59%。特别是 2004 年劳动报酬统计口径的缩小导致劳动报酬占比在 2004 ~ 2008 出现结构性下降（见图 4）。然而，当统一了劳动报酬占比的统计口径之后，2004 ~ 2008 年劳动报酬占比并未出现所谓的结构性下降。尽管改革开放之后中国总体劳动报酬占比逐渐下降，但是在 2011 年这种下降趋势逐步减弱。例如，2011 年总体劳动报酬占比仅比 2010 年下降了 0.07 个百分点。总体劳动报酬占比在 2012 年上升 0.65 个百分点，这表明总体劳动报酬占比由下降转为上升了，反映了功能性收入分配发生了质变。

改革开放之后，中国总体劳动报酬占比下降主要是由产业结构非农化所引起的①。总体劳动报酬占比由各个产业劳动报酬占比和各个产业产值比重共同决定。中国第一产业劳动报酬占比较高，而第二、第三产业劳动报酬占比较

---

① De Serres, A., S. Scarpetta, et al. *Sectoral Shifts in Europe and the United States*: *How They Affect Aggregate Labour Shares and the Properties of Wage Equations*, Economics Department Working Papers OECD, 2002; Ruiz G. *Are Factor Shares Constant? An Empirical Assessment from a New Perspective*, 2005; Solow, R. M. A Skeptical Note on the Constancy of Relative Shares. *American Economic Review*, 1958: 618 – 631.

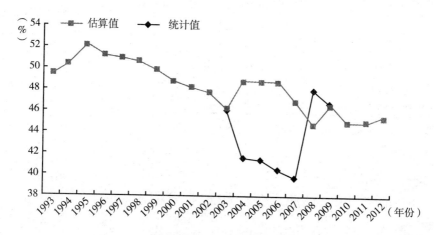

图4 1993~2012年中国劳动报酬占比变动

数据来源：由历年《中国统计年鉴》数据计算获得；池振合、杨宜勇：《2004~2008年劳动收入占比估算》，《统计研究》2013年第7期。

低。例如，2003年第一产业劳动报酬占比为83.44%，而第二、第三产业劳动报酬占比仅有40.44%和45.15%。因此，第一产业产值比重的下降以及第二、第三产业产值比重的上升，会引起总体劳动报酬占比的下降（见表3）。2011年总体劳动报酬占比之所以下降速度减缓的原因主要是第一产业产值比重下降以及第三产业产值比重上升速度减缓，而第二产业产值比重则出现小幅下降。2012年第一产业和第三产业产值比重分别上升了0.1个和1.2个百分点，而第二产业产值比重下降了1.3个百分点，这种变化导致总体劳动报酬占比上升。如果在未来不推出改革措施推动第二产业的发展，那么第二产业产值比重会进一步下降，这将导致总体劳动报酬占比进一步上升。反之，如果第二产业产值比重下降的局面得到扭转，那么总体劳动报酬占比将会呈现继续下降的趋势。

表3 1993~2012年三次产业产值比重

单位：%

年 份	1993	1994	1995	1996	1997	1998	1999	2000	2001	2002
第一产业	19.7	19.9	20.0	19.7	18.3	17.6	16.5	15.1	14.4	13.7
第二产业	46.6	46.6	47.2	47.5	47.5	46.2	45.8	45.9	45.2	44.8
第三产业	33.7	33.6	32.9	32.8	34.2	36.2	37.8	39.0	40.5	41.5

续表

年 份	2003	2004	2005	2006	2007	2008	2009	2010	2011	2012
第一产业	12.8	13.4	12.1	11.1	10.8	10.7	10.3	10.1	10.0	10.1
第二产业	46.0	46.2	47.4	47.9	47.3	47.4	46.2	46.7	46.6	45.3
第三产业	41.2	40.4	40.5	40.9	41.9	41.8	43.4	43.2	43.4	44.6

数据来源：国家统计局编《中国统计年鉴2013》，中国统计出版社，2013。

四　住户、企业和政府分配格局变化

总收入在住户、企业和政府之间所形成的初次分配格局逐渐偏向于政府和企业，具体表现为：住户总收入比重逐渐下降，而政府和企业总收入比重逐渐上升。2000年，住户总收入比重为67.15%，而到2011年该值已经下降到60.67%，下降了6.48个百分点。2000年企业和政府总收入比重分别为19.72%和13.13%，而到2011年它们已经分别上升到23.95%和15.38%，分别上升了4.23个和2.25个百分点。近年来，企业总收入比重呈下降趋势，而住户总收入比重下降的趋势得以缓解（见图5）。从图中可以看出，2011年企业总收入比重较2010年下降了0.56个百分点，而住户总收入比重较2010年上升了0.17个百分点。

住户、企业和政府获得的初次收入通过税收等经常性转移之后，形成不同主体的最终可支配收入。经过收入再分配之后，企业的部分收入以税收的形式转移给政府，成为政府可支配收入的一部分，而政府又以社会保障支出等形式将自己收入的一部分转移给住户。从图5可以看出，经过经常性转移之后企业可支配收入比重下降。2011年企业可支配收入比重为20.03%，比总收入比重降低3.92个百分点；住户可支配收入比重为60.78%，总收入比重为60.67%，两者基本持平；政府可支配收入比重为19.19%，总收入比重为15.38%。由此可以看出，通过经常性转移企业收入比重下降，政府收入比重上升，住户收入比重基本不变，所以再分配使得收入向政府集中。因此，收入再分配进一步强化了政府在住户、企业和政府分配格局中的优势地位。

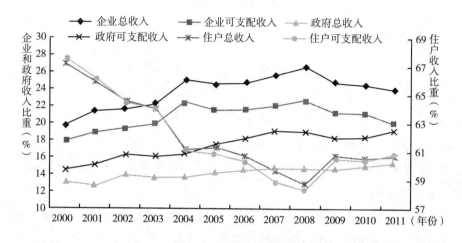

图5　2000~2011年不同主体总收入和可支配收入比重

数据来源：由《中国统计年鉴2012》和《中国统计年鉴2013》相关数据计算获得。

五　结论与政策建议

（一）结论

通过以上分析可以看出，当前中国收入分配和收入差距问题出现了一些新变化，具体表现为：第一，2012年中国总体居民收入差距缩小，这主要是由城镇内部、农村内部和城乡之间收入差距同时缩小所引起的。第二，2012年总体劳动报酬占比上升，这说明功能性收入分配发生了改变。功能性收入分配所发生的改变主要是由第二产业产值比重下降所造成的。如果第二产业产值比重在未来继续下降，那么总体劳动报酬占比将保持上升。反之，如果第二产业产值比重上升，那么总体劳动报酬占比将会下降。第三，在2011年住户、企业和政府间的分配格局中，住户总收入比重小幅上升，这说明住户总收入比重下降的趋势得以遏制；企业总收入比重小幅下降，而政府总收入比重则继续上升。上述分配格局变化反映出住户、企业和政府间的分配格局继续朝着有利于政府的方向发展。税收等收入再分配手段将企业的收入转移到政府收入中，而政府的收入却没有转移到住户手中，这表明收入再分配进一步强化了收入分配中政府的优势地位。

（二）政策建议

政府为了保持较高的经济增长，不断推出经济刺激计划而引起要素价格扭曲。低廉的资本价格一方面引起大量无效率基础设施投资，增加短期内低端劳动力需求，提高他们的工资。与此同时，货币供应量的增加导致产品价格上涨，引起农产品价格上涨，增加农民收入。尽管上述措施缩小了当前的居民收入差距，但是它们危害了经济增长并会扩大未来收入差距。未来经济政策应当从以下方面入手。

首先，转变经济增长方式，促进产业结构升级，保证经济平稳发展。只有这样才能为就业岗位的增加创造必要条件。

其次，实施积极的就业政策，特别是促进青年就业，保障他们能获得工作机会。否则，失业者就失去了从社会获得收入的渠道，这样必然会扩大社会收入差距。

最后，加快完善城乡居民的社会保障体系建设，只有这样才能为老、弱、病、残等弱势群体提供基本的收入保障。

2013 年社会保障事业稳中求进

王发运　丁　谊*

摘　要：

2013 年，各项社会保障事业稳步发展，养老、医疗保险向全面覆盖城乡迈进，社会保障待遇继续提高，各项基金收支平衡，但支出增幅大于收入增幅。国家开始进行养老保险制度顶层设计，有关基本养老基金缺口、延迟退休年龄、改革机关事业单位养老保险制度等广受各界关注。

关键词：

社会保障　养老基金缺口　延迟退休年龄

一　2013 年社会保障事业基本情况

2013 年前三季度，国家在社会保障方面基本没有出台大的政策措施，各项社会保险事业处于稳步发展态势。

（一）养老保险和医疗保险继续向全面覆盖城乡居民迈进，各项社会保险参保人数稳步增加

到 9 月底，基本养老保险已覆盖 80656 万人，比上年底增加 1861 万人；基本医疗保险覆盖 56360 万人，比上年底增加 2719 万人；失业保险覆盖 16195 万人，比上年底增加 971 万人；工伤保险覆盖 19603 万人，比上年底增加 593

＊　王发运：人力资源和社会保障部社会保险事业管理中心，研究方向是社会保障。丁谊：武警工程大学电子技术系副教授，研究方向是军人保险等。

万人;生育保险覆盖16061万人,比上年底增加632万人。1~9月,全国享受工伤保险待遇人数152万人。参保人数在继续增加的同时,统筹城乡的特征更加突出。到9月底,全国城乡居民社会养老保险参保人数49030万人,比上年底增加661万人;城镇居民医疗保险参保人数29217万人,比上年底增加2062万人。越来越多的农民工被纳入城镇社会保障体系中。到9月底,全国参加城镇职工基本养老保险的农民工人数为4785万人,比上年底增加242万人;参加城镇职工医疗保险的农民工虽然比上年底略有减少,但仍维持在4988万人;农民工失业保险参保人数为3680万人,比上年底增加978万人;农民工工伤保险参保人数为7193万人,比上年底增加14万人。

(二)社会保障待遇水平继续提高

全国已有24个地区提高最低工资标准,平均增长18%。经国务院批准,从2013年1月1日起,连续第9年提高企业退休人员基本养老金水平,全国共有6825万人参加调整,基本养老金月人均增加195元,调整后达到1886元。本次调整继续向企业退休高工、高龄人员、军转干部等群体进行倾斜。2012年底,城镇职工政策范围内住院费用支付比例81.3%,居民政策范围内住院费用支付比例64.4%。工伤保险一次性工亡补助金也从上年的43.62万元提高到49.13万元,增加了5.51万元。

(三)社会保险关系转移接续业务量呈增长态势

1~9月,全国共办理养老保险关系跨省转续103万人次,比上年同期的73.4万人次增加29.6万人次,同比增长40.3%,其中办理转入50万人次,办理转出53万人次。跨省转移业务量继续呈增长趋势。由于地区间对跨省转续政策的理解不尽一致,经办标准不尽统一,受部分地区历史数据管理不完善、不完整等因素的影响,地区之间扯皮推诿时有出现,经办效率有待提高。

(四)各项社会保险基金收支平衡,但支出增幅大于收入增幅

受到经济增长下降的影响,基金收入增幅趋缓;由于保障水平不断提高,基金支出增幅较大。分险种看,城镇职工基本养老保险基金总收入15766.7亿

元，比上年同期增长 10.6%，其中征缴收入 13076.8 亿元，比上年同期增长
10.7%，基金总支出 13539.2 亿元，比上年同期增长 18.6%。城乡居民社会养老
保险基金收入 1503 亿元，比上年同期增长 25%；基金支出 1066.6 亿元，比上年
同期增长 34.7%。基本医疗保险基金总收入 5838.5 亿元，比上年同期增长
22.4%；支出 4738.2 亿元，比上年同期增长 26%。失业保险基金收入 893.8 亿
元，比上年同期增长 13%；支出 348.3 亿元，比上年同期增 17.9%。工伤保险
基金收入 439.8 亿元，比上年同期增长 18%；支出 333.4 亿元，比上年同期增长
19.9%。生育保险基金收入 259.6 亿元，比上年同期增长 21.9%；支出 201.5 亿
元，比上年同期增长 41.2%。到 9 月底，五项社会保险基金（不含新型农村合
作医疗基金）累计结存 42375 亿元，其中城镇职工养老保险基金 26129.6 亿元，
城乡居民社会养老保险基金 2772.7 亿元，医疗保险基金 8774.9 亿元，失业保险
基金 3384.2 亿元。工伤保险基金 827.8 亿元（其中储备金结存 139.5 亿元），生
育保险基金 486 亿元。另外，到 2012 年底，由全国社会保障基金理事会负责管
理的全国社会保障基金总额达到 11060 亿元，突破 1 万亿元大关。

（五） 企业年金发展平缓

企业年金原称企业补充养老保险，是多层次企业职工养老保障体系的重要
组成部分。但出于各种原因，特别是由于税收优惠没有完全到位，其发展稍显
缓慢。截至 6 月底，建立企业年金的企业不到 6 万个，覆盖职工 1957 万人，
占城镇职工基本养老保险覆盖人数的 6.29%，企业年金基金累计结存 5000 亿
元左右，93% 以上的参加基本养老保险的企业职工还没有企业年金。为此，迫
切需要采取必要的措施鼓励和扶持更多的企业广泛建立企业年金，大力发展补
充养老保险，引导和扶持发展个人养老储蓄，逐步形成多层次的养老保障体
系，提高各类职工退休之后的养老保障待遇水平。

二　年度重大热点问题

当前，社会保障体系仍不完善，老百姓的后顾之忧并没有得到完全解除，
这影响到内需的扩大和经济增长质量的提高，社会上尤其是网络上总充斥着对社

会保障制度的一些情绪化的表达。仍有将近 2 亿人没有养老保险，制度的公平性不高，制度间衔接不畅。医疗保险虽然已经基本全覆盖，但城乡医保管理体制没有理顺，仍然由不同部门管理，参保的质量有待提高。

社会保障制度改革是从地方探索、国家总结规范、地方组织实施一路走过来的，各项改革缺乏整体性、系统性考虑，这种路径依赖导致了社会保障制度的"各自为政"和"分疆而治"，这种状况一直备受批评，也让许多人深受其苦，加强改革的顶层设计势在必行①。在各项社会保障制度中，养老保险最复杂，问题最突出，也最受关注，2013 年社会各界对此进行了热烈讨论，形成了若干值得高度重视的热点。其中与公共利益直接相关、社会舆论直接讨论的热点问题有三个，分别为养老保险基金缺口、延长退休年龄和机关事业单位改革。

（一）养老保险基金缺口

关注养老保险基金缺口的实质是担忧基金能否实现长期收支平衡，制度是否具有可持续性。但是，这又是当前社会上理解得最为混乱的一个问题。之所以混乱，一是由于名称很多，诸如基金的即期缺口和长期缺口、全国缺口和地区缺口、做实个人账户缺口和隐含债务缺口等等，不同的名称适用不同的对象，含义也相差甚远，但有时公众甚至专业研究人员对此也没有给予区分；二是由于计算方法不同、测算参数选择不一，各方测算的基金缺口的资金额度也相差巨大，多的认为有数十万亿元之巨，少的则认为有一两万亿元。因此，讨论中国养老保险基金缺口要确切地说明讨论的是哪一方面的缺口。

城乡居民社会养老保险建立时间不久，制度规定基础养老金由财政承担，个人账户实账积累，一般认为不存在基金缺口问题。但只要个人账户资金不进行投资运营并按实际运营收益率计息，或者城乡居民平均寿命较长，则实际上仍然可能会有基金缺口（主要是个人账户基金缺口）产生，只不过这种缺口是潜在的，即使有，规模也较小，社会上对之并没有特别关注。当前社会关注的所谓养老保险基金缺口，主要指的是城镇企业职工养老保险的基金缺口。1997 年，国务院统一了全国城镇企业职工基本养老保险制度，决定实行社会统筹与个人账户

---

① 《社保需要走出"碎片化"困境》，人民网，《人民日报》2012 年 6 月 29 日。

相结合的制度模式。可以说，从此有关基金缺口的讨论就再也没有停止过，一直延续至今。

正确理解城镇企业职工养老保险基金缺口，可以从以下四方面入手。

第一，如果继续实行现收现付，不涉及基金筹集模式转换，全国算总账，即使没有财政补助，目前养老保险基金收支也基本平衡，且略有结余。例如2012 年，全国企业基本养老保险基金缴费收入 15086 亿元（基金总收入扣除财政补助、利息收入、其他收入），当年基金支出 14009 亿元，收大于支 1077 亿元，单位和职工缴纳的养老保险费不仅可以满足当期养老金支出的需要，还有一定结余。其他年份的情况也差不多。但是，由于地区经济发展有差异，基金收入地区分布不均衡，部分地区当期基金缴费收入不足以应付当期养老金支出需要，需要财政弥补缺口（见表1）。1998 年以来，中央要求确保企业离退休人员基本养老金按时足额发放，并在随后实行由邮局、银行等机构社会化发放，部分地区无法确保发放的问题显性化并非常突出，中央财政开始对中西部地区转移支付以弥补地方养老保险基金缺口，补助额度逐年增加，1999 年时仅 80 亿元左右，到2012 年已经达到 1560 亿元。近年来企业养老保险基金财政补助情况见表2。

表 1 近年来基金当期征缴收入与支出相抵负结余省份数

年份	负结余省份数	年份	负结余省份数
2006	21	2009	16
2007	15	2010	15
2008	17	2011	12

表 2 近年来企业养老保险基金财政补助情况

单位：亿元

年份	中央财政补助	地方财政补助
2006	774	132
2007	918	199
2008	1128	258
2009	1326	318
2010	1560	230
2011	1847	244

第二，由于养老保险个人账户基金被用于当期基金支付，个人账户没有做实，个人账户记账额在迅速扩大，但基金累计结余额与个人账户记账额基本持平。到2012年底，企业养老保险个人账户累计记账额达到28000多亿元，比2011年增加将近4500亿元，个人账户记账额相当于到当年底基金累计结余额的122%，其中2012年当期记账额相当于当期结余额的103%多。所以，全国算总账，如果把基金累计结余转化为账户资金，养老保险个人账户在财政的支持下可以做实，个人账户基金缺口并非如外界所传那么大。

第三，如果把基金筹集模式真正改为部分积累，则养老保险基金确实存在缺口，缺口规模虽然也不小，但也不宜随意夸大。我国养老保险实行社会统筹与个人账户相结合的制度模式，其初衷之一就在于考虑到我国人口老龄化高峰到来后的基金支付压力，要转换基金筹资模式，实行部分积累。但转制必然要付出成本，成本就是改革时已有的退休人员的养老金来源和转制前已就业但尚未退休人员视同缴费期间个人账户资金来源，这是真正意义上的基金缺口。随着时间的推移，这部分缺口金额仍在快速扩大。对此，我们必须未雨绸缪，及时筹划。

第四，如果降低企业和职工个人养老保险费缴费费率，缺口额会更大。目前，我国城镇职工五项社会保险的缴费合计占工资总额的40%多，其中用人单位以本单位工资总额的30%承担，个人以本人工资的11%承担。与其他国家相比，我国的社会保险费率确实不低。中小微企业和灵活就业人员反映，社会保险总体负担较重，特别是养老保险费率偏高，他们感到难以承受，适当降低养老保险费率很有必要。天津市的一份调查印证了这一点。2011年，该市580万城镇从业人员中，应参保人数500万人左右，在已参保的326万人中，结算缴费人数仅258万人，应参保、已参保和缴费人数形成三个台阶，参保率和参保缴费率均处于较低水平。私营个体、灵活就业及外来务工等人员因收入低、缴费负担过重、缴费能力弱，而放弃参保或中断缴费。社会保险费率偏高导致企业人工成本上升，加重了企业的财务负担，降低了企业竞争力。但养老保险费率每降1个百分点，又会使基金收入减少将近1000亿元。

（二）延迟退休年龄

1951年，政务院颁发《劳动保险条例》，规定男工人与男职员年满60岁、女工人和女职员年满 50 岁时退休，这确立了现行退休年龄的基本架构。1955 年，国务院颁布《关于国家机关工作人员退休暂行办法》，国家机关中女性工作人员的退休年龄由 50 岁提高至 55 岁。1978 年《国务院关于工人退休、退职的暂行办法》严格了退休条件，在男工人年满 60 周岁、女工人年满 50 周岁外，本人连续工龄必须满 10 年。总体来看，退休年龄在 1949 年后 60 年间基本上没有变化。

进入 21 世纪以后，延迟退休年龄的呼声渐起，越来越多，几乎政府官员或者学者的每一次议论都会引来众多关注和社会舆论的鞭挞。虽然延迟退休年龄的讨论无不与养老保险基金缺口相关，但我认为，如果要做出延迟退休年龄的决策，基金缺口肯定不是主要的考虑因素。延迟退休年龄是一项十分重大的社会政策，涉及每一个人的切身利益，也关系到就业等诸多因素。另外，即使按照有关人士的推算，退休年龄每延迟一年，养老统筹基金可增长 40 亿元，减支 160 亿元，减小基金缺口 200 亿元，这对于每年 1.4 万亿元的基金支出来说也是微不足道的，对减小基金缺口作用不大。把基金支付压力作为延迟退休年龄的主要理由，说服力不大。

总结全年争论，支持延迟退休年龄的理由，除了基金缺口大以外，还有一个是平均预期寿命的提高。现行退休年龄是 20 世纪 50 年代制定的，当时我国人口平均预期寿命才 40 岁左右，根据 2010 年第六次全国人口普查详细汇总资料计算，我国人口平均预期寿命已达到 74.83 岁，其中男性为 72.38 岁，女性为 77.37 岁，60 年间提高了 30 多岁。据全国老龄委的资料，2013 年，我国老年人口数量将突破 2 亿大关，达到 2.02 亿，占全国总人口的 14.8%。随着人均预期寿命的提高、人口结构转变，择机延迟退休年龄势在必行。提高退休年龄也是国际大趋势。20 世纪末以来，欧美国家先后相继提高了退休年龄，与这些国家相比，我国的退休年龄是比较低的。我国与世界其他国家的经济联系日益密切，在华就业外国人不断增加。《社会保险法》规定，外国人在华就业，也须按规定参加中国的社会保险，缴纳社会保险费。2013 年 10 月，外国人参保人数达到 49000 多人。退休年龄较低不便于我国与其他国家在社会保障事务上的合作。我国劳动力市场形势的变化也为延迟退休年龄提供了契机。2011 年，我国出现劳动年龄人口数的首次下降。东部沿海地区出现持续的

"招工难"。在老龄化的大背景下，需要节约已开始出现下降的有限的劳动力资源，调整退休年龄、增加工作年限的时候已到。

表3 部分国家退休年龄及预期寿命

	法定退休年龄		人均预期寿命	
	男	女	男	女
印　　度	60	60	63.7	66.9
巴　　西	60	55	70.7	77.4
俄 罗 斯	60	55	63.3	75.0
澳大利亚	65	63.5	81.9	
日　　本	65	65	83.2	
美　　国	65~67	65~67	76.2	81.3
法　　国	62	62	80.7	81.6
马来西亚	55	55	74.7	
新 加 坡	62	62	80.7	
中　　国	60	50/55/60	74.8	

资料来源：《人民日报》2013年9月6日。

反对的意见集中在以下方面：其一，我国仍是全球第一劳动力大国，也处于改革开放以来劳动力资源最丰富的时期。这将给就业带来长期压力。由于提前退休现象还没有从根本上得到遏制，2009年全国实际的平均退休年龄是53岁左右，距法定退休年龄尚有较大差距。因此，当务之急是控制提前退休，没必要把法定退休年龄再向后调整。其二，延迟退休会对就业产生一定的挤出效应，对低收入者、大龄劳动者的冲击更大。很多在企业工作的人担心，现在企业里年轻人都用不完，自己老了，退不了休，又被待岗，将陷入既没工资又没养老金的窘境。由于低收入者、大龄劳动者的就业竞争力弱，延迟退休年龄将使这些人就业的机会更少，他们的生活条件会恶化。

总体来看，在理论界，支持延迟退休年龄呈"一边倒"态势，强调"形势紧迫"、"不可拖延"；但社会上反对的声音也很高。2012年，人民网进行了一次"延迟领养老金年龄"的调查，45万投票的网民中，有93.3%的人持反对意见。2013年8月，中国青年报社社会调查中心对25311人进行了调查，

94.5%的受访者明确反对延迟退休，仅 3.2%的受访者表示支持。反对的理由虽然不尽相同，但结论是一致的。

对于延迟退休年龄的方案，理论界倒是出乎意料地一致，即延迟退休年龄是一个渐进的过程，不可能一刀切，不能一步到位，要有一个比较长的时期，要实行"小步慢走"。这样，既能让民众有一个较长时间的心理适应期和接受期，也可以避免一次性提高到位给劳动力市场带来较大冲击。

（三）机关事业单位养老保险制度改革

关于机关事业单位养老保险制度改革，我国在建立城镇企业职工基本养老保险制度的时候，机关事业单位没有同步改革，仍然实行退休制度，由此形成了今天两种制度并存的格局，即所谓养老保险制度上的"双轨制"。机关事业单位退休人员不缴纳养老保险费，却享受着比企业退休人员更高的退休金，这种状况多年来一直被诟病。2013 年 6 月，审计署审计长刘家义所做"关于 2012 年度中央预算执行和其他财政收支的审计工作报告"中指出，有 8 个部门本级和 11 个所属单位通过虚报人员或项目等方式多申领财政资金 1.87 亿元。另有媒体报道，河南省周口市查出各类"吃空饷"人员达 5731 人，按每年每人平均工资 2 万元计算，仅此一项开支已超过 1 亿元。人社部人事科学研究院院长吴江认为，"吃空饷"问题从深层次讲其实与养老双轨制有着一定的关联性[1]。舆论把双轨制问题提升到实现社会公平正义的新高度，机关事业单位退休制度大有非改不可之势。有人认为，机关事业单位职工不缴费是养老保险基金缺口产生的原因之一。在延迟退休年龄的争论中，有人甚至把延迟退休与机关事业单位退休制度改革挂起钩来，认为两者必须并行，起码要有明确的"双轨制"改革承诺，以增强政府推进养老保险改革的公信力。

客观地说，养老保障的"双轨制"其实并非我国所发明和独有的。国际组织和世界上不少国家都对公务人员施行单独的养老保障制度，与私营企业员工不相同也互不统筹。我国养老保险"双轨制"已有很长时间，初期也并没有成为舆论焦点，后来因为两者之间相同工作经历或相同学历背景的人之间的

---

① 《人社部：正研究办法治"吃空饷"》，《京华时报》2013 年 10 月 26 日。

待遇出现了不合理差距，引发不公平的情绪，才为社会所关注。

为推动解决养老"双轨制"所导致的不合理待遇差距问题，国家先后采取了多项措施。2005 年以来，国家已连续 9 年提高企业退休人员养老金水平，在普遍调整之外，还向企业退休高级职称科技人员以及退休早、养老金偏低予以倾斜，企业退休人员与机关事业单位退休人员的待遇差距有所缩小。同时，我国积极推进事业单位养老保险制度改革试点。但由于事业单位构成十分复杂，加之养老保险制度改革与事业单位分类人事制度、工资制度、财政体制改革紧密相连，如果其他方面不同步推进，养老保险制度改革单兵突进困难较大。

吸取过去机关事业单位养老保险制度改革试点，特别是 2008 年国务院确定的广东等五省市进行事业单位工作人员养老保险制度改革试点陷入困境的教训，目前社会上在改革的大方向上已经达成共识，机关事业单位养老保险制度要与企业养老保险制度并轨，实行社会统筹与个人账户相结合。但"并轨"并不是简单地合二为一，把机关事业单位纳入企业养老保险制度，而是把握一个共同的方向和目标，协同改革，最终取消"双轨制"。"并轨"更不是要让机关事业单位人员的退休金向企业退休人员养老金看齐，降低待遇水平。改革过程中必须谨慎操作，处理好以下问题：一是机关与事业单位改革的先后次序。目前来看，事业单位先行一步改革，技术上可行，操作上反对的意见会大一些，机关事业单位同步改革，社会接受度更高。二是养老保险制度要与工资制度同步改革。不改善现已严重扭曲的工资结构，提高基本工资的比重，降低津补贴/绩效工资的比重，养老保险制度设计就缺乏稳固基础：如果以标准工资作为缴费和计发养老金基数，数值很低，距机关事业单位人员的实际收入差别较大，也与企业职工按本人全部工资缴费和计发养老金的规则相去甚远，这样的改革意义不大；如果按全部工资计算，把目前各地区、各单位非规范的收入差别在养老保险上固化下来，又难保证公平。三是在改革基本养老保险制度的同时，建立职业年金。这样，既可以消化机关事业单位现有基本工资以外的收入部分，为今后事业单位合理体现收入差别拓宽了路径，也符合多层次体系建设目标。四是全国同步改革还是试点先行。在部分地区先行试点再规范统一，是我国 30 多年改革的一条重要经验，但这也容易造成各地政策不统一等弊端。而且，合适的试点地区也不好选择，最好还是全国同步实施。

三　2014 年社会保障事业展望与建议

党的十八届三中全会通过的《中共中央关于全面深化改革若干重大问题的决定》（以下简称《决定》）要求建立更加公平可持续的社会保障制度，明确给出了以上问题的解决路径，为下一步完善社会保障体系特别是完善养老保险制度指明了方向。根据《决定》，实现养老保险基金平衡至少有五条措施，一是完善个人账户制度，健全多缴多得激励机制；二是完善社会保险关系转移接续政策，扩大参保缴费覆盖面；三是推进基础养老金全国统筹，坚持精算平衡原则；四是适时适当降低社会保险费率，涵养养老保险缴费费源；五是健全社会保障财政投入制度，完善社会保障预算制度。加强社会保险基金投资管理和监督，推进基金市场化、多元化投资运营。为促进社会公平，《决定》明确要求建立健全合理兼顾各类人员的社会保障待遇确定和正常调整机制，推进机关事业单位养老保险制度改革。此外，《决定》着眼长远，要求研究制定渐进式延迟退休年龄政策，既要把握改革的分寸，也要充分考虑到社会承受力。可以说，大政方针已经出台，号角已经吹响，只要积极稳妥实施，我国社会保障体系必将日趋完善，人民会得到越来越好的保障。

养老金缺口问题在今后几年特别值得重视，要解决好这一问题目前可选择的路径有四条。

一是实行养老保险全国统筹，平衡基金的地区分布。我国在 2010 年就已基本实现城镇职工基本养老保险省级统筹，但除陕西、黑龙江、北京、天津等少数地区实行养老保险基金统收统支之外，绝大多数地区的省级统筹采取的是省级预算管理方式，提取省级调剂金，没有真正实现完整意义上的省级统筹。由于各地区社会经济发展不平衡，地区之间养老保险政策不统一，单位和个人缴费和待遇水平参差不齐，各地养老保险基金收支与结余不平衡，地方财政负担也不均衡，不利于在养老保险方面实现社会公平。有必要加快推进城镇养老保险全国统筹，在全国各地区实现职工基本养老保险政策的基本统一，扩大养老保险基金调剂范围，逐步改变各地区养老保险基金收支与结余不均衡的状况，提高基金承受能力和资金使用效率。

二是加强养老保险费的收缴工作，真正做到应收尽收。目前还有相当数量的单位没有以职工的真实工资为缴费基数，只以职工真实工资的一部分作为其缴费基数，有的单位甚至还没有参加养老保险，这不仅损害了职工的养老保险权益，也直接减少了基金收入。同时，要进一步完善有关政策，健全多缴多得激励机制，促进职工个人多缴长缴，以提高退休之后的养老金水平。目前，相对于企业参保人员平均工作年限（概算为 32 年）和享受待遇年限来讲（28.4 年），最低缴费年限为 15 年的规定过于宽松，既不符合常理，也有失公平，使一些原本有缴费能力和缴费潜力的人缴满 15 年后不再缴费，而这种缴费方式的实际回报率却远高于高缴费群体，致使人们想方设法早退休、提前退休，这使基金收支不平衡的矛盾加剧，客观上形成了与权利与义务对等原则相悖的情形，是对缴费行为的逆向调节，是制度约束与激励机制缺失的体现，也是造成资金缺口不容忽视的重要因素。

三是控制基金支出。要进一步规范提前退休审批程序，严格控制提前退休。此外，养老金经过 9 年连调，有较大幅度增加，也给基金支付造成巨大压力，有必要完善养老金计算发放办法，确定合理的替代率水平，建立养老金正常调整机制。2010 年，天津市私营企业年人均工资 24023 元，同年新退休人员的人均养老金 18816 元，2011 年退休的达到 22416 元，养老金与私营企业入场工资相差无几。今后，养老金的调整应充分考虑到这一问题。

四是多渠道筹集社会保障基金。包括划转部分国有资本充实社会保障基金，提高国有资本收益上缴公共财政比例，加大财政对社会保障的投入，等等。由于其他方式潜力有限，多渠道筹集基金似乎将成为解决基金缺口的主要方法之一。

B.6

2013 年中国教育的发展、改革与展望

王 建*

摘 要：

2013 年，教育规划纲要贯彻落实进入攻坚阶段，教育发展转向优化结构与提高质量，国家层面一系列教育惠民政策和项目相继出台或实施，地方政府有实际行动，但各地进展不平衡。当前教育改革进入"深水期"，破解教育改革和发展难题，必须采取综合改革的办法，综合考虑经济社会对教育的影响，强化顶层设计，找准突破口，通过重点突破实现整体推进，尤其在教育结构调整、考试招生制度改革和政府职能转变等方面，要尽快取得更具标志性的成效。

关键词：

教育发展　教育政策　综合改革

2013 年在教育改革政策的落实上是较为重要的一年，国家层面一系列突出民生导向、注重公平的教育政策逐步得到落实和深化。党的十八大报告把教育放在改善民生和加强社会建设之首，确立了"努力办好人民满意的教育"的目标愿景，提出的"深化教育领域综合改革"的总体要求；十八届三中全会通过的《中共中央关于全面深化改革若干重大问题的决定》对全面深化改革的重要领域和关键环节作出重大部署，明确了深化教育领域综合改革的攻坚方向和重要举措，要求在对国家和各地教育改革试点进行整体和系统的评估的基础上制定综合改革方案，以主动适应经济社会的发展需要，解放

＊ 王建，国家教育发展研究中心教育发展战略研究室副主任，副研究员。

和增强教育活力，力争 2020 年在教育改革的重要领域和关键环节上取得决定性成果。

一 2012 年全国教育事业发展状况

2012 年，全国共有各级各类学校 52.3 万所，各级各类学历教育在校生 2.63 亿人。各级教育普及水平稳步提高，入学机会继续增加，九年免费义务教育全面实现，学前教育快速发展，高中阶段教育加快普及，高等教育结构调整力度加大，财政保障水平明显提高。

1. 基础教育普及向义务教育两端延伸

基础教育包括学前教育、初等教育、普通中等教育。学前教育是终身学习的开端，是我国教育体系中的薄弱环节。2010 年国务院下发《关于当前发展学前教育的若干意见》（国发〔2010〕41 号），要求各省（区、市）2011 年 3 月前以县为单位编制学前教育三年行动计划，2012 年各地学前教育三年行动计划进入全面实施阶段，学前教育规模大幅度扩大。全国幼儿园总数达到 18.13 万所，在园幼儿 3685.76 万人，学前教育毛入园率达到 64.5%，比 2010 年提高了 7.9 个百分点，[①] 城区、镇区和乡村普通小学新生中接受过学前教育的比例分别达到 97.91%、96.59% 和 92.03%。"入园难"问题在全国范围内初步得到缓解，农村孩子有了更多上幼儿园的机会。

受学龄人口变化影响，义务教育阶段招生和在校生规模继续缩小。2012 年，全国共有义务教育阶段学校 28.2 万所，招生 3285.43 万人，在校生 14458.96 万人，九年义务教育巩固率达到 91.8%。全国小学和初中招生分别为 1714.66 万人和 1570.77 万人，分别比上年减少 22.13 万人和 63.96 万人，小学学龄儿童净入学率达到 99.85%，初中阶段毛入学率达到 102.1%。留守儿童和流动儿童是巩固提高义务教育普及水平需要特别关注的两个群体。2012 年，全国义务教育阶段在校生中进城务工人员随迁子女共 1393.87 万人，其中

---

① 教育部：《2012 年全国教育事业发展统计公报》，教育部政府网站，http://www.moe.edu.cn/publicfiles/business/htmlfiles/moe/moe_335/index.html，以下数据除特殊注明外，均摘自该公报。

在小学就读 1035. 54 万人，在初中就读 358. 33 万人。义务教育阶段在校生中农村留守儿童共 2271. 07 万人，其中在小学就读 1517. 88 万人，在初中就读 753. 19 万人。

高中阶段教育基本普及。2012 年，全国高中阶段教育（包括普通高中、成人高中、中等职业学校）共有学校 26868 所，招生 1598. 74 万人，在校学生 4595. 28 万人，其中普通高中招生 844. 61 万人，在校生 2467. 17 万人；高中阶段毛入学率达到 85. 0%，初中毕业生升学率达到 88. 4%。

2. 高等教育应用性人才培养的力度加大

高等教育是在完成中等教育的基础上进行的专业教育，包括专科教育、本科教育和研究生教育。2012 年，全国各类高等教育总规模达到 3325 万人，高等教育毛入学率达到 30%；全国共有普通高等学校和成人高等学校 2790 所，其中普通高等学校 2442 所，成人高等学校 348 所；普通高校中本科院校 1145 所，高职（专科）院校 1297 所，民办高校 707 所，含独立学院 303 所；全国共有培养研究生的单位 811 个，其中高等学校 534 个，科研机构 277 个。

高等职业教育处于普通高等教育中的专科学历层次，横跨高等教育和职业教育两大领域，主要培养生产、建设、服务、管理一线的高技能人才。2012 年，全国普通高等教育本专科共招生 688. 84 万人，在校生 2391. 32 万人，其中本科和专科招生数分别为 374. 06 万人和 314. 78 万人，在校生数分别为 1427. 09 万人和 964. 23 万人，高等职业教育招生数和在校生分别占到 45. 70% 和 40. 32%；高职院校通过单独招生、对口单招、技能拔尖人才免试等非高考入学方式招生的人数已达 133 万人，占高职招生总数的 40%，在规模上确立了其占高等教育"半壁江山"的格局，并在考试招生方式上逐步体现出职业教育的类型特性。

研究生教育是培养高层次人才的主要途径，我国已成为世界研究生教育大国。2012 年，全国招生 58. 97 万人，其中博士生招生 6. 84 万人，硕士生招生 52. 13 万人；在学研究生 171. 98 万人，其中在学博士生 28. 38 万人，在学硕士生 143. 60 万人。我国积极发展专业学位研究生教育，已设置专业学位 44 种，2012 年招收攻读专业学位的硕士和博士研究生分别为 19. 72 万和 1. 73 万人，分别占硕士和博士研究生招生总数的 37. 83% 和 25. 3%；攻读专

业学位的硕士和博士研究生分别为44.37万人和5.96万人，分别占在学硕士和博士研究生总数的30.90%和21%，① 高层次应用型人才培养的力度得到加大。

3. 财政性教育投入大幅度增加

2011年，国务院印发《关于进一步加大财政教育投入的意见》（国发〔2011〕22号），要求各地政府公共财政支出预算保证财政性教育支出的法定增长，预算执行超收部分优先用于教育，确保到2012年实现国家财政性教育经费支出占国内生产总值的比例达到4%的目标。2012年"政府工作报告"提出"中央财政已按全国财政性教育经费支出占国内生产总值（GDP）的4%编制预算，地方财政也要相应安排，确保实现这一目标"。根据财政部公布的2012年全国公共财政支出决算数据，全国教育财政预算为18929.11亿元，决算数为21242.10亿元，占国内生产总值（519322亿元）的比例为4.09%，如期实现国家财政性教育经费支出占国内生产总值比例达4%的目标。②

中央财政支持教育发展的力度加大。2012年，中央财政教育支出3781亿元，比2011年增长15.7%，本着"保基本、补短板、抓关键、促公平"的原则，重点促进义务教育均衡发展、加强职业教育基础能力建设、支持高等教育内涵式发展和健全国家资助政策体系，中央财政承担义务教育投入的责任显著加大。

二 2013年重大教育惠民政策出台与落实情况

2012年和2013年国家密集出台多项教育改革政策，包括启动国家连片特困地区农村义务教育学生营养改善计划、扩大中等职业教育免学费政策范围、出台进城务工人员随迁子女在当地参加升学考试政策、完善研究生投入机制和提高重点高校招收农村学生比例等，这些突出民生导向、注重公平的教育政策逐步得到落实或深化，地方政府在实施过程中，有必要进一步完善政策内容，

---

① 教育部发展规划司：《中国教育事业发展统计简况（2012）》，2013年5月。
② 《2012年全国公共财政支出决算表》，http://yss.mof.gov.cn/2012qhczjs/201307/t20130715_966261.html。

设定具有可操作性的政策目标，探索政策执行的路径，完善监督问责和考核评价机制。

1. 农村义务教育学生营养改善计划顺利推进

为改善农村学生营养状况、提高农村学生健康水平、加快农村教育发展、促进教育公平，国务院决定从 2011 年秋季学期开始，在 14 个集中连片特殊困难地区 680 个县实施农村义务教育学生营养改善计划，项目年度支出 160 亿元，由中央财政负担。同时鼓励各地以贫困地区、民族和边疆地区、革命老区等为重点，因地制宜开展营养改善试点，由中央财政给予奖补。截至 2013 年 8 月底，22 个试点省份的 699 个国家试点县（包括新疆兵团 19 个团场）9.59 万所学校开餐，受益学生 2243.21 万人；19 个省份的 529 个县开展了地方试点工作，覆盖学校 3.98 万所，受益学生 1002.01 万人，国家和地方试点合计覆盖学校 13.57 万所，受益学生近 3300 万人。自 2011 年至 2013 年 8 月，中央财政累计为营养改善计划下拨专项资金 803.93 亿元。其中营养膳食补助资金 271.81 亿元，食堂建设专项资金 292.44 亿元，"一补"（家庭经济困难寄宿生生活费补助）资金 224.27 亿元，地方试点中央奖补资金 15.41 亿元。

农村义务教育学生营养改善计划在国务院的统一领导下，实行地方为主，分级负责，各部门、各方面协同推进的管理体制。围绕食品安全和资金安全两个重点，全国学生营养办会同有关部委制定了一系列配套文件和规范管理制度，一是技术规范，包括实施细则、食品安全保障、食堂管理、实名制管理、信息公开公示、专项资金管理、食堂建设、营养健康监测评估、应急事件处理、餐饮服务、食品安全监管等若干个配套文件；二是工作制度，包括主任办公会、月通报、简（快）报、监督举报、分省包干、专项督查（办）、专项调度等；三是结合推进特点制定的单项指导文件，包括切实做好地方试点工作、推进建立膳食委员会、建立营养改善计划专项通报制度、定期举行新闻发布会、建立志愿者服务制度等。各地在机构编制、人员配备、经费保障等方面，积极探索出了具有地方特色的工作路子。从省级看，宁夏回族自治区按每天 4 元的标准对陪餐校长和教师进行补助；甘肃省出台减免供餐企业和托餐家庭、个人有关税费的政策；云南按每所小学不少于 5 亩地、中学不少于 10 亩地，统一要求建立勤工俭学基地。从市、县级看，江西省宁都、四川省安岳和盐亭

等县为学生营养办定岗定编定机构；广西壮族自治区柳州、贵州毕节、陕西岚皋、云南沧源、江西会昌等地通过购买公益性岗位，解决了食堂从业人员不足问题，食堂从业人员工资由县财政解决，地方政府的重视程度对营养改善计划的实施成效有着关键性的影响。

营养改善计划实施两年来进展很快，取得了显著成效和良好的社会效应，基本实现了政策的初衷和预期效果。2012年10月，世界银行、联合国世界粮食计划署和儿童发展伙伴组织联合考察组在广西都安县、青海乐都县实地考察后认为，中国政府在很短的时间内将学生营养改善计划覆盖到2600万农村贫困地区义务教育阶段学生，效率非常惊人，覆盖人数多，执行质量高，是一项了不起的计划。这项计划对儿童的发展有着非常积极的影响，很多经验也值得其他国家学习与借鉴。2012年10月，中国发展研究基金会受全国学生营养办委托对20个国家试点省的478个国家试点县开展第三方绩效评估。《评估报告》显示，营养改善计划实施以来，营养改善计划的目标学校与目标学生已基本被全覆盖，覆盖率分别为99.7%和99.1%；食堂供餐成为主要供餐形式。从社会效果看，学生饥饿感大幅下降，经常感到饥饿的情况基本消失，贫困地区家长与学生对营养改善计划的满意度均超过91%。在计划实施中表现优秀的县集中在宁夏、云南、贵州、四川、广西、陕西六省（区），西部地区的执行情况好于中部地区。农村义务教育学生营养改善工作开展良好的县具有以下共同特点：一是基本实现农村义务教育学校与学生全覆盖，并通过多种渠道对营养改善计划扩面提标，如县级财政投入覆盖农村复式教育的学前班学生和农村民办义务教育学校学生，提高膳食补助标准，增加学生营养摄入量。二是供餐形式更科学，营养效益更高。多数县采取学校食堂供餐形式，或以学校食堂供餐形式为主，保障学生每日必需营养的摄入。三是工作流程完整、细致、严谨。各县成立营养改善计划办公室，制定相关政策与制度，在食品采购、供应、成本控制、食品安全管理、营养成分达标等方面避免管理盲区。四是在食堂建设和运转等多方面投入资金，保证营养改善计划的可持续性。各县在食堂基础设施建设、食堂设备采购、食堂工勤人员工资、因食堂供餐发生的水电煤等各类费用、相关人员培训费等方面均有不同程度投入。

农村义务教育阶段学生营养改善计划是一项有很强溢出效应的民生政策，

不仅能使孩子们在学校快乐学习、健康成长，且有利于缩小社会差距、建设起点和机会更加公平的社会。为确保营养改善计划的深入推进，把营养改善计划打造成安全工程、阳光工程，全国学生营养办要求各地切实履行地方责任，按与就餐学生人数之比不低于 1∶100 的比例足额配齐食堂从业人员，食堂从业人员工资、社保以及食品配送等经费要纳入地方财政预算。加快学校食堂建设进度，各地对中央资金的安排要严格落实"两个 90%"（中央补助资金用于国家试点地区的比例不低于 90%，用于学生食堂建设的资金比例不低于 90%）的要求，以 2014 年春季学期起原则上由学校食堂供应正餐。严格落实食品采购"四统一"（统一招标、统一采购、统一分配、统一运送）等工作制度，严格落实实名制和公开公示制，有效防止食品安全和资金安全问题，及时处置突发事件，让学生吃得安全、吃得有营养。

2. 农村免费中等职业教育政策落实进度不一

2009 年"政府工作报告"提出"大力发展职业教育，特别要重点支持农村中等职业教育。逐步实行中等职业教育免费，先从农村家庭经济困难学生和涉农专业做起"。从 2009 年秋季学期起，对公办中等职业学校全日制正式学籍一、二、三年级在校生中农村家庭经济困难学生和涉农专业学生逐步免除学费（艺术类相关表演专业学生除外），免学费补助资金由中央和地方财政按比例分担。2010 年秋，这项惠民政策覆盖到城市家庭经济困难学生。2012 年，中职免费范围扩大至所有农村学生、城市涉农专业和家庭经济困难学生，旨在使更多的孩子在接受义务教育后成为技能型人才。

按照"中央政策引导、地方统筹安排、积极稳妥推进、保持平稳过渡"的原则推进农村免费中等职业教育。中等职业学校免学费补助资金由中央财政统一按每生每年平均 2000 元测算，中央按一定比例与地方财政分担，具体分担情况为：西部地区，不分生源，分担比例为 8∶2；中部地区，生源地为西部地区的，分担比例为 8∶2，生源地为其他地区的，分担比例为 6∶4；东部地区，生源地为西部地区或中部地区的，分担比例分别为 8∶2 和 6∶4，生源地为东部地区的，分担比例分省确定，中等职业学校学生享受免学费政策后，学校运转出现的经费缺口由财政核拨补助资金弥补。

中央财政加大对职业教育的投入力度。2012 年，中央财政安排 129.2 亿

元，其中免学费补助资金 80.7 亿元、国家助学金 48.5 亿元，约 534 万中职学生得到助学金，约 1244 万名中职学生享受免学费政策。地方出台的中等职业教育免学费政策，不仅扩大到国务院要求的所有农村（含县镇）学生、城市涉农专业学生和家庭经济困难学生，而且在有的地区实现了所有中职学生免学费。截至 2013 年 6 月，13 个省区市（内蒙古、山西、江苏、浙江、福建、海南、重庆、四川、贵州、青海、宁波、厦门、深圳）将免学费扩大到所有中职学生，补贴标准从每生每年 2000 元至 6500 元不等。贵州省实施"9 + 3"义务教育及三年免费中等职业教育计划，提出在 2013~2015 年，贵州省计划完成中等职业教育招生 27 万、30 万、33 万人。从 2013 年秋季学期起，贵州省将免除贵州省内中等职业教育在校学生学费，60% 以上中等职业教育学生将享受国家助学金。海南省财政 2013 年拿出 2.7 亿元，实现了 17 万中等职业教育全日制学生免学费、涉农专业学生免住宿费和教材费及"村官班"学生免学费。

实施农村免费中等职业教育是一项济国、济民、济教的社会政策，政策目标主要是基于四方面考虑：一是支持农村发展，提高农村劳动者素质；二是重视职业教育，进一步增强职业教育的吸引力；三是促进教育公平，减轻农村学生经济负担；四是进一步加快普及我国高中阶段教育。纵观中职教育免费政策实施三年以来所取得的成果可以发现，利用财政政策加快中职教育的发展，对促进教育公平和劳动者素质的提高起到了积极的推动作用，但在实施的过程中不可避免地出现了漏洞，带来了非议。有学者指出，中等职业教育免费政策在效益标准、效率标准、公平标准和政策回应度等方面未能实现良好的政策目的。如北京大学中国教育财政研究所利用教育部提供的管理性数据和自行采集的抽样调查数据评估该政策的阶段性实施效果，发现中职学校的办学行为与办学质量方面存在诸多不尽如人意的现象，中职学生流失问题严重，学习成绩是影响学生分流意向和教育选择的重要因素，这影响了中职助学金和部分学生免学费政策效果的达成。该所提出应放缓全面实施中等职业教育，不赞成近期内以实施全面免费为加大中职财政投入的优先选项，而应将新增财政投入全部用于提高中职办学质量这一政策目标上。我国高中阶段教育普职之间的比例并非完全竞争的结果，但对那些能进入普通高中学习但不足以缴纳学费或不具有升学优势的人群，可以确信中职免费的"价格效应"还是起到了一定的作用。

此外，地方政府对中职免费政策的财政配套和保障能力直接关系到这一政策能否顺利实施，地方财政对中职教育的总体投入与生均投入都存在明显差异，在先期实现学费全免的省份中，既有经济发达地区，也有经济欠发达地区，需要进一步加大地方政府对实施免费职业教育的配套投入，进一步扩大中央财政对地方转移支付的规模，并逐步完善区域间教育财政经费补偿机制。当然，提升中职教育的吸引力不能单单依靠免费政策的支持，真正提高中职教育的质量才是振兴职业教育的根本出路。对于政策"失灵"的原因探究，还应当回到政策设计本身，免费政策最有可能对哪些人产生影响？对于一个地区而言免多少钱属于比较合理的？免费政策是否挤占了其他的职业教育资金？能否把普惠制的免费改成普惠性与竞争性相结合的资助机制？免费的对象能否不限于在校生？对政策方案、方案与目标之间的关系等进行不断的修正、补充和发展，才可能找到真正可行的解决方案。

3. 地方版的"异地高考"政策"百花齐放"

2012 年 8 月，《关于做好进城务工人员随迁子女接受义务教育后在当地参加升学考试工作的意见》（国办发〔2012〕46 号）（以下简称四部委《意见》），提出坚持有利于保障进城务工人员随迁子女公平受教育权利和升学机会，坚持有利于促进人口合理有序流动，统筹考虑进城务工人员随迁子女升学考试需求和人口流入地教育资源承载能力等现实可能，积极稳妥地推进随迁子女升学考试工作，因地制宜制定随迁子女在当地参加中考和高考的方案。除西藏外，30 个省（区、市）在 2012 年底之前先后出台了"异地高考"政策。

通观 30 个版本的异地高考方案，各地"门槛"高低差别较大，推进方式和时间表不一。"门槛条件"包括随迁子女户籍、在当地就读时间和学籍，进城务工人员缴纳社会保险、居住年限以及从业状况等，多数省份以"学籍、社保、固定住所"等为主，具体来说，有三种情况：一是学籍认定。有些省份对考生提出 1~3 年高中学习经历并获得学籍，这些省份要么是人口流出大省，要么是考试大省，其异地高考方案通常未对家长的住所、收入、社保提出要求。二是户籍、学籍双重认定。有些省份尤其是西部地区，传统上是"教育洼地"，人口较少且录取率较高，通常强化户籍要求、防止"高考移民"。

三是随迁资格、学籍双重认定。北京、天津、吉林、上海、广东等地不同程度地对考生及其父母提出了学籍和社保要求。北京对非户籍学生的教育年限和家长的社保、职业年限分别作出了 3～6 年的规定；上海和广东针对积分入户或取得工作居住证的外来人员的子女，将异地高考与居住证制度挂钩。

在实施年限和开放程度方面，出现了"率先突破"、"缓冲实施"、"分步实施"等多种类型。2013 年，黑龙江、辽宁、吉林等 16 个省（区、市）中，有的省份将实现随迁子女满足条件后与当地考生无差别招录，有的省份还只能针对高职或省属院校，不能填报高水平大学。2014 年起实施的省份有山东、福建、江西、四川、贵州、海南、山西、宁夏、青海等 9 个省区。北京、上海、天津、广东、陕西的方案强调过渡和渐进，北京规定符合条件的外地户籍学生 2014 年开始可以参加高职考试录取，广东省规定 2013 年起通过积分入户广东的异地务工人员、高技能人才，其随迁子女不受入户年限、就学年限等限制，可在广东报名参加高考，并可与该省入户地户籍考生同等录取；符合条件的进城务工人员随迁子女从 2014 年开始可以报考高等职业学院，2016 年可以报名参加高考，并可与本省户籍考生同等录取。2013 年 6 月，上海公布居住证积分制度，自 2013 年 7 月 1 日起施行，提出对在本市合法稳定居住和合法稳定就业的持证人进行积分，积分达到标准分值即 120 分的持证人，可享受子女教育、社会保险等相应的公共服务待遇，包括其同住子女可以在本市参加高中阶段学校招生考试、普通高等学校招生考试，异地高考真正实行的时间至少要到 2014 年以后。

各地异地高考方案出台，北京、上海、广东的异地高考准入门槛最为"苛刻"，与公众的期待尚有差距，社会议论依然不断。四部委《意见》的主要内容可以归纳为三句话：一是"要积极解决"，2012 年底前要出台解决办法；二是"要有准入条件"，设立必要的门槛；三要"因地制宜"，各地根据人口流动和区域实际制定具体办法。这就是说，在全国推进异地高考，教育部把制定随迁子女升学考试的具体政策的责任交归地方，在政策主体定位上表现为"中央指导、地方决断"。对于这种政策主体定位，一些专家公开表示反对。早在 2012 年 5 月，以北京大学张千帆教授为首的 15 位法律学者就向国务院、教育部呈递了"关于教育部制定随迁子女学籍地高考政策的公民建议"，呼吁教育部在政策制定和执行中发挥主要作用，建议教育部应该制定有强大约束力的"异地高考"方案，明确统一规定"随迁"、"学籍"等随迁子女参加高考所必须符合的基本条件，不应给予地方政府过大的自主裁量权，否则可能导致政策执行不力，一些地方政府将为随迁子女就读地高考设置苛刻条件，或者拖延开放时间，从而影响政策的效果。在准入条件设定方面，各地有进城务工人员缴纳社会保险、居住年限及从业情况等门槛设置，异地高考变成基于父母经济背景或社会地位的有限开放，这种条件设定很可能导致政策实施走向"精英化"，在随迁子女当中产生新的歧视。在政策操作方面，四部委《意见》没有明确规定省级政府应承担的具体责任，省级政府方案基本上都相应要求下一级地区和有关部门等加强对随迁子女升学考试工作的组织管理，个别地区甚至由教育行政部门负责甄别考生和家长身份，超出了其职能和权限范围，影响了政策执行的力度和有效性。2013 年全国近 20 个省份不同程度地放开异地高考，截至 2013 年 6 月，10 个省份官方披露的数据显示，约 4500 名考生参加异地高考，仅占高考报名总数 912 万人的 0.5‰。辽宁省约有 5000 多名外省生源符合辽宁设定的异地高考报名条件，但实际报名人数只有预计数的 1/10。湖北省只有 219 名考生报名异地高考，江苏省实际报名的异地高考人数也只有 300 多人，异地高考"遇冷"。

异地高考政策作为跨部委、跨部门、跨区域的综合性改革，涉及对户籍制度、公共服务制度、社会保障制度、高等教育管理制度等一系列制度体系的调整，核心在于平衡资源、利益与公平问题，现有户籍制度构成对教育权利与机会的强约束和分省定额录取的高校计划招生体制，对进城务工人员随迁子女平等受教育权利不能保障。异地高考改革是大势所趋、势在必行，但户籍制度和高考制度改革需要一个过程。在区域经济社会发展不平衡、高等教育资源不均、户籍制度牵绊、生源利益难调的多重背景下，现阶段由各地在国家政策指导下拿出具体办法有序逐步推进，显然要比全国"一刀切"更贴近现实，而且各地针对异地高考出台的具体办法大部分被冠名以"过渡"、"暂行"或"试行"方案，体现出积极探索的态度，可能会根据推行状况动态调整"门槛"，教育部要进一步督促各地做好随迁子女在当地参加中考、高考的政策衔接，渐进式改革也许是实现最终目的的一个最佳途径。

4. 提高重点高校招收农村学生比例政策初显成效

近年来，随着高等教育大众化水平不断提高，高校扩招使越来越多的农村孩子进入了大学。但由于农村教育仍然薄弱，中西部地区教育发展相对滞后，农村特别是中西部地区孩子上重点大学的比例仍然偏低，尤其是面临高校学杂费上涨和日益严峻的就业压力，农村孩子在考得上大学、上得起大学和想来上大学方面都遇到了重重困难和阻力，重点高校特别是名牌大学里的农村生源越来越少。2013 年 5 月，国务院总理李克强主持召开国务院常务会议，决定提高重点高校招收农村学生比例，让更多勤奋好学的农村孩子看到更多的希望，通过教育实现社会流动和改变自己的命运。

加大重点高校向中西部地区、贫困地区、少数民族地区的招生倾斜力度。一是实施面向贫困地区定向招生专项计划。2012 年实施了面向国家集中连片特困地区的定向招生专项计划，当年共破格录取 1.2 万名本科生，2013 年增加到 3 万人，覆盖所有 "211 工程" 高校和 108 所中央部属高校，范围扩大到所有国贫县以及重点高校录取率相对较低的省份。在专项计划覆盖的省份，重点高校录取农村户籍学生人数比 2012 年增加了 8.5%。以北京大学为例，2013 年首次公布了该校农村生源比例，在 3145 名本科生中农村学生所占比例为 14.2%，较 2012 年增长了 1.7%，通过面向贫困地区定向招生专项计划招收 60 人，在自主选拔录取中对农村户籍考生单独确定分数线、单独录取，并在高考录取中将大部分预留计划投向农村户籍学生。二是实施中西部高等教育振兴计划。启动中西部高校基础能力建设工程，以 5 年为一个周期，在 2012 ~ 2015 年的一期工程中，中央安排 100 亿元支持 100 所中西部地方高校。实施中西部高校综合实力提升工程，中央安排 60 亿元，支持没有国家部属高校的 13 个省（区）和新疆生产建设兵团各重点建设 1 所地方高水平大学。三是继续实施 "支援中西部地区招生协作计划"，在全国高校招生计划中安排 18.5 万个名额，由东部高校招收中西部考生，使优质高等教育资源更多地惠及农村、边远、贫困、民族地区考生。

要推动农村学生上重点高校的入学机会公平，必须建立健全长效机制。导致各阶层的子女在获得优质高等教育资源方面存在差异的原因极其复杂，与个人天赋及其努力程度、家庭出身、早期所受教育的质量有关。早期所受教育质量是影响各阶层尤其是弱势阶层子女获得优质高等教育入学机会的一个重要因素。因此，要着重推动建设覆盖城乡的基本公共教育服务体系，切实促进义务教育均衡发展，把扶持最贫困地区和最困难群体作为优先任务，把合理配置教育资源作为根本措施，继续增加对农村教育的投入，加快普及高中阶段教育和学前教育，提高农村高中教育质量，鼓励重点中学提高招收农村学生的比例。提升中西部高校的整体实力，各高校也应因地制宜出台政策，完善招生名额区域合理分配和考试招生规则和办法，特别是严格规范自主招生、艺术体育类文艺特长生的招生行为，考试内容选取和测试情境设计尽量考虑工农等弱势子女的生活背景，为农村学生营造公平竞争的环境。

5. 研究生教育收费制度全面推进

研究生收费改革已酝酿和试点了多年。研究生教育属于非义务教育，不仅会给国家和社会带来很大效益，也会改善个人的未来收益状况。随着高等教育大众化水平提高和社会对高层次应用型人才需求的扩大，研究生教育规模不断扩大，扩招带来的财政负担很重，特别是公费与自费并存的"双轨制"收费模式一直饱受质疑，20 世纪 90 年代末普通高校各类本专科学生实行收费制度并轨后成为社会关注的焦点。研究生收费方案从 1998 年就开始酝酿，计划从 1999 年起在上海试点研究生全面收费，并于 2000 年在全国推开，但出于种种原因，这一方案并没有得到执行。2005 年，国家发改委决定，教育部批准设置研究生院的 53 所全日制普通高等学校，可以根据自身的条件和准备工作的情况，向教育部申请对新入学的研究生实行收费制度。从 2006 年开始，哈尔滨工业大学等 3 所高校率先试点，2007 年试点的高校达到 17 所，2008 年扩大到 56 所高校，从 2009 年开始，中央部委属院校所有研究生都要缴纳学费，同时国家鼓励各省市自治区选择省属院校开展改革试点工作。2013 年 2 月，国务院常务会议部署完善研究生教育投入机制，财政部、国家发改委、教育部随后印发《关于完善研究生教育投入机制的意见》（财教〔2013〕19 号），细化了"三位一体"的政策体系：一是完善财政拨款制度。中央财政及地方财政都要建立研究生生均综合定额拨款制度。二是完善研究生奖助政策体系。设立研究生国家奖学金，将研究生普通奖学金调整为国家助学金，同时设立研究生学业奖学金。三是建立健全研究生教

育收费制度。从 2014 年秋季学期起，向所有纳入国家招生计划的新入学研究生收取学费，取消公费、自费"双轨制"，采取奖助学金的方式资助优秀研究生学费和生活费。

为确保研究生教育收费制度改革稳妥推进，在制度设计和政策操作上保证研究生不因家庭经济困难而失学，总体上不增加研究生经济负担。一是研究生学费标准适度从低确定。二是建立健全多元奖助政策体系。研究生国家助学金覆盖全国研究生招生计划内的所有全日制研究生，博士生资助标准不低于每生每年 10000 元，硕士生资助标准不低于每生每年 6000 元。研究生国家奖学金用于奖励学业成绩特别优秀、科学研究成果显著、社会公益活动表现突出的研究生，每年奖励 4.5 万名，其中博士生 1 万名，奖励标准为每生每年 3 万元；硕士生 3.5 万名，奖励标准为每生每年 2 万元。三是实施学费和助学贷款代偿制度。提高研究生国家助学贷款最高限额，确保符合条件的研究生都可以申请并及时获得国家助学贷款，可享受国家助学贷款贴息和风险补偿金；到基层和艰苦边远地区工作以及应征入伍服义务兵役研究生还可以享受学费补偿和国家助学贷款代偿政策。四是加强高校收费管理并建立学费"反哺"制度。从 2014 年秋季学期起，按照"新生新办法、老生老办法"的原则，按学年收取研究生学费，不得提前预收；所有高校都要从事业收入包括新增学费收入里提取 4% ~6% 的经费用于学生奖助工作；高校要综合采取减免学费、发放特殊困难补助、开辟入学"绿色通道"等方式，确保家庭经济困难研究生就学。五是实行"导师资助制"，加大研究生助教、助研和助管岗位津贴资助力度。建立以科学研究为主导的导师责任制，让导师从课题研究经费中拿出一小部分资助学生，使大部分研究生获得"三助"岗位及其补助。

健全研究生教育投入机制的根本目的是推动研究生教育综合改革。通过拨款标准、学费标准和资助标准在学位类型、层次和专业之间的差异化制度安排，促进研究生教育发展方式从注重规模发展转变为注重质量提升，培养类型结构以学术学位为主转变为学术学位与专业学位协调发展，同时辅之以招生选拔制度、培养机制和模式、评价监督机制等方面配套措施的跟进，全面提高我国研究生培养质量。

三 2014 年教育发展改革展望

十八届三中全会关于全面深化改革的重大部署，确定了今后教育领域以改革推动发展、提高质量、促进公平、增强活力的总体思路，深化教育领域综合改革必须明确攻坚方向，找准着力点，完善配套政策，尤其是要在调整教育结构、改革考试招生制度和改进教育管理等方面取得重要进展或突破。

1. 服务经济发展转型和新型城镇化战略，加快教育结构和资源布局调整

随着经济发展内在因素和外部条件发生深刻变化，我国经济已由高速增长转入中高速增长的新阶段，已经到了只有转型升级才能持续发展的关键阶段，主线是转变经济发展方式，着力点是调整经济结构，主动力是创新驱动，经济增长由依赖出口和投资转变为更多地由消费和服务业带动，打造中国经济升级版。在新型工业化、信息化、城镇化和农业现代化加快融合发展的背景下，满足经济社会发展中的人力资源需求，随着居民消费升级和民生改善进程加快，人们对接受良好教育、提高自身素质的愿望更加强烈，教育的投资和消费将成为新兴增长点，高等教育、职业教育和继续教育等非义务教育都将还有很大的发展空间，而且要更加重视产业适应性，通过调整层次结构、科类专业设置和人才培养规格实现转型发展。当前高等教育培养目标、专业结构调整滞后于产业结构调整和市场变化，社会用工需求与劳动力供给结构性失衡，导致了人才市场上的结构性过剩和大学毕业生"就业难"。2013 年，全国高校毕业生人数达到 699 万人，迎来"史上最难就业季"。整个"十二五"期间，我国高校毕业生仍将处于就业人数的高峰期，年均达到 700 万人左右。高等教育快速发展已带来大学毕业生供求关系变化的新格局，在 21 世纪头 10 年，普通高校毕业生人数已开始大于白领岗位的总需求人数；随后 10 年，普通高校毕业生将有 40% 左右需要进入蓝领岗位就业，成为知识型工人、知识型农民和知识技能型商业服务人员。为此有必要对高等教育结构进行战略性调整，基本稳定学术学位研究生规模，积极发展专业学位研究生教育，发展应用型本科教育和高等职业教育，拓宽各级各类技术技能人才培养通道。同时，对各级各类高等学校的培养目标也要作出重大调整，推动各类高校根据经济社会发展需求和自身条件

科学定位，深化产教融合、校企合作，推进协同创新，创新人才培养机制，同时对大学生进行大众化教育形势下转变就业观念的教育，令其适应更加广泛、更加多样化的劳动力就业市场结构，以缓解大学毕业生就业压力。

积极稳妥推进城镇化，核心是人的城镇化。新型城镇化不是简单的城市人口比例增加和规模扩张，而是强调在产业支撑、人居环境、社会保障、生活方式等方面，实现由"乡"到"城"的转变，教育是城镇化必不可少的有力支撑，它对提高人口素质和区域经济社会发展的推动作用尤为突出。目前，我国已基本形成所有地级市至少设置有一所高职院校的布局结构，但一些经济规模大、实力强并具有区域带动力的中小城市百强县（市）发展高等教育的愿望强烈，我国迫切需要从合理布局高等教育资源入手，推动高等教育资源从超大城市、巨型城市向中小城市特别是县城乃至中心镇流动，尤其是高等职业学校更需要分散在中小城市和小城镇，如适度举办一些入学容易、学费低廉、学习时间及学制灵活、学习内容具有行业或地方特色、以地方政府公共财政支持为主的社区型专门学院，让高等教育和职业教育资源成为中小城市特别是县城和中心镇建设的重要引擎。户籍制度改革加速城镇化进程，可能带来农村富余劳动力向城市的大规模转移，大量义务教育阶段学生随父母从农村迁移到城市，城镇化推进要与学校配套建设同步，保障农民子女平等接受教育，逐步消除目前普遍存在的城镇"大班额"现象。此外，大力发展面向从业人员、面向进城务工人员以及有创业、择业、转岗需求人员的继续教育和培训，通过素质提升工程实现农民工市民化，提高城镇化质量。

2. 以考试招生制度改革为突破口，促进素质教育实施和人人成才

我国自1977年恢复高考以来，包括中考和高考在内的各类教育考试招生制度在考试科目、考试内容、考试次数、招生录取方式、命题体制以及许多技术环节等方面都实行了改革，从总体上看，中考、高考改革正朝着科学、公平的方向发展。然而，现行考试招生制度虽几经改革，"一考定终身"、"千军万马过独木桥"的弊端没有得到根本改变，以考试代替教育评价、评价标准单一，应试教育愈演愈烈，难以有效引导学生全面而有个性地发展，学生选择权和学校自主权不够充分，难以有效支撑终身学习和多样化人才的成长。教育规划纲要确定了考试招生制度改革的基本框架和总体思路，教育部2013年工作要点提出"研究制定高考改革的总体目标和基本框架",《中共中央关于全面深化改革若干重大问题的决定》重申了高考改革的方向及重点任务。教育部正在制定涵盖从基础教育到研究生教育各个阶段的考试招生制度改革的总体方案,同时针对不同教育领域的改革任务要求出台相应的配套实施意见。

考试招生制度是教育领域综合改革"牵一发而动全身"的重点领域和关键环节。整体谋划考试招生制度改革,要处理好人才类型、教育分类和学习路径之间的关系,树立多样化人才观念和人人成才观念,着力于构建普通教育、职业教育、继续教育衔接沟通、学校教育与社会教育密切配合的终身学习"立交桥",引领学生选择适合自己的学习和成才路径。基于学生成长发展的连续性和成才途径的多样化规律,健全适应不同类型教育培养要求和学校办学定位特点的考试招生机制。完善义务教育免试就近入学制度,健全以初中学业水平考试成绩和综合素质评价为依据的高中阶段学校招生制度;推进普通本科与高职教育分类考试,高等职业学校基于"知识 + 技能"的考试评价办法择优录取,普通高校基于统一高考和高中学业水平考试成绩综合评价多元录取;推进学术学位与专业学位硕士研究生分类考试,建立博士研究生选拔"申请—审核"机制;建立多种形式的学习成果认定和转换制度,试行普通高校、高质院校、成人高校之间学分转换,实现多元化评价、多样化选拔、多渠道成才。

高考改革社会关注度最高,考试内容和形式改革的方向是"探索全国统考减少科目、不分文理科、外语等科目社会化考试一年多考"。近年来,各地积极稳妥推进高考改革,一些地区在完善高中学业水平考试、推进普通本科与高等职业教育分类考试、探索"三位一体"(学业水平测试、综合素质评价和统一高考)招生考试评价模式等方面取得了积极进展。2014 年高考将是近几年新政策实施较为密集的一年,高考加分政策调整、异地高考扩容步入实施阶段。2013 年 10 月以来,部分省市相继酝酿高考改革,调整考试科目分值和形式的框架方案或征求意见稿引发广泛争议。各地高考改革具体方案预计会在国家层面的总体方案和实施意见公布后陆续出台。

3. 以政府职能转变为核心,推进向地方、学校和社会放权

深化行政体制和政府机构改革以职能转变为核心,理顺政府和市场、政府

和社会、中央和地方的关系，充分发挥市场在资源配置中的决定性作用和更好地发挥政府作用，充分发挥中央和地方两个方面的积极性，更好发挥社会力量在管理社会事务中的作用。教育行政改革既是行政改革的一部分，也是教育改革的一部分，教育部门职能转变是整个政府职能转变的重要组成部分。

全面正确履行行政府职能，探索宏观管理的路径和手段。深化行政审批制度改革，中央教育行政部门要进一步清理和下放行政审批事项，凡是地方和学校能够自主管理和决策的事项，尽可能交由地方和学校负责，减少不必要的行政审批和对微观事务的干预，对保留的行政审批事项要规范管理、提高效率，把政府职能转变的落脚点放到宏观指导、政策制定、协调服务和监督检查上来，强化规划、标准的制定与实施，综合运用法规、政策、公共财政、信息服务等多种手段，加强放权后的监管、评估与监测。

推进向地方、学校放权。进一步理顺中央与地方教育职责，扩大省级政府在教育布局结构调整、教师队伍建设、教育对外交流合作、教育经费使用等方面的统筹权限。省级人民政府统筹落实推进各级各类教育协调发展职责，统筹落实城乡教育协调发展职责，统筹确定合理教育支出结构和区域平衡机制，统筹推进教育综合改革，构建教育改革协同推进机制。深入推进"管办评分离"，落实高校办学自主权，推动高校与主管部门理顺关系和去行政化，探索建立由校理事会（董事会）、校长、监督机构组成的治理架构，让教育家办教育，加强高校教职工代表大会、学术委员会等相关机构建设，规范高校内部权力运行，建立民主监督和社会参与的有效机制，加快形成高校自我发展、自我约束的良性机制。

推动政府向社会放权，在激发社会活力的基础上创新教育公共治理方式。放开市场准入，鼓励社会力量兴办教育。2013年9月，国务院法制办公室已就《中华人民共和国教育法》、《中华人民共和国民办教育促进法》等教育法律一揽子修订草案征求意见，提出完善民办学校管理制度，探索营利性和非营利性民办学校分类管理。进一步完善民办教育改革发展环境，健全政府补贴、政府购买服务、助学贷款、基金奖励、捐资激励等制度，推动各地开展民办学校分类管理试点，采取积极措施鼓励非营利性民办学校发展。创新教育公共服务提供方式，将适合市场化方式提供的公共服务事项，交由具备条件、信誉良好的社会组织、机构和企业等承担。推进政府向社会公益组织放权,加快推进教育事业单位分类改革,加快培育专业化社会中介组织,承接政府职能转移出来的教育政策咨询、教育考试和鉴定、教育质量评估、就业与人才交流等专业服务。积极发挥行业协会、专业协会、基金会等各类社会组织在教育公共治理中的作用,鼓励公民有序参与教育政策制定和政府决策,满足深化教育改革和提高教育质量过程中提出的专业化管理与服务需求,提高公民对公共教育服务的满意度。

B.7
2013 年中国医疗卫生事业改革发展报告[*]

房莉杰[**]

摘　要：

2013 年是新医改的第五年，从统计数据看，国家对卫生领域的投入进一步加大，各级医疗机构的医疗资源和服务量都有很大增长，但是医疗费用的上涨依然迅速，"看病贵"问题仍未得到有效解决。从医改进展看，民间资本办医得到较大支持，民营医院发展迅速；基层卫生服务体系的改革效果并不理想，目前的发展方向并不适应"首诊在基层"和服务模式的转变；公立医院改革初步展开，既有一定进展，也面临很多不确定性；医疗保障尽管保障面和保障水平持续扩大、提高，但仍然面临不可持续性风险。未来寄希望于"政府主导"与"市场机制"的更好结合，以及通过"全科医生制度"的实施，转变基层的健康服务模式。

关键词：

新医改　费用控制　健康管理　公立医院改革

一　2012～2013 年医疗卫生事业主要发展

2013 年是新医改的第五年，这几年各级政府对医疗卫生领域的投入非常大，医疗保障、基本药物制度、基本公共卫生项目、基层医疗机构综合改革、公立医院改革等各个主要领域的改革已经相继开展，而这些改革之间的相互影响也开始

---

[*] 感谢卫生部卫生发展研究中心杨洪伟副主任、王云屏博士，中国社会科学院经济研究所姚宇研究员等朋友对作者写作本文的帮助，但文责由作者自负。

[**] 房莉杰，中国社会科学院社会学研究所副研究员。

显现。从国家卫生和计生委公布的统计数据中，我们能看到这些影响和变化。

1. 卫生资源情况*

总体来看，2012 年卫生资源的总量都有较大提高，年末卫生人员总数911.9 万人，增加 50.3 万人（增长 5.8%）；床位总数 572.5 万张，增加 56.5万张（增长 10.95%）。分别来看：由表 1 可知，2011～2012 年，各类医疗机构的人员数，尤其是卫技人员数都在增加，但是基层医疗机构（增加 8.9 万人）和民营医院（增加 8.3 万人）的绝对增加值都远低于公立医院（增加26.9 万）；而从增长率来看，民营医院的增长率最高（19.8%），公立医院次之（8.2%），基层医疗机构最低（4.5%）。

表 1　各类医疗机构人员数

单位：万人

	人员数		卫生技术人员	
	2011	2012	2011	2012
医院	452.7	493.7	370.6	405.8
公立医院	398.1	428.2	328.6	355.5
民营医院	54.6	65.5	41.9	50.2
基层医疗机构	337.5	343.7	196.3	205.2
专业公共卫生机构	64.1	67	49.8	53.2
其他机构	7.3	7.5	3.6	3.7
总　计	861.6	911.9	620.3	667.9

由表 2 可知，2008～2012 年，各类医疗机构的床位数都在增长，但是增长趋势不一样。专业公共卫生机构的病床数占比较小，数量也相对稳定；医院的床位数在医改之后（2009 年之后）的增长速度高于医改之前；基层医疗机构的床位数尽管也在增长，但 2009～2011 年间的增长速度要低于 2008～2009年的，然而 2012 年的增长率开始回升，其中乡镇卫生院的变化尤其明显。

从上述两方面数据看，尽管 2012 年基层医疗机构的床位数的增长速度有所加快，但无论从人员和床位数的绝对规模还是增长率来看，公立医院都远高于基层医疗机构。也就是说，从趋势上看，新增的医疗服务资源还是越来越多

---

* 本文的数据如无特殊说明，均来自国家卫计委公开发布的历年《卫生统计年鉴》、《卫生统计提要》等。

地投向医院，而非基层医疗机构。由于近两年来国家一直鼓励民间资本进入医疗市场，所以民营医院的资源增长迅速。

表2 各类卫生机构床位数

单位：万张

年份	2008	2009	2010	2011	2012
医院	288.29	312.08	338.74	370.51	416.15
公立医院	261.0	279.3	301.4	324.4	357.9
民营医院	27.3	32.8	37.4	46.1	58.2
基层医疗机构	97.1	109.98	119.22	123.37	132.43
专业公共卫生机构	14.66	15.4	16.45	17.81	19.82
其他医疗机构	3.82	4.21	4.26	4.29	4.08
合　计	403.87	441.66	478.68	515.99	572.48

2. 医疗服务的提供情况

2012年全国门诊总量增长9.9%，高于前4年的平均增长速度（8.6%），居民平均就诊由2011年的4.6次增加到2012年的5.1次；2012年全国住院总量增长16.4%，高于前4年的平均增长速度（10.0%）。再从不同机构的服务构成上看，2012年医院提供的诊疗服务占所有诊疗服务的36.9%，基层医疗机构的诊疗服务占59.7%，其他机构占3.4%；医院的住院人数占所有住院人数的71.5%，基层医疗机构的住院人数占23.6%，其他机构占4.9%。

由表3可知，医院的诊疗人次和入院人数都呈上升趋势，而基层医疗机构虽然在诊疗人次上呈上升趋势，但是在2009~2011年间，入院人数是下降的，但2011~2012又大幅上升。进一步看基层医疗机构的数据，从乡镇卫生院来看，其诊疗人次从2009年的8.77亿下降到2011年的8.66亿，而2012年又大幅回升至9.68亿。

表3 历年医疗服务提供情况

年份	诊疗人次(亿次)			入院人数(万人)		
	总数	医院	基层医疗机构	总数	医院	基层医疗机构
2008	49.01	17.82	29.63	11483	7392	3508
2009	54.88	19.22	33.92	13256	8488	4111
2010	58.38	20.40	36.12	14174	9524	3950
2011	62.71	22.59	38.06	15298	10755	3775
2012	68.88	25.42	41.09	17812	12727	4209

再看 2013 年 1~8 月份的详细情况。由表 4 可知，首先，整体来看，各类医疗机构的服务量都有明显的增长；其次，医院提供的服务的增长率要远高于基层医疗机构；最后，民营医院提供的服务增长更快，尤其是住院服务，其增长率要明显高于公立医院。

表 4　2013 年 1~8 月医疗服务提供情况

	诊疗人次（万人次）		诊疗人次增长（%）	出院人数（万人）		出院人数增长（%）
	2012 年 1~8 月	2013 年 1~8 月		2012 年 1~8 月	2013 年 1~8 月	
医院	159816.2	174472.5	9.2	7843.0	8862.4	13.0
公立医院	144747.5	157018.5	8.5	7060.0	7876.8	11.6
民营医院	15068.6	17454.0	15.8	782.8	985.6	25.9
基层医疗机构	256591.2	274098.1	6.8	2644.4	2735.0	3.4
其他机构	13811.7	15253.8	10.4	540.2	571.0	5.7
合　计	430219.0	463824.4	7.8	11027.6	12168.4	10.3

再从发展趋势的角度看，由图 1 可知，2008~2012 年，基层医疗机构的诊疗和住院服务占所有医疗服务的比例都经历了稍微上升又持续下降的过程，住院服务的下降趋势尤其明显。与此相对应的，自然是自 2010 年以来，医院的诊疗和住院服务比例的持续上升。

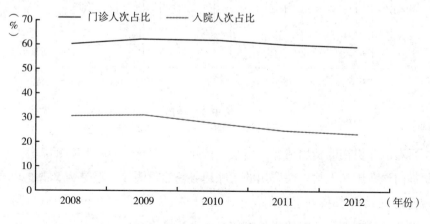

图 1　基层医疗机构服务占所有医疗服务的比例

因此，医疗服务的提供情况与医疗资源情况类似，即民营医院提高的幅度最大，医院整体的增长幅度要高于基层医疗机构，而基层医疗机构的服务，尤其是乡镇卫生院的服务遏制住了前两年下降的趋势，2012年有较大幅度回升。

3. 医疗费用情况

2012年全国卫生总费用27846.8亿元，占GDP的5.36%，比上年提高了0.21个百分点；政府卫生支出8366亿元，比上年提高902亿元；人均卫生费用2056.6元，比上年提高149元。由图2可知，卫生总费用和人均卫生费用仍然在迅速增长，但是增长速度相比上年有所放缓。尽管医疗保障水平仍在提高、政府投入仍在加大，但是个人的卫生现金支出仍呈增长趋势，从2011年的8465.3亿元上升到了2012年的9564.6亿元。也就是说，个人的医疗经济风险仍得不到足够化解，甚至仍在增加，在这种情况下，医疗保障面临更大的不可持续性风险。

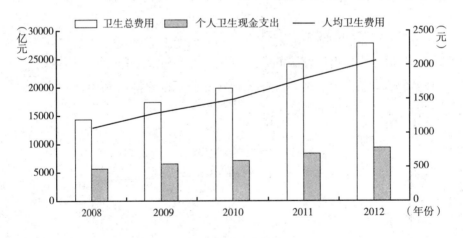

图2　历年卫生费用

再看医疗机构的费用情况。由表5可知，从2008年到2012年，公立医院的次均门诊费用和人均住院费用的上涨趋势仍然很明显，但是药费占比和检查费占比在2012年都得到了控制，相比2011年，药费占比有轻微下降；尽管如此，药费和检查费的绝对值仍然有较大上涨。这也就是说它对于个人和医疗保险的压力仍在加重。

表5 公立医院服务费用情况

	次均门诊费用			人均住院费用		
	费用额（元）	药费占比（%）	检查费占比（%）	费用额（元）	药费占比（%）	检查费占比（%）
2008	138.8	43.2	18.3	5363.3	43.8	6.7
2009	152.5	44.4	18.2	5856.2	43.9	7.0
2010	167.3	48.5	18.4	6415.9	43.4	7.2
2011	180.2	51.5	18.5	6909.9	42.2	7.5
2012	193.4	51.3	18.7	7325.1	41.3	7.7

再看基层医疗机构的情况。如表6所示，2009年新医改实施以来，基层医疗机构的服务费用相对稳定，药费在费用中的占比总体上呈现下降趋势，但是在2012年又略有回升。这说明前两年基层实施基本药物制度后降低了病人的费用，2012年这一影响因素消失后病人费用在一定程度上回升。

表6 基层医疗机构服务费用情况

单位：元，%

	社区卫生服务中心				乡镇卫生院			
	次均门诊费	药费占比	人均住院费	药费占比	次均门诊费	药费占比	人均住院费	药费占比
2008	87.2	72.2	2514.2	47.9	42.5	60.7	790.8	51.1
2009	84.0	71.4	2317.4	49.0	46.2	62.3	897.2	53.5
2010	82.8	70.9	2357.6	49.3	47.5	60.4	1004.6	52.9
2011	81.5	67.4	2315.1	45.8	47.5	53.3	1051.3	46.8
2012	84.6	69.1	2417.9	46.5	49.2	54.8	1140.7	48.2

综合上述数据，尽管从公立医院的情况看，药费的占比似乎有所控制，但是整体而言，次均费用和医疗总费用的上涨趋势仍未得到有效控制，个人的医疗负担仍在上升，而且基层医疗机构的服务费用的上涨速度在过去两年里放缓之后，2012年又开始加快，乡镇卫生院的次均门诊费甚至上升到历史最高值。

4. 医疗保障情况

2012年新农合参合率98.3%，人均筹资标准由2011年的246.2元提高到2012年的308.5元（增加62.3元），当年补偿受益人次数由2011年的13.15

亿人次提高的 2012 年的 17.45 亿人次。城镇职工的参保人数由 2011 年的
25227 万人增加到 2012 年的 26467 万人；城镇居民的参保人数由 2011 年的
22116 万人增加到 2012 年的 27122 万人。

城乡医疗救助由 2011 年的 8519 万人次下降到 2012 年的 8051 万人次，医
疗救助支出由 2011 年的 187.6 亿元增加到 2013 年的 203.8 亿元。医疗救助的
人次从 2008 年到 2011 年呈现迅速上涨的趋势，2012 年的数量下降，有可能
是因为部分地区开始实施大病保险制度。

5. 2013 年医疗卫生事业发展小结

综合考查 2012～2013 年卫生事业发展的各项数据，最直观的印象是
"量"的增加：医疗资源、医疗服务、卫生费用、政府卫生投入……这些数据
都有明显的上升。尤其是在"支持民间资本办医"的政策鼓励下，民营医院
发展迅速。即使在 2009～2011 年医疗服务量呈下降趋势的基层医疗机构，尤
其是乡镇卫生院，2012 年的服务量也大幅回升，达到历史最高值。此外，
2012 年医改的重大举措之一是启动了 311 个县级公立医院的试点改革，2012
年其药费和检查费占诊疗和住院费用的比例相比 2011 年略有下降，说明改革
在控制"以药养医"方面确实取得了一定效果。

从上述数据整体来看，似乎呈现出的是政府对医疗领域投入加大、大众的
医疗服务需求得到很大释放和满足、医疗领域一派"繁荣"的景象。然而进
一步分析却可以发现其中的隐患，甚至出现与新医改目标相背离的情况。

首先，医疗费用并没有得到有效控制，"看病贵"问题依然突出。无论公
立医院改革还是基层医疗机构改革，都希望通过革除"以药养医"，最终控制
住卫生费用。但是从这两年卫生费用的数据看，基层医疗机构的费用虽然在
2011 年以前有所下降，但 2012 年又出现反弹，甚至高于 2009 年的最高值；
公立医院虽然控制住了药费在诊疗费和住院费中的比例，却并没有控制住次均
门诊费和人均住院费的上涨趋势。也就是说，伴随着医疗服务"繁荣"的是
国家和个人医疗负担的进一步加大。

其次，医疗资源越来越多地流向医院，医疗服务也越来越多地由医院提
供，基层医疗机构的服务量增长有限，"看病难"不能得到有效缓解。医改以
前就存在医疗资源过于向医院集中，尤其是向实力较强的三级医院集中的情

况。在这种情况下，一方面是基层医疗机构服务能力相对较差，不能满足民众的基本需求；另一方面是大医院人满为患，一号难求。因此新医改提出"保基本、强基层、建机制"的策略，旨在增强基层医疗机构的服务能力，引导患者更多在基层就医，从而缓解"看病难"问题。但是从近三年的数据看，医院的医疗资源和服务量的增长速度都要高于基层医疗机构。而且如图 1 所示，由于新农合和城市居民医保的实施，尤其是其报销比例向基层医疗机构倾斜，在 2009 年以前基层医疗机构的服务占所有服务的比例一度是上升的，然而经历了 2009 年的基层医疗机构综合改革之后，其服务比例在持续下降。这一趋势显然跟医改的初衷是相背离的。

上述数据反映的主要是过去几年的医改政策，尤其是 2011～2013 年医改政策的影响，本文接下来会进一步分析医改的主要政策进展。此外需要特别指出的是，目前的统计数据主要还是集中在"医疗"领域，而基本公共卫生服务等情况无法在其中得到体现，这方面也是本文接下来要重点分析的。

二 2013 年医疗卫生改革进展

自 2009 年医改启动以来，经历了近四年的时间，以 2012 年 6 月颁布的《国务院办公厅关于县级公立医院综合改革试点意见的通知》和 311 个县级公立医院的试点启动为标志，医改的蓝图基本上构建起来。进入 2013 年，首先，由于国家卫生部和计生委机构合并，中央层面的医改工作受到这一调整的影响，而没有大的动作，更进一步，原来隶属于国家发改委的"国务院深化医药体制改革领导小组办公室"（简称医改办），在国家卫计委成立后被划归卫计委管理，这样就在部门协调能力上大打折扣，尤其在地方试点中无法强有力地调动其他部门参与。其次，由于医改整体架构已经搭建起来，2013 年主要是各地在这一架构下各自探索前进，而且增量改革和较少涉及利益调整的改革在最初几年已经完成，2013 年进入所谓的"深水区"，改革难度加大。所以整体来看，2013 年中央层面政策进展有限，而地方上则有很多实践。然而正是因为实现改革目标的主要路径不明确，所以 2013 年的医疗卫生改革进展情况并不尽如人意。

1. 改革愿景回顾

2009 年启动的新医改的初衷本是为了解决"看病贵、看病难"这一现实问题，但是启动实施之后并未停留在"问题导向"所容易出现的"头疼医头、脚疼医脚"的肤浅层面，而是从根本上对医疗体系进行重新规划。新医改确立了"人人享有基本卫生服务"的根本目标，同时也明确了以政府筹资确保公平性和可及性，以及适应人口结构和疾病谱的变化，将卫生服务模式转型为以"健康管理"为核心的原则性框架。

我们或者可以这样理解：改革的分目标之一是要解决"看病贵、看病难"问题，恢复医疗机构的"公益性"，提高卫生服务的公平性。这一目的的实现主要依赖于医疗保障制度改革和公立医院改革，以及这两者的配合。同时还有赖于基层医疗机构服务能力的提高以及基层医疗机构和医院之间的协作——如果公立医院改革没有成功，其"公益性"目的就不可能实现；如果基层医疗机构的服务能力没有相应提高，或者其服务不能满足民众的基本需要，那么所谓的"首诊在基层"就不可能实现；如果公立医院和基层医疗机构的关系没有协调好，那么"双向转诊"同样也是空话，而"看病难"问题也不会得到有效缓解……

改革的分目标之二是要适应人口结构和疾病谱的变化，转变卫生服务模式。这一目的的实现主要依赖基层卫生服务体系的改革，而其核心是基层医疗机构改革。然而几十年来形成的过分偏重疾病治疗的服务模式和服务人员结构都不适应这一服务内容的转变。因此基层医疗机构的能力建设、服务人员结构的转变、机构管理方式的相应转变等都决定着这一目标是否能顺利实现。

2. 基层卫生服务体系的改革情况

基层卫生服务的内容主要包括最基本医疗服务和公共卫生服务，在新医改的框架下，其改革内容又可以分为三部分：基本药物制度的实施、基本公共卫生项目的实施以及基层医疗机构的综合改革，其中机构改革是整个基层卫生服务体系改革的核心。基本药物制度和基本公共卫生项目都是在 2009 年启动的，目前已经在所有政府办的基层医疗机构实施，基本公共卫生项目的筹资额度已经从最初的人均 15 元提高到 2013 年的人均 30 元，而基层医疗机构综合改革也在 2009 年启动。

正如李玲总结的，基层医疗机构改革是要形成其"公益性的管理体制和运行机制"，包括公益性的政府办医体制、竞争性的用人机制、激励性的分配机制、规范性的药品采购机制、长效性的多渠道补偿机制①。然而在实际执行过程中产生了偏离，出于对其公益性和公共卫生功能的强调，新的改革使其走向了行政化色彩浓厚的另一个极端——基层医疗机构采取的是"定岗定编定工资标准"的人事制度和"收支两条线 + 绩效工资制"的收入分配制度②。虽然 2011 年以来也在强调提高基层医疗机构医务人员的绩效工资的比例，比如安徽在 2013 年规定，奖励性绩效工资占绩效工资比重一般不低于60%，但是其行政化管理的思路并没有发生变化。尽管基层医务人员不再需要依靠药品销售增加收入，但是人浮于事，缺乏工作积极性。2009 年以来基层医疗机构的服务量一度下降，部分要归咎于基层医疗机构的行政化。

2013 年以来，很多地区开始实施一些推动"首诊在基层"的政策。比如北京在部分区县对新农合参合人员试行社区首诊制，即参合人员就诊须经社区、乡镇首诊治疗，否则住院医疗费用不能报销；还有部分地区提高社区转诊到医院的住院患者的报销比例等。这些举措在一定程度上增加了基层医疗机构的就诊量，但是并没有从根本上改变基层医务人员能力和动力都不足的情况。

再看其功能的转变。新医改以前，我国已经进入老龄化社会，进入慢性病、生活习惯病的高发期，但与此同时公共卫生服务仍局限于传染病预防、环境卫生改善等传统公共卫生领域，而公共卫生服务在很长一段时间里被基层医疗机构忽略。正是认识到这些，新医改开始实施由政府承担筹资责任的 11 项基本公共卫生服务，同时明确通过购买服务的方式，由基层医疗机构提供这些服务。但是恰是因为基层医疗机构长期以来形成了以疾病治疗为核心的人员结构和工作方式，因此其基本公共卫生项目的实施并没有伴随着服务方式的相应改变，效果自然非常有限。调查显示，很多地方健康档案的建档率达到了国家

---

① 李玲：《从基层医改看公益机构治理新模式》，《中国机构改革与管理》2013 年第 1 期。
② 朱恒鹏：《基层医改出路何在》，《同舟共进》2012 年第 7 期。

的要求，但是档案利用和更新不到位，不能够充分为病人的诊疗服务，基本成为死档案；基层医疗机构的医护人员专业不适合基本公共卫生工作等①。

综上所言，以基层医疗机构改革为核心的基层健康服务的改革是新医改最先启动的领域之一，经历了最初几年基本药物制度和基本公共卫生项目的实施，以及基层医疗机构的综合改革后，2013 年并没有大的举措。相反，前几年改革的成效在 2013 年弱化，更多的问题和矛盾却暴露出来。就基层医疗机构而言，重新强调其公共卫生和基本医疗的功能定位，以及明确政府的筹资主体责任是一大进步。然而一方面，基层医疗机构仍以提供"医疗服务"的方式提供公共卫生服务，采取不适应面向所有人群的、以"健康管理"为核心的服务模式；另一方面，政府"回归"到行政化的方式管理基层医疗机构，这既不利于基本医疗服务的开展，进一步背离"首诊在基层"的目标，更不能激励基层医疗机构开展基本公共卫生服务。

3. 公立医院改革情况

县级公立医院改革试点于 2012 年下半年启动，2012 年有 311 个县级公立医院开展试点，2013 年试点范围进一步扩大。河北全省 70% 的县（市、区）的县级医院实行药品零差率销售，还在唐山、邯郸两个市启动省级城市医院改革试点，广东要求县级公立医院改革的试点县（市）达到全省县（市）的 50% 以上，湖北省明确 10 月份启动 20 个县的综合改革试点工作，重庆市新增 10 个区县开展县级公立医院改革试点，青海省全面开展全省 70 所县级公立医院综合改革……

2012~2013 年，公立医院试点改革的路径是，通过取消药品加成阻断"以药养医"；提高服务收费，使其反映医务人员人力资本的市场价值；通过财政补贴补偿试点医院因为改革所产生的收入损失。改革预期效果是既降低患者的经济负担，同时也不减少（或者说增加）医务人员的收入。实际的试点结果是，首先，试点医院的药品加成取消，对基本药物实行零差率销售；其次，以上一年度的试点医院的药品差价为基数，再综合考虑其他因素，确定医

---

① 宋奎勋等：《城乡基层医疗卫生机构基本公共卫生服务功能开展现状分析》，《中国卫生信息管理杂志》2012 年第 1 期。

疗服务价格；再次，最终的医院收支缺口，由县财政核定后，给予补助。在最后一项上，各地情况有较大差别，有的试点医院改革后的收入并不比原来低，因此不需要财政补助；而不同的试点县由于财力和对医改的重视程度的差异，其补偿力度亦不同。

医疗服务价格提高的目标是使其反映医务人员人力资本的市场价值，但是在试点的初级阶段，试点县服务价格调整的幅度均是依据药品加成利润确定的，而不是按照真实成本定价，因而不能真正体现医务人员的劳动价值，也较难建立依据服务成本调整的动态调节机制。

正是因为处于公立医院改革的初级阶段，所以才以这样的方式进入改革，以较小的制度成本探索改革的路径。因此这仍给以后的改革留下了很多待解的问题——医疗服务的价格由谁来决定，如何决定？如何建立根据医疗服务成本调整的动态机制？财政补偿的原则是什么？是否需要，或者如何建立长效的财政补偿机制？从"以药养医"转变为"以医养医"之后，如何控制费用？取消药品加成并未切断医生与药品之间的利益链，如何解决回扣等问题……

此外，2012～2013 年公立医院改革的重点是外部补偿机制，根据最初的规划，公立医院还涉及内部的治理结构改革问题，但此项改革现在仍未全面铺开。

4. 医疗保障制度的发展

2013 年医疗保障的主要制度进展是"城乡居民大病保险制度"的推行。2012 年 8 月，发改委、原卫生部等六部门联合印发了《关于开展城乡居民大病保险工作的指导意见》。目前已有 23 个省（区、市）出台实施方案，启动了城乡居民大病保险工作。在已出台实施方案的省份中，河北等 16 个省（区）要求 2013 年在部分地区开展城乡居民大病保险试点工作，在总结试点经验的基础上，在 2014 年或 2015 年全面推开。辽宁等 7 个省（区）要求在全省推开此项工作，其中山东省针对新农合大病保险工作出台了实施方案；山西、河南、福建等 6 个省份规定了大病保险筹资占城镇居民和新农合基金年筹资额的比例，一般在 5% 左右；吉林、湖北、陕西、甘肃等 12 个省份规定了具体的人均筹资额度，最高为吉林，城镇居民医保和新农合分别为 60 元/人和

50 元/人,最低为西藏 5 元/人。多数地区要求优先通过城镇居民医保和新农合基金结余或新增资金解决该项经费。在统筹层次方面,有些地方以市(地)级统筹为主,吉林、西藏、甘肃、青海实行省级统筹。

如图 2 所示,尽管各项医疗保障制度的保障面逐年扩大,保障水平也逐年提高,但是由于卫生总费用增长过快,因此个人现金支出仍在增加,医疗保障也面临不可持续性风险。而医改的一些政策措施也会对医疗保障资金结构产生影响,从而进一步影响到其可持续性和不同人群间的公平性。这些政策措施包括:居民大病保险、基层医疗机构的一般诊疗费等,还包括接下来要进一步推进的公立医院改革和基层全科医生制度。除此之外,伴随老龄化程度加深和医保水平的提高,再加上没有专门针对长期照护的社会性筹资制度,所以会出现两种情况:一是"社会性住院",广东、浙江等发达地区已经出现不是因为需要"治疗"而住院,而是因为需要被"护理"而住院的情况;二是通过部分医院和基层卫生机构提供长期照护服务,比如上海市将大力推动部分二级医院转型为康复或老年护理医院,山东省东营市城市 35 个社区卫生服务中心、100个社区卫生服务站和农村 1684 家卫生室设立了老年病床。这两种情况无疑也会大大增加医疗保险支出。

医疗保障的不可持续性风险目前已初见端倪,比如浙江的试点县级公立医院调查发现,试点县职工医保和新农合基金支出逐年增长,医保基金年结余率呈现下降态势,虽然目前医保基金的使用暂时仍处于可承受范围,但若不加以控制,医保基金将愈发吃紧;广州城镇居民基本医保基金自 2009 年起出现缺口,2012 年的资金缺口预计达到 1.8 亿元。

三 总结与评价:如何实现"人人享有基本卫生服务"的目标

新医改的目标是实现"人人享有基本卫生服务",而在实践中要解决的两个最重要的问题是:其一,解决"看病贵、看病难"问题,以合适的、政府和个人可以承受的价格提供适应民众需要的卫生服务;其二,转变服务模式,使之更适合老龄化和疾病谱的变化。通过上述对 2012~2013 年卫生发展和卫生改革的回顾，我们可以看到，无论是在控制费用还是在转变服务模式方面，改革的成效并不尽如人意。然而除了问题之外，我们仍能从中发现一些未来发展的希望，这是未来要努力的方向。

1. "政府主导"与"市场机制"的有机结合

尽管在基层医疗机构改革中实施的是行政化的改革导向，但是在总体规划中可以看到对"市场机制"的日益强调，其中最为突出的就是对民间资本办医的政策支持，以及民营医院的迅速发展。卫生部早在 2010 年就提出了"内增动力，外增推力，上下联动"的公立医院改革思路。其中，"内增活力"是要健全有激励有约束的公立医院内部运行机制，"外增推力"是要建立多元办医的市场竞争机制，"上下联动"是要建立公立医院与基层医疗卫生机构的分工协作机制。可以看到，前两者都需要发挥市场配置资源的作用，而之后的公立医院改革基本上也是在这个思路下进行。

2012 年发布的《卫生事业发展"十二五"规划》中提出要"大力发展非公立医疗机构"，要求到 2015 年，非公立医疗机构床位数和服务量均达到医疗机构总数的 20% 左右。2012 年又发布了多个文件以贯彻这一政策。因此我们从数据上看到了民营医院在医疗资源和服务量上的迅速增长。紧接着，2013 年 9 月发布的《国务院关于促进健康服务业发展的若干意见》提出坚持政府引导、市场驱动，强化政府在制度建设、规划和政策制定及监管等方面的职责，发挥市场在资源配置中的基础性作用，并放宽市场准入等。而 2013 年 11 月的十八届三中全会通过的《中共中央关于全面深化改革若干重大问题的决定》的核心思想之一就是"使市场在资源配置中起决定性作用"，这也必然对卫生资源的配置产生重要影响。

医疗卫生是关系国计民生的重要领域之一，因此坚持"公益性"和强调政府在其中的责任是毋庸置疑的；但是以"政府主导"确保改革的方向，以及利用"市场机制"提高资源分配效率，这两者并不矛盾。新医改的整体规划中明确体现着这一点，它在部分领域也得到贯彻，但是由于之前行政化管理带来的制度惯性，因此，未来如何协调这两方面，仍有很多不确定性。尤其是围绕基层医疗机构的性质、公立医院的管理、药品流通和定价等方面仍有很多争论。

2. 建立以"健康管理"为核心的基层卫生服务体系

伴随中国持续快速的社会经济和人口转变,慢性非传染性疾病已经造成沉重的疾病负担,目前中国的慢性病占整个疾病负担的80%①。人口结构变化和疾病谱变化对基层卫生服务的要求是,服务对象由"病人"改变为所有人群,服务方式从"被动"的"疾病治疗"转向"主动"的"健康管理",服务场所由医疗机构转变为社区和家庭。

正是在对健康需求变化的理解上,新医改启动实施"基本公共卫生项目"。但是如上文所述,其实施中存在两个误区——行政化管理和仍以"治病"的方式提供公共卫生服务。在未来的改革中,改变这些情况的希望建立在"全科医生"制度上。

"全科医生"并不仅仅是一种职业,更是一种制度和服务方式。即全科医生团队与居民签订一定期限的服务协议,建立相对稳定的契约服务关系,服务责任落实到全科医生个人,其团队对签约家庭提供基本医疗、健康教育、健康咨询、健康检查等一系列连续的、全面的健康管理服务。2011 年发布的《国务院关于建立全科医生制度的指导意见》对这一制度做了全面规划,2012 年的《卫生事业发展"十二五"规划》提出,到 2015 年要培养 15 万名全科医生,使每万名城市居民拥有 2 名以上全科医生,每个乡镇卫生院均有全科医生。2012 年末全国取得全科医生资格的有近 11 万人。目前在深圳、上海等发达地区已经开始试点全科医生制度。

从全科医生制度的特点可以看出,它是以"健康管理"为核心的"主动"服务,在服务方式上适合老龄化和疾病谱的变化,而正是因为它要求"主动"提供服务,因此它需要一定的竞争性,以激励全科医生团队提高服务质量。而在其他国家的实践中,全科医生团队的收入正是由其签约家庭的数量决定的,这不仅使其有动力通过更好的服务吸引更多家庭签约,更将决定权交到服务对象的手中,使其服务更加契合服务对象的需要。

因此我们有理由期待,通过全科医生制度的实施走出现有的基层医疗机构

---

① 汤胜蓝、John Ehiri、龙倩:《慢性非传染性疾病:中国卫生领域被忽视的最大挑战》,《中国卫生政策》2013 年第 10 期。

行政化和"医疗化"的误区。但是目前的问题是我国全科医生数量少、能力不足,在欠发达地区尤其如此;而即使在条件较好的地区,制度建设也只是处于初步尝试阶段。未来这一制度能否朝向理想状态发展,仍有诸多不确定性。

总之,伴随着医改进入更加复杂和涉及更多利益的调整阶段,更加需要各个利益主体的协调,以寻找到各方的利益契合点,调动各方积极性。很显然,单纯凭国家卫计委的力量并不足以推动改革涉过"深水区",因此新医改政治优先性的提升是必要的。

调查篇

Reports on Social Survey

B.8

中国梦是每个中国人的梦

——2013 年中国社会状况综合调查报告

中国社会状况综合调查项目组 *

摘 要:

"中国社会状况综合调查"（CSS2013）从"中国梦"的视角了解公众对国家现实状况的综合评价和对未来的期盼，涵盖了经济建设、政治建设、文化建设、社会建设、生态建设诸方面，并以多个次级指标来加以测量。总体来看，在经济建设方面，城乡居民收入稳步提高，就业形势总体稳定，社会保障覆盖面不断扩大。政治建设方面，公众对反腐败工作的信心进一步增强。文化建设方面，我国文化实力在国际中的地位得到公众较高评价，社会主义核心价值观深入人心。在社会建设方面，人

---

* 本项目属于中国社会科学院创新工程资助大型调查项目，主持人：李培林，项目组成员：陈光金、李炜、杨宜音、张丽萍、王俊秀、范雷、刁鹏飞、崔岩、邹宇春等。本报告执笔人：李培林、范雷、李炜、崔岩。

们对生活的安全感较强，生活满意度及幸福感也不断提高。在生态建设方面，转变经济增长方式，实现人与自然和谐发展已经成为城乡居民的普遍要求。

关键词：

中国梦　经济建设　政治建设　文化建设　社会建设　生态建设

到中国共产党成立 100 年时全面建成小康社会，到新中国成立 100 年时实现中华民族伟大复兴的"中国梦"，是新一届中央领导集体提出的新的指导思想和奋斗目标。中国梦的最大特点就是把国家、民族和个人作为一个命运的共同体，把国家利益、民族利益和每个人的具体利益紧密结合在一起，就是要实现国家富强、民族振兴、人民幸福，把我国建成一个经济建设上人民生活更加富裕的社会，一个政治建设上更加清正廉洁的社会，一个文化建设上更加繁荣多样的社会，一个社会建设上更加公正、安全和幸福的社会，一个生态建设上更加绿色美丽的社会。

中国梦是民族的梦，也是每个中国人的梦。为了解公众对实现中国梦的看法，中国社会科学院社会学研究所于 2013 年 6 月至 10 月，开展了第四次"中

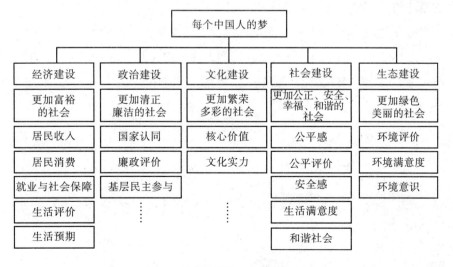

图1　"中国梦"分析框架示意

国社会状况综合调查"（CSS2013）。此项全国抽样调查覆盖了全国 31 个省市
自治区的 151 个县（市、区）、604 个村（居委会），共成功入户访问了 7388
位年满 18~69 周岁及以上的城乡居民。在调查设计中我们将中国梦视为公众
对国家现实状况的综合评价和对未来的期盼，涵盖了经济建设、政治建设、文
化建设、社会建设、生态建设诸方面，并以多个次级指标来加以测量（见图1）。

一 更加富裕的社会

建成人民生活富裕的社会是长期以来中国人民追求和奋斗的目标，也是中
国梦的核心内容。党的十八大为确保到 2020 年实现全面建成小康社会的目标，
提出了："实现国内生产总值和城乡居民人均收入比 2010 年翻一番"。为增加
居民收入，还提出"两个同步"，即居民收入增长和经济发展同步、劳动报酬
增长和劳动生产率提高同步。

从 2013 年的调查结果看，2012 年城乡居民收入较 2010 年有所提高，尤
其是中低收入家庭收入增长较为明显。其中，以城乡居民家庭人均年收入五等
份分组，中等及以下收入家庭的人均年收入增速较快，低收入家庭（最低
20% 收入家庭）的增速为 18%，中低收入家庭的增速为 11.7%，中等收入家
庭的增速为 13.5%，增速均在 10% 以上。

但另一方面，城乡居民家庭收入的两极分化现象依然较为严重。2012 年城乡
居民高收入家庭（最高 20% 收入家庭）的人均年收入为 43797.5 元，而低收入家
庭的人均年收入为 1587.7 元，两极家庭人均收入水平相差 20 多倍（见表1）。

表1　城乡居民家庭人均年收入分组

	2010 年家庭人均年收入（元）	2010 年家庭人均年收入中位数（元）	2012 年家庭人均年收入（元）	2012 年家庭人均年收入中位数（元）	家庭人均年收入变化（%）
低收入家庭	1345.9	1313.3	1587.7	1531.8	18.0
中低收入家庭	5138.3	5000.0	5739.5	5715.5	11.7
中等收入家庭	8961.7	8883.9	10172.2	10033.3	13.5
中高收入家庭	15030.8	14666.7	16514.7	16260.0	9.9
高收入家庭	45320.7	31518.1	43797.5	30670.0	-3.4

消费是转变经济增长方式、拉动内需的基础，也是满足人们日益提高的物质文化需求的根本途径。随着人们收入的增加和生活水平的提高，城乡居民的消费水平和消费质量也不断提升，消费结构面临升级，由生存型向发展型过渡。

从调查结果看，目前城乡居民的消费结构正面临转型期，总体表现为饮食支出在消费支出在结构中所占比例下降，而家用电器、家具、家用车辆等购置支出和购房支出所占比例则有所提高。住房、汽车正逐渐成为城乡居民的消费重点。数据显示，2010年城乡居民家庭消费的恩格尔系数（饮食支出占家庭消费总支出的比重）为35.6%，2012年进一步下降为32.3%，生活水平继续提高；家用电器、家具、家用车辆等购置支出，由2010年的2.7%，上升到2012年的5.4%；分期偿还房贷的支出及购房首付支出所占比例，则由2010年的1.8%上升到2012年的2.7%，其中城镇居民的此项支出所占比例由2010年2.8%上升到2012年的4.3%。另外，城镇居民缴纳房租的支出所占比例也由2010年的2.0%，提高到2012年的3.6%。随着房价的攀升和房租的持续上涨，购房支出、缴纳房租支出在城镇居民消费支出结构中所占比例有所扩大（见表2）。

表2　城乡居民家庭消费支出结构

单位：%

	2010年消费支出结构			2012年消费支出结构		
	城镇	农村	总计	城镇	农村	总计
饮食支出	36.9	34.6	35.6	32.5	32.0	32.3
衣着支出	5.6	5.5	5.6	7.0	6.2	6.5
缴纳房租的支出	2.0	2.4	2.3	3.6	1.8	2.6
分期偿还房贷的支出及购房首付支出	2.8	1.0	1.8	4.3	1.5	2.7
电费、水费、燃气费等	7.5	5.6	6.5	7.1	5.9	6.4
家用电器、家具、家用车辆等购置支出	2.6	2.7	2.7	4.8	5.8	5.4
医疗保健支出	9.4	11.3	10.4	9.2	13.1	11.4
通信支出	4.4	4.2	4.3	4.4	4.5	4.5
交通支出	3.8	3.3	3.6	3.9	3.9	3.9
教育支出	6.2	7.2	6.7	7.8	7.6	7.7
文化、娱乐、旅游支出	2.3	0.4	1.2	2.2	0.6	1.3
赡养不在一起生活的亲属	2.1	1.6	1.8	2.6	1.8	2.1
自家红白喜事支出，人情往来支出	8.3	10.4	10.0	8.1	11.0	9.7
其他支出	6.1	8.7	7.5	1.9	3.4	2.7

"安居梦"是城乡居民中国梦的具体内容，在调查中，问及"今后5～10年最希望实现的个人愿望"时，18.8%的人表示是"改善住房"，在各类愿望中列第三位，仅次于"收入增加"和"家人平安健康"。因此，改善住房条件是目前城乡居民重要的生活愿望，居住条件的好坏直接影响着人们对生活质量的实际感受。近年来，随着人们住房改善需求的日益强烈，住房消费支出在人们家庭消费支出结构中的比重有所增加，人们的住房条件得到一定程度的改善。从调查结果看，目前城乡居民家庭住房自有率为93.5%，较2011年的调查上升了1.9个百分点；其中城镇居民家庭住房自有率为89.6%，较2011年的调查上升了1.7个百分点。18.6%的家庭拥有两套以上住房，较2011年的调查增加了3.5个百分点。2013年城乡居民家庭人均建筑面积为47.3平方米，而2011年的调查为42.0平方米。居民对第一套房产的自我估值平均为32.4万元/户，其中城镇居民房产的自我估值平均为52.0万元/户，农村居民的房产自我估值平均为19.7万元/户。

从现住房的自有率看，83%的人的住房为自有住房，其中城镇为71.6%，农村为92%。从居住条件看，94.2%的城乡居民拥有独立使用的厨房；81.1%的城乡居民拥有独立使用的自来水；87.1%的城乡居民拥有独立使用的厕所；74.2%的城乡居民拥有独立使用的洗浴设施。

解决好就业问题是实现中国梦、提高社会成员的生活满意度和幸福感的基础。目前我国就业形势总体平稳，据国家统计局公布的数据，2013年上半年调查失业率为5%，前三季度末的城镇登记失业率为4.04%。城镇新增就业持续增长，到三季度末已提前完成全年城镇新增就业900万人的预期目标。

从调查结果看，公众对就业问题在所有社会问题中严重程度的评价自2006年以来持续下降。在2006年中国社会状况综合调查（CSS2006）中，就业失业问题的严重程度在所列社会问题中排名第2位，有32.5%的人选择此项；2008年排名第4位，有26.0%的人选择此项；2011年排名第5位，有30.1%的人选择此项；而在2013年则排名第6位，有21.3%的人选择此项。

从失业的情况看，大专及以上学历者失业现象突出。我国目前高校毕业生就业压力较大，在整个"十二五"期间高校毕业生人数居高不下。为此，政府加大了高校毕业生就业工作的力度，从效果来看，高校毕业生的初次就业率有所上升。在调查失业群体的失业原因时发现，毕业后未工作的比例由2011年的25.9%，下降到2013年的13.2%。但从失业群体的学历结构看，大专及以上学历者的比例有所增加。调查显示，失业群体中，初中及以下学历人群2008年为66.2%，2011年为57.7%，2013年为44.4%；高中及以上学历人群2008年为33.8%，2011年为42.3%，而2013年为55.6%，有所增加；单就大专及以上学历人群看，2008年为7.5%，2011年为15%，而2013年为25.5%。这表明在高校毕业生就业问题得到初步缓解的同时，其毕业就业后的失业问题逐渐突出（见表3）。

另外从失业者享有失业保险的情况看，95%的失业者没有失业保险，表明目前的失业保险制度在很大程度上仍未达到应有的覆盖。

表3　失业群体的失业原因

单位：%

	2008 年 N = 261	2011 年 N = 91	2013 年 N = 151
已离/退休	3.6	3.0	6.6
毕业后未工作	9.1	25.9	13.2
料理家务	14.2	13.6	27.8
出于单位原因（如破产、改制、下岗/内退/买断工龄、辞退等）失去原工作	36.4	14.0	19.9
出于本人原因（如家务、健康、辞职等）离开原工作	20.1	29.7	18.5
承包土地被征用	1.8	2.2	1.3
其他	14.8	11.6	12.6
合　计	100.0	100.0	100.0

调查数据还显示，当前企业职工劳动合同签约率保持平稳，劳动者权益保障逐步增强。从企业职工签订劳动合同情况看，目前在各类企业职工中，签订劳动合同的比例在60%以上。其中，签订固定期合同的比例约为46.2%，签订无固定期合同的比例约为13.7%。国有及国有控股企业、集体企业、私营企业职工签订劳动合同的比例均较2011年有所提高，集体企业和三资企业中签订无固定期劳动合同的比例较2011年有较大幅度的上升（见表4）。

表4 各类企业职工签订劳动合同情况

单位：%

劳动合同类型	国有及国有控股企业		集体企业		私营企业		三资企业		合计	
	2011年 N=353	2013年 N=279	2011年 N=23	2013年 N=57	2011年 N=709	2013年 N=773	2011年 N=103	2013年 N=54	2011年 N=1188	2013年 N=1163
固定期限合同	57.8	64.2	48.4	50.9	37.5	38.0	74.8	64.8	46.9	46.2
无固定期限合同	23.8	21.9	9.2	15.8	9.6	10.0	17.4	22.2	14.5	13.7
试用期合同	1.3	1.4	0.0	1.8	1.0	1.0	2.5	1.9	1.2	1.2
其他	0.4	0.4	0.0	1.8	0.3	0.5	0.9	0.0	0.3	0.5
没有签	16.7	11.8	42.4	29.8	50.9	49.8	4.4	11.1	36.6	37.9
不清楚	0.0	0.4	0.0	0.0	0.8	0.6	0.0	0.0	0.5	0.5
合　计	100.0	100.0	100.0	100.0	100.0	100.0	100.0	100.0	100.0	100.0

社会保障是维护社会公平、促进社会稳定发展的根本保证。近年来，政府高度重视社会保障工作，大力推进社会保障制度建设。城乡居民各项社会保障的享有率均得到不同程度的提高。调查显示，目前城乡居民中，61.4%的人享有养老保险，较2011年提高了21.5个百分点；90.4%的人享有医疗保险，较2011年提高了5.5个百分点；11%的人享有失业保险；11.6%的人享有工伤保险；8.1%的人享有生育保险；4.1%的人享有城乡最低生活保障。近年来，农村养老保险制度发展迅速，享有率由2011年的25.4%大幅上升到2013年的59.9%（见表5）。

表5 城乡居民社会保障享有率

单位：%

	2011年社会保障享有率						2013年社会保障享有率					
	城镇		农村		总体		城镇		农村		总体	
	频数	享有率	频数	享有率	频数	享有率	频数	享有率	频数	享有率	频数	享有率
养老保险	1938	53.4	855	25.4	2793	39.9	2062	63.3	2468	59.9	4530	61.4
医疗保险	2933	80.5	3031	89.7	5964	84.9	2827	86.7	3841	93.3	6668	90.4
失业保险	686	19.0	72	2.1	757	10.8	686	21.1	125	3.0	811	11.0
工伤保险	678	18.8	128	3.8	806	12.2	688	21.1	168	4.1	856	11.6
生育保险	416	11.6	44	1.3	460	6.8	504	15.5	94	2.3	598	8.1
城乡最低生活保障	145	4.1	150	4.5	295	4.5	107	3.3	196	4.8	303	4.1

就城乡居民对 5 年来的生活评价和 5 年后的生活预期看，20.6%的人认为与 5 年前相比自己的生活水平上升很多，52.6%的人认为略有上升；16.9%的人认为 5 年后自己的生活水平将上升很多，47.1%的人认为将略有上升。与 2006 年、2008 年相比，认为现实生活水平和未来预期有所上升的比例均有提升，这表明近年来，城乡居民的生活水平得到了不断的提高，也坚定了人们对未来生活的良好预期（见表6）。

表6 城乡居民的生活评价和生活预期

单位：%

	与 5 年前相比，您的生活水平是：				您感觉 5 年后您的生活水平将会：			
	2006 年 N = 7061	2008 年 N = 7139	2011 年 N = 7024	2013 年 N = 7385	2006 年 N = 7061	2008 年 N = 7139	2011 年 N = 7023	2013 年 N = 7383
上升很多	9.7	13.6	22.5	20.6	10.6	11.8	21.1	16.9
略有上升	53.7	55.8	51.5	52.6	43.3	46.5	46.4	47.1
没变化	22.1	17.7	17.3	17.6	17.0	17.3	12.7	14.5
略有下降	9.0	9.3	5.9	5.8	6.8	7.0	5.3	5.0
下降很多	4.9	3.1	2.3	2.9	2.7	1.7	1.2	1.6
不好说	0.6	0.5	0.4	0.5	19.6	15.7	13.2	15.1
总 计	100.0	100.0	100.0	100.0	100.0	100.0	100.0	100.0

二 更加清正廉洁的社会

建成一个更加清正廉洁的社会，不仅是中国经济可持续发展的需要，也是广大人民群众的迫切要求。

目前，我国仍处于腐败现象的高发期，腐败问题尚未在更大范围内得到有效遏制，腐败现象依然严重。从调查的结果看，2011 年有 37.3%的人认为目前腐败现象很严重，有 36.9%的人认为腐败现象比较严重；2013 年仍有 33.7%的人认为目前腐败现象很严重，有 41.6%的人认为腐败现象比较严重。虽然认为很严重的比例有所下降，但总体上可以看到，目前腐败现象仍然是城乡居民深恶痛绝的社会问题。在问及当前最严重的社会问题时，2013 年有

34.6%的人选择贪污腐败问题，在所列各项社会问题中居第四位，与2011年的调查结果持平（见表7）。

表7　公众对腐败问题严重程度的评价

单位：%

	2011 年		2013 年	
	人数	百分比	人数	百分比
很严重	2622	37.3	2492	33.7
比较严重	2589	36.9	3069	41.6
不太严重	953	13.6	991	13.4
没有腐败问题	48	0.7	40	0.5
不好说	811	11.5	794	10.8
合　　计	7024	100.0	7386	100.0

　　党的十八大以来，中央加大了惩治腐败的力度，从各个具体方面端正党风、政风，并以身作则反对形式主义、官僚主义、享乐主义和奢靡之风，在很大程度上为推进党风廉政工作奠定了基础。调查数据显示，2013年公众认为目前党和政府反腐败工作效果明显的占41.7%（认为很明显的占8.0%，比较明显的占33.7%）。这比2011年公众对同一问题的评价29.5%高出了约12个百分点。由此可以看出，城乡居民对短时期内反腐败工作的效果给予了较为积极的肯定（见表8）。

表8　公众对党和政府反腐败工作效果的评价

单位：%

	2011 年		2013 年	
	人数	百分比	人数	百分比
很 明 显	382	5.4	590	8.0
比较明显	1690	24.1	2490	33.7
不太明显	2822	40.2	2731	37.0
很不明显	1120	16.0	587	7.9
不 好 说	1006	14.3	987	13.4
合　　计	7020	100.0	7385	100.0

党的十八大以后，中央出台了关于改进工作作风、密切联系群众的八项规定，对党政干部提出了明确的要求。从调查结果看，城乡居民对八项规定出台后党政领导干部工作作风的变化给予了较为积极的肯定。54.7%的人认为"公款大吃大喝"现象明显改善或有所改善，50.8%的人认为"滥发钱物，讲排场、比阔气，搞铺张浪费"现象明显改善或有所改善，50.5%的人认为"到基层调研讲排场、前呼后拥、超标准接待"现象明显改善或有所改善。总体来看，均有约50%的人认为党政领导干部工作作风得到改善（见表9）。

表9　公众对党政领导干部工作作风变化的评价

单位：%

	明显加重	有所加重	没有变化	有所改善	明显改善	不清楚
到基层调研走过场、搞形式主义	2.3	6.6	19.6	42.8	7.6	21.1
到基层调研讲排场、前呼后拥、超标准接待	1.5	6.6	16.7	38.8	11.7	24.6
频繁召开各类会议和举办庆典活动	1.0	5.1	16.8	37.5	11.9	27.7
公款大吃大喝	2.7	7.2	13.7	37.3	17.4	21.7
滥发钱物，讲排场、比阔气，搞铺张浪费	2.2	7.0	15.3	38.2	12.6	24.6

　　十八大以来的惩治腐败、端正党风的一系列举措所取得的实际效果，极大地鼓舞了人们对反腐败工作取得明显成效的信心。调查显示，2011年公众对今后5~10年我国反腐败取得明显成效有信心的人不足六成（18.5%的人表示很有信心，39.1%的人表示较有信心）；而在2013年的调查中，对于反腐败成效具有信心的公众超过了七成（25.5%的人表示很有信心，有48.2%的人表示较有信心）。可以看出，人们对今后我国反腐败取得明显成效的信心有了较大幅度的提高（见表10）。

　　国家的健康、快速发展，激发了城乡居民的爱国热情。人们表现出对国家的较高认同程度，调查显示，92.3%的人表示"我经常为国家取得的成就而感到自豪"；89.2%的人表示"如果有下辈子，我还是愿意做中国人"；85.3%的人表示"不管中国发生什么事情，即使有机会离开，我也会留在中国"。这一对国家的较高认同成为目前全体人民实现"两个百年"的中国梦目标的有效动力（见表11）。

表 10 公众对今后 5～10 年反腐败取得明显成效的信心

单位：%

	2011 年		2013 年	
	人数	百分比	人数	百分比
很有信心	1300	18.5	1883	25.5
较有信心	2738	39.1	3557	48.2
较没信心	1256	17.9	889	12.1
很没信心	874	12.5	405	5.5
不好说	841	12.0	642	8.7
合 计	7009	100.0	7376	100.0

表 11 公众的国家认同

单位：%

	很不符合		不太符合		比较符合		很符合		不好说	
	人数	百分比	人数	百分比	人数	百分比	人数	百分比	人数	百分比
当别人批评中国人的时候，我觉得像在批评自己	169	2.3	806	10.9	3876	52.5	2158	29.2	372	5.0
我经常因国家现存的一些问题而感到丢脸	243	3.3	1593	21.6	3670	49.7	1317	17.8	556	7.5
我经常为国家取得的成就而感到自豪	60	0.8	285	3.9	3721	50.4	3090	41.9	224	3.0
如果有下辈子，我还是愿意做中国人	99	1.3	349	4.7	2926	39.7	3655	49.5	349	4.7
不管中国发生什么事情，即使有机会离开，我也会留在中国	152	2.1	547	7.4	2981	40.4	3316	44.9	384	5.2

　　政治建设的基础是广泛的公众参与，在政治参与过程中，社会成员可以通过制度渠道，积极参与社会生活，表达诉求，在促进与其他社会群体关系的同时，维护个人权益，增强社会整体的凝聚力。从调查结果看，基层政治参与成为城乡居民政治参与的主要渠道。从人们的政治参与情况看，43.5%的人参加过居委会/村委会选举，居各项政治参与活动的首位。这表现出在现有体制安排、动员下，表达个人意愿成为人们政治参与的最主要形式。因此，促进基层民主政治建设，提升基层政治参与水平，是我国政治建设和社会主义和谐社会建构的重要内容。另外，调查结果也显示，人们参与制度外的政治活动相对较少，除 39.3%的人与周围人讨论政治问题外，其他如在互联网上讨论政治问

题、给报刊电台等写信反映意见、到政府部门上访等政治参与形式的参与程度均相对较低（见表12）。

表 12　公众的政治参与

	最近三年来,您是否参加过下列事情?				如果没有参与过,您是否愿意参与?					
	没有参加过		参加过		愿意参与		不愿意参与		不好说	
	人数	百分比	人数	百分比	人数	百分比	人数	百分比	人数	百分比
与周围人讨论政治问题	4416	60.7	2854	39.3	1598	35.6	2638	58.8	251	5.6
在互联网上讨论政治问题	6794	93.7	455	6.3	2021	29.7	4343	63.9	430	6.3
给报刊、电台等写信反映意见	7123	98.4	116	1.6	2206	31.0	4564	64.1	346	4.9
向政府部门反映意见	6720	92.7	529	7.3	2519	37.4	3910	58.0	309	4.6
到政府部门上访	6980	96.5	255	3.5	1607	23.1	5003	71.9	350	5.0
参加居委会/村委会选举	4102	56.5	3157	43.5	1994	47.5	2037	48.5	168	4.0
参与示威游行	7178	99.1	64	.9	710	9.9	6048	84.5	396	5.5
参与罢工、罢市、罢课等行动	7179	99.1	63	.9	557	7.8	6206	86.8	388	5.4

三　更加繁荣多彩的社会

文化的繁荣既是人们物质生活水平提高的需要，也是人们思想觉悟、道德水平提高的需要。它既是国家实力的体现，也是社会健康发展的精神动力。改革以来，我国的文化教育事业不断发展，全民族的受教育水平不断提高，人们的物质文化生活丰富多彩，社会主义核心价值理念也得到社会成员的较高认同。

目前，我国文化实力在国际中的地位得到了城乡居民的较高评价，12%的人认为我国文化实力在国际上处于上等地位；30.4%的人认为我国文化实力在国际上处于中上等地位；34.3%的人认为我国的文化实力在国际上处于中等地位；仅8.3%的人认为我国文化实力在国际上处于中下等或下等地位。同时，人们对未来10年我国文化实力在国际上地位的变化也给予较高的预期。27.4%的人认为今后我国文化实力在国际上的地位将上升很多；50.3%的人认为今后我国文化实力在国际上的地位会略有上升。这表现出人们对我国文化实力的充分信心（见表13）。

表13　公众对我国文化实力的评价及预期

单位：%

对我国文化实力在国际中地位的评价			对今后10年我国文化实力在国际中地位变化的预期		
	人数	百分比		人数	百分比
下　　等	124	1.7	下降很多	31	0.4
中　下　等	488	6.6	略有下降	95	1.3
中　　等	2534	34.3	不会变化	520	7.1
中　上　等	2242	30.4	略有上升	3711	50.3
上　　等	883	12.0	上升很多	2021	27.4
不好说	1111	15.1	不　好　说	993	13.5
合　　计	7382	100.0	合　　计	7371	100.0

　　为推进我国社会核心价值观念的建设，党的十八大报告明确提出了"倡导富强、民主、文明、和谐，倡导自由、平等、公正、法治，倡导爱国、敬业、诚信、友善"的社会主义核心价值观。在调查中，我们询问了人们对一个"好的社会"标准的看法，结果表明，城乡居民表现出对社会主义核心价值观的较高认同，人们普遍期待国家富强、民主、文明、和谐，期待社会平等、公正，这些核心价值理念位居城乡居民心目中一个"好的社会"标准的前六位，表明它们已逐渐深入人心，并成为人们判定社会发展结果的重要价值尺度。代表国家发展层面的富强、民主、文明、和谐四个价值观均获得较高的选择率，表明城乡居民对于国家未来发展寄予了更高的期望；同时，代表社会层面的平等、公正也获得较高的选择率，表明城乡居民对于社会未来发展方向有着明确的期待。调查中，有54.3%的人认为目前我国社会符合一个"好的社会"的标准（见表14）。

表14　公众对社会主义核心价值观的认同

单位：%

	人数	百分比		人数	百分比
平　　等	3410	46.3	公　　正	2895	39.3
民　　主	3128	42.4	和　　谐	2691	36.5
富　　强	3016	40.9	尊崇宪法	1749	23.7
文　　明	2895	39.3	爱　　国	1733	23.5

续表

	人数	百分数		人数	百分数
团　结	1726	23.4	包　容	670	9.1
尊重人权	1616	21.9	崇尚科学	654	8.9
诚　信	1528	20.7	友　善	640	8.7
法　治	1487	20.2	敬　业	278	3.8
自　由	1283	17.4	集体主义	224	3.0
创　新	991	13.4	其　他	62	0.8

四　更加公正、安全、幸福、和谐的社会

公平正义是人类追求的基本价值观念，也是中国梦的基本内容。让人们"共同享有人生出彩的机会"，其核心就是要建成一个平等、公平、正义的社会。改革以来，一方面人们的个人发展空间因改革而得到拓展，改革使每一个人通过努力获得成功成为可能；另一方面不断拉大的收入差距和社会中存在的不公平现象加剧了人们对现实社会中平等、公正状况的负面评价。因此，肯定起点公平，否定过程公平，对结果公平持分歧意见就成为目前城乡居民公平感的主要特点。

第一，肯定起点公平。公众对于目前个人在社会中所获得的自由发展空间表示认可。在2008年的调查中，当问及是否同意"在我们这个社会，工人和农民的孩子与其他人的孩子一样，都能成为有钱有地位的人"时，有63.3%的人表示很同意或比较同意；而在2011年的调查中，这一比例上升到72.7%；在2013年的调查中也有70%的人同意这一看法。这表明改革开放以来，人们的个人发展空间得到了很大的扩展。

第二，否定过程公平。公众认为在发展过程中存在着不公平现象。在2013年的调查中，67.8%的人同意"很多老板都是靠政府官员的帮助才发财的"这一观点，认为一些人在发展过程中通过官商勾结获得了不正当收益。

第三，对结果公平持分歧意见。由于个人自由发展空间的扩展与个人在发展过程中不公平现象的存在，人们对结果公平的看法出现分歧。在2013年的调查中，当问及是否同意"现在有的人挣的钱多，有的人挣的少，但这是公平的"时，52.9%的人表示同意，也有43.1%的表示不同意。这表现出人们对结果公平的意见有分歧（见表15）。

表15　2013年公众的公平感

单位：%

	很同意	比较同意	不大同意	很不同意	不清楚
在我们这个社会,工人和农民的孩子与其他人的孩子一样,都能成为有钱有地位的人	23.2	46.8	20.7	5.3	3.9
很多老板都是靠政府官员的帮助才发财的	21.9	45.9	17.5	2.8	11.8
现在有的人挣的钱多,有的人挣的少,但这是公平的	8.6	44.3	31.9	11.2	4.0

在对社会公平的具体方面进行评价时，城乡居民也同样表现出差异。人们对享有权益性公共服务方面的公平状况表示满意，但对现实存在的发展方面的公平状况表示不满意。这表明公众对于社会分配机制的公平性存在分歧意见。

具体来说，人们对目前在义务教育、公共医疗、高考制度、养老等社会保障待遇、公民实际享有的政治权利等方面的公平性给予较高评价，但对在不同地区行业之间的待遇、城乡之间的权利待遇、财富及收入分配、工作与就业机会等方面的公平性给予较低评价。这表明目前社会公众对于普遍享有的公共服务和社会保障等方面的公平性持肯定态度，认为它很大程度上确保了社会的底线公平。但是，社会公众对于现实中存在的发展、权利待遇方面的公平性持否定态度。

就总体的社会公平状况评价看，2008年调查中认为总体社会状况公平的占69.2%，而在2013年的调查中这一比例下降到60.4%。除公共医疗和养老等社会保障待遇等外，在其他方面的公平评价上，2013年较以往均有不同程度的下降，这表明目前城乡居民对社会公平状况的走势并不乐观（见表16）。

表16　公众对社会公平状况的评价

单位：%

	2006年公平评价	2008年公平评价	2013年公平评价	2006年不公平评价	2008年不公平评价	2013年不公平评价
义务教育	76.7	85.9	82.2	17.2	9.4	11.0
公共医疗	49.9	66.9	68.1	39.9	25.9	25.6
高考制度	71.4	74.1	68.0	13.7	10.3	14.7
养老等社会保障待遇	37.5	50.4	57.7	50.7	40.0	34.4
公民实际享有的政治权利	62.0	65.6	50.4	25.6	24.1	34.3
司法与执法	55.1	53.0	46.3	29.6	32.9	34.3
工作与就业机会	44.4	41.2	41.7	46.4	51.9	45.8
选拔党政干部	34.4	47.7	35.3	51.0	38.7	47.2
财富及收入分配	40.2	28.9	33.4	49.7	67.6	57.6
城乡之间的权利、待遇	29.0	39.9	30.2	62.8	51.6	57.2
不同地区行业之间的待遇	33.6	38.1	29.9	53.1	50.7	54.6
总体上的社会公平状况	62.3	69.2	60.4	30.6	25.8	34.4

　　城乡居民将政府好的政策、措施和平等、公正的社会环境看做是通过个人勤奋努力来实现个人愿望的最重要条件。在2013年的调查中，当问及"要实现您的个人愿望，哪些方面的条件最重要"时，政府好的政策、措施列第一位，自己勤奋努力列第二位，平等、公正的社会环境列第三位。在以政府主导的改革进程中，政府好的政策、措施对于人们的个人发展起着至关重要的作用；而平等、公正的社会环境为人们的个人发展奠定了基础（见表17）。

表17　要实现您的个人愿望，哪些方面的条件最重要

单位：%

	百分比		百分比
政府好的政策、措施	68.5	优越的家庭条件	28.2
自己勤奋努力	65.7	有比较广的社会关系	26.7
平等、公正的社会环境	54.1	受到良好教育	25.3
有好的机会和运气	39.2	自己敢冒风险的勇气	15.6
自己聪明能干	30.4	其他	1.8

　　安全关系着人们的生命和健康。人们对安全的需求是在其基本的生活需要得到满足之后，对生活、工作、环境的更高一个层次的需求。因此，保障人们

的日常生活安全，提升人们的生活安全感是民众心目中的中国梦的重要内容。在 2013 年的调查中，城乡居民把家人平安、身体健康作为希望实现的第二大个人愿望，仅次于收入提高。

从 2013 年的调查结果看，目前人们的人身安全、个人和家庭财产安全得到了较好的保障，分别有 87.6% 和 86.6% 的人认为这两方面很安全或比较安全；医疗安全（75.5%）、劳动安全（73.3%）、生态环境安全（66.9%）、交通安全（66.4%）居其后；而个人信息、隐私安全和食品安全更加居后，分别有 62.9% 和 44.6% 的人表示这两方面安全。与 2008 年相比，城乡居民对人身安全、个人和家庭财产安全、医疗安全、交通安全等的安全感均有不同程度的提高，但其对食品安全，个人信息、隐私安全的安全感则有较大幅度的下降。近年来食品安全问题频现，严重威胁着人们的健康；而随着移动通信及互联网使用的日益普及，人们希望个人信息、隐私安全的意识也逐渐增强。总体来看，城乡居民对目前的社会安全状况给予较高评价，80.2% 的人认为很安全或比较安全（见表 18）。

表 18　公众的安全感评价

单位：%

	2008 年安全感	2013 年安全感	2008 年不安全感	2013 年不安全感
人身安全	82.8	87.6	15.5	11.0
个人和家庭财产安全	80.2	86.6	18.8	12.5
医疗安全	72.4	75.5	23.4	21.0
劳动安全	77.8	73.3	18.7	21.6
生态环境安全	—	66.9	—	29.5
交通安全	64.7	66.4	33.4	31.5
个人信息、隐私安全	78.5	62.9	15.0	28.9
食品安全	66.4	44.6	31.2	53.0
总体上的社会安全状况	—	80.2	—	17.9

人民幸福是改革和发展的出发点和归宿。通过改革发展不仅要使人们获得物质上的满足，还要使其获得精神上的满足，这是全社会努力的重要方向。让人们生活得更加幸福是中国梦的重要内容。以往因片面追求经济规模的扩大，客观上忽视了人们对于生活的主观感受的提升。因此，更加关注人们的主观生

活满意度和幸福感，使人们共同享有改革带来的物质生活水平的提高，同时促进人们在精神层面的满足，是社会发展的方向。

从主观生活满意度看，第一，家庭关系、社交生活的满意度居前。家庭关系和社交生活是一个人社会资本的重要组成部分，和睦的家庭关系和和谐的社会关系是个人生活质量高的重要体现。从调查的情况看，城乡居民对此的满意度较高，以 10 分计，家庭关系满意度为 8.25 分，社交生活满意度为 7.11 分。

第二，医疗保障和健康情况满意度居第三、第四位。从调查的情况看，医疗保障满意度为 6.84 分，健康情况满意度为 6.82 分。随着医疗保险覆盖面的扩大和公共医疗卫生服务质量的提升，人们对医疗保障的满意度提高，对个人健康情况的评价较高。调查显示，目前公共医疗卫生机构的服务质量获得了城乡居民的认可，医护人员的态度、医院环境、就医秩序、医生的医德等若以 10 分计，都获得了 7 分以上的评价。但医疗费用太高是普遍存在的问题，56.9% 的人认为这一现象很严重或比较严重。

第三，工作状况满意度居第五位。工作是人们社会生活的重要部分，也是其生活费用的重要来源。工作情况的好坏直接影响着人们的生活质量。调查显示，人们的工作满意度为 6.66 分。具体来看，人们对工作中的人际关系、工作的安全性、工作中个人能力的发挥等满意度较高，而对晋升机会、收入及福利待遇、工作轻松程度的满意度较低。

总体而言，城乡居民对目前的生活表示比较满意，若以 10 分计，其总体生活满意度为 6.81 分（见表 19）。75.1% 的城乡居民表示自己总体上说是一个幸福的人。

表 19　城乡居民生活满意度

单位：分

	城镇	农村	总计
家庭关系	8.29	8.21	8.25
社交生活	6.96	7.23	7.11
医疗保障	6.48	7.12	6.84
健康情况	7.02	6.67	6.82
工作状况	6.76	6.44	6.66
养老保障	6.23	6.92	6.61
环境状况	6.24	6.83	6.57

续表

	城镇	农村	总计
休闲娱乐	5.94	5.71	5.81
家庭经济状况	5.93	5.51	5.70
教育程度	5.80	5.17	5.45
总体生活满意度	6.90	6.74	6.81

中国梦的重要内涵之一就是构建和维护一个和谐稳定的社会环境，而提升社会信任、促进社会融合是实现社会和谐的重要步骤。调查显示，目前城乡居民总体的社会信任度较高。有85.8%的人认为"在我周围，当前人们的信任状况还是不错的"；有84.4%的人认为"人们在大多数情况下是乐于助人"；有70.2%的人认为"大多数人都会尽可能公平地对待别人"；有58%的人认为"社会上大多数人都可以信任"。但在总体社会信任度较高的同时，人们对于具体的人际交往仍存有戒备心理，57.6%的人表示"我和别人交往时会非常小心提防"（见表20）。与此同时，数据还显示，城市居民的社会信任度显著低于农村居民的社会信任度。例如，对于"社会上大多数人都可以信任"这一说法，有44.5%的城市居民表示不同意，而在农村居民中，这一比例仅为35.9%。

表20　城乡居民的社会信任

单位：%

	非常不同意		不太同意		比较同意		非常同意		不好说	
	人数	百分比	人数	百分比	人数	百分比	人数	百分比	人数	百分比
人们在大多数情况下是乐于助人	129	1.7	926	12.5	4706	63.7	1531	20.7	94	1.3
人们在大多数情况下都只顾自己，不管别人	740	10.0	3989	54.0	2192	29.7	310	4.2	152	2.1
社会上大多数人都可以信任	442	6.0	2495	33.8	3838	52.0	446	6.0	161	2.2
我和别人交往时会非常小心提防	284	3.8	2632	35.7	3553	48.1	700	9.5	213	2.9
大多数人都会尽可能公平地对待别人	217	2.9	1729	23.5	4514	61.2	662	9.0	251	3.4
大多数人一有机会就占别人的便宜	741	10.0	3948	53.5	2088	28.3	353	4.8	247	3.3
在我周围，当前人们的信任状况还是不错的	88	1.2	809	11.0	5382	73.0	946	12.8	152	2.1

同时，我们还就城乡居民对具体群体的信任进行了调查，可以看出，城乡居民对部分群体的社会信任度还是较低的。其中，90.9%的受访者表示对陌生人不信任，仅有6.3%的受访者表示对陌生人有一定的信任。城乡居民具有依据情感的亲疏远近决定其信任强弱的特点，人们对于其人际网络中的人群具有较高的信任度，95%的人对亲戚朋友表示信任，84%的人对邻居表示信任。而部分专业技术人员也因其良好的社会形象而获得了城乡居民的信任，85.8%的人对教师表示信任，82.1%的人对医生表示信任。

　　值得注意的是，城乡居民对公职人员具有中度信任，65.7%的人表示信任警察，57.4%的人表示信任法官，51.6%的人表示信任党政领导干部，50.4%的人表示信任党政机关办事人员。这表明公职人员有必要加强与城乡居民的联系，积极转变其在人们心目中的社会形象，以提高自身在城乡居民中的信任度。

　　企业家群体在城乡居民中的信任度相对较低，这主要是因为人们对企业家群体的了解程度不高，有24.5%的城乡居民表示对企业家群体的信任度不好说。因此，企业家群体应更为积极地参与社会事务、承担社会责任，以增进人们对其的了解，提高信任度（见表21）。

表21　城乡居民的人际信任

	信任		不信任		不好说	
	人数	百分比	人数	百分比	人数	百分比
亲戚朋友	7007	95.0	328	4.4	44	0.6
教师	6277	85.8	783	10.7	259	3.5
邻居	6185	84.0	1056	14.3	123	1.7
医生	6038	82.1	1146	15.6	171	2.3
警察	4777	65.7	1766	24.3	725	10.0
单位领导/上司或老板	2118	58.5	1060	29.3	441	12.2
法官	4084	57.4	1704	23.9	1332	18.7
党政领导干部	3760	51.6	2626	36.1	895	12.3
党政机关办事人员	3656	50.4	2654	36.6	948	13.1
企业家	2606	38.1	2555	37.4	1673	24.5
陌生人	461	6.3	6693	90.9	212	2.9

　　社会融合是中国梦的题中应有之义，它体现了社会不同个体、不同群体之间相互包容、相互配合、相互适应的过程，反映了人们在相互接纳中降低排

斥，彼此和谐共处而消解冲突，从而在一个平等公正的社会中共享发展成果的社会发展状态。

为了测量我国当前的社会排斥，在调查中采用了两个指标，一个是受访者对待农村外来务工人员在城里工作的看法，另一个是受访者对于农村外来务工人员子女在城里上公立中小学的看法。数据说明，67.5%的受访者认为外来务工人员只要愿意就可以到城市工作，不应有任何限制；对于农村外来务工人员子女在城里上公立中小学这一问题，85.7%的受访者认为农村外来务工人员子女只要愿意就可以上，不应有任何限制。可见，整体而言，我国当前的社会排斥程度较低，这一社会环境有利于大范围人口流动下的社会融合（见表22、表23）。

表22　对于农村外来务工人员在城里工作，您的看法是？

单位：%

	人数	百分比
只要愿意就可以来，不应有任何限制	4981	67.5
如果有足够工作机会，就允许他们在城市工作	2036	27.6
要严格控制来城市工作的农村外来务工人员数量	325	4.4
不应允许农村外来务工人员在城市工作	37	0.5
合　　计	7379	100.0

表23　对于农村外来务工人员子女在城里上公立中小学，您的看法是？

单位：%

	人数	百分比
只要愿意就可以上，不应有任何限制	6315	85.7
可以在城里上公立中小学，但要对家庭条件做一些限制	858	11.6
只允许他们到务工子弟学校上学	157	2.1
不允许他们的子女在城里学校上学	39	0.5
合　　计	7369	100.0

五　更加绿色美丽的社会

生态文明是人与自然、人与人、人与社会和谐共生、良性循环、全面可持续发展的保障，它关系着人民福祉和民族未来的发展。城镇化、工业化的快速发展在给人们带来物质生活满足的同时，也带来了各种环境污染问题，给生态和环境造成了极大的破坏，威胁着人们的生活。因此，建设一个"美丽中国"就成为人们的梦想，人们期待着有更优美的环境。

近年来，我国的环境问题逐渐显露出来，空气污染、水污染等问题日益引起人们的注意。本次调查对城乡居民对环境的评价进行了全面的了解，数据说明，有相当一部分城乡居民对所居住地的环境表示不满意或者很不满意。

首先，有10.0%和15.7%的受访者表示当前居住地区的噪音污染很严重或者比较严重；有10.1%和18.7%的受访者表示当前居住地区的空气污染很严重或者比较严重；有9.4%和17.2%的受访者表示居住地的水质污染很严重或者比较严重；有6.8%和18.4%的受访者表示日常生活的卫生环境不好的问题很严重或者比较严重（见表24）。

如果仅对城市居民的数据进行统计，我们可以看出，有14.9%和23.0%的受访者表示当前居住地的噪音污染很严重或者比较严重；有14.2%和27.0%的受访者表示空气污染很严重或者比较严重；有10.1%和19.9%的受访者表示水质污染很严重或者比较严重；有9.2%和22.3%的受访者表示日常生活的卫生环境不好的问题很严重或者比较严重。

总体而言，在受访者中，城市居民认为噪音问题和空气污染问题很严重和比较严重的比例是农村居民的两倍左右。另外，以10分为非常满意，1分为非常不满意来测量，我国居民对所居住地的环境总体评分为6.55分，倾向于较为满意。值得注意的是，有27.45%的受访者对所居住地的环境总体评分低于或者等于5分，即表示不满意。由此可见，随着经济的迅速发展，环境问题已经成为影响居民生活质量的重要方面，而随着环境问题的日益凸显，公民的环境意识和保护环境的呼声也越来越强。只有提高我国的环境质量，才能切实做到让群众满意。

从环境意识的角度而言，我国居民当前具备了一定的环境保护意识，认识到了环境资源的有限性和环境保护的重要性。但"搭便车"的心理在一定程度上仍然存在，有16.2%的受访者认同"如果周围人都不注意环境保护，我也

表24　城乡居民对居住地环境污染问题的评价

单位：%

	噪音		空气污染		水质污染		日常生活的卫生环境不好		其他环境污染	
	人数	百分数	人数	百分数	人数	百分数	人数	百分数	人数	百分数
很严重	740	10.0	745	10.1	693	9.4	502	6.8	132	2.3
比较严重	1158	15.7	1383	18.7	1268	17.2	1351	18.4	152	2.6
不太严重	2997	40.6	2893	39.2	2899	39.3	3730	50.7	267	4.6
没有此现象	2452	33.2	2319	31.4	2410	32.6	1726	23.5	5075	87.0
不好说	38	0.5	42	0.6	114	1.5	49	0.7	208	3.6
合　计	7385	100.0	7382	100.0	7384	100.0	7358	100.0	5834	100.0

没必要环保"这一说法（在城市居民中，这一比例为11.9%；在农村居民中，这一比例为19.7%）；对于发展经济和保护环境之间的平衡，仍有近1/3的受访者认为发展经济比保护环境更重要；有18.7%的受访者认为保护环境是政府的责任，和自己关系不大；另外，68.7%的受访者表示，政府应该加强环境保护工作，但是不应当由普通百姓来出钱。另外，当前我国居民的"邻避心理"较为普遍，79.8%的受访者表示，如果在其居住的地区要建立化工企业，他一定会表示反对意见。

综上，随着我国环境问题日益严峻，粗放型的工业化发展方式给社会发展带来的负面效应会逐渐大于其正面效应。环境治理与发展经济之间的矛盾也逐渐成为社会发展所面临的主要问题之一。当前，我国部分地区的环境恶化已经到了十分严重的地步，必须纠正过去片面追求经济利益的做法，以最大限度降低对环境的破坏。这就要求政府有关部门建立综合评价体系，在工作评价中增大环境指标的权重，同时，应当加快产业结构调整，大力发展循环经济，逐步淘汰规模小、污染重，代表落后产能的企业。另外，在财政上还应当增加对重点工业污染源污染防治的投入。另外，应当加强全民的环保意识，在全社会形成节约资源、保护环境的社会共识。

总体来看，在经济建设方面，目前人们的收入在稳步提高，消费结构正在向发展型转变，新的消费热点逐步形成，城乡居民社会保障的覆盖面不断扩大，人们对于生活改善的评价及预期也在提高。在政治建设方面，尽管腐败问题仍然是目前我国社会中严重的社会问题，但党的十八大以来的一系列反腐倡廉、改变工作作风的举措，使人们看到了较为明显的治理效果，人们对反腐败工作取得明显成效的信心也较以往有进一步的提高。在文化建设方面，我国文化实力在国际中的地位得到城乡居民的较高评价，而社会主义核心价值观也正在深入人心，成为人们评判国家和社会发展的重要价值标准。在社会建设方面，城乡居民对于社会公平提出了更高的要求，一方面肯定目前已经获得的起点公平、底线公平，同时也希望在过程公平、发展公平方面有更为明显的进步，以更好地实现结果公平。由于生活改善、社会稳定，人们对生活的安全感较强，生活满意度及幸福感也不断提高。在生态建设方面，人们对环境污染问题反映依然强烈，转变经济增长方式，实现人与自然和谐发展已经成为城乡居民的普遍要求。

B.9
BLUE BOOK

2013 年中国六城市社会质量的调查报告

张海东 毕婧千 姚烨琳*

摘 要:

本文基于六城市调查数据,① 比较分析我国城市社会质量的地区差异状况。数据显示,在社会经济保障、社会凝聚、社会包容与社会赋权四个领域,不同地区的社会质量存在明显的差异。如何通过改善社会政策全面提高社会质量,是我国城市化进程中面临的普遍问题。

关键词:

社会质量 社会经济保障 社会凝聚 社会包容 社会赋权

社会质量(Social Quality)是一套用于衡量社会进步程度的理论和指标体系。社会质量是指人们能够在多大程度上参与其共同体的社会与经济生活,并且这种生活能够在多大程度上提升人们的福利和潜能。

本文的社会质量测量包含社会经济保障、社会凝聚、社会包容和社会赋权四个领域,每个领域又分解出数个一级指标,共有 16 个一级指标,在社会经济保障领域,包括收入充足性、住房保障、健康与照顾、就业状况等一级指

---

* 张海东,上海大学上海社会科学调查中心常务副主任、教授;毕婧千,上海大学社会学院、美国芝加哥大学社会学系联合培养的博士研究生;姚烨琳,上海大学社会学院研究生。

① 本文使用的数据源于上海大学上海社会科学调查中心于 2012 年 8 月至 2013 年 5 月在上海、广东、吉林、河南、甘肃以及云南六省市实施的大型问卷调查。调查抽样按照多阶段随机抽样的原则,总计获得 5745 份有效城乡问卷,鉴于城乡之间异质性大,城乡社会质量各领域存在重大差异,不具有可比性,本文只使用上海市和五个省会城市的数据进行比较。六个城市的总样本量为 1970 份,各城市的有效样本数分别为:上海 837 份,广州 253 份,郑州 252 份,长春 225 份,昆明 178 份,兰州 225 份。

标；在社会凝聚领域，包括信任、利他主义、社会契约、社会认同等一级指标；在社会包容领域包括公民权利、社会排斥、社会支持、社会照顾等一级指标；在社会赋权领域包括言论自由、参与社会组织、权益维护、社会信心等一级指标。每个一级指标下还有具体的二级指标。

一　社会经济保障的发展状况

社会经济保障是指人们获取个人作为社会人进行互动时所必需的物质资源和环境资源的可能性。在社会经济保障领域，用来测量的指标包括收入充足性、住房保障、健康与照顾、就业状况等。

（一）居民收入充足性不足，住房、教育、医疗和人情支出负担较重

数据显示，过去一年有余款可储蓄的居民比例在 50% 左右，有大额余款的居民比例极低；约一半的居民当年的收入勉强维持生活或需要动用储蓄和借款，地处西部的兰州和昆明这几项指标明显高于其他城市（见表1）。

表1　各地居民主观收入充足性情况

单位：%

主观收入充足性	上海	广州	郑州	长春	昆明	兰州
有大额余款	0.72	1.98	0.80	2.28	0.57	0.89
有余款可储蓄	49.70	51.78	48.40	51.14	46.29	40.44
勉强维持生活	40.02	38.34	46.00	39.27	43.43	45.33
需动用储蓄	8.00	5.53	3.60	3.65	6.86	8.89
需要借款维持生计	1.55	2.37	1.20	3.65	2.86	4.44

测量主观收入充足性的另一个指标显示，主观认同家庭收入在本地属于中上层及以上的比例很低；绝大多数人认为自己的家庭收入在本地属于中层，上海、郑州、长春等地该项比例都在 50% 以上，兰州居民认同该项的比例明显偏低，为 42.2%；30% 左右的居民认为自己的收入水平属于中下层，兰州的

这一比例相对较高，为36.5%；认为自己收入水平为下层的居民所占比例远远高于认为居上层和中上层的总和（见表2）。

表2　收入水平在本地的层次

单位：%

收入水平的层次	上海	广州	郑州	长春	昆明	兰州
上　层	0.1	0.4	0.0	0.5	0.0	0.5
中上层	3.4	5.0	4.7	5.7	8.4	6.2
中　层	55.6	48.3	56.6	53.1	49.4	42.2
中下层	28.3	34.5	29.8	31.8	30.1	36.5
下　层	12.5	11.8	8.9	9.0	12.0	14.7

在支出方面，除基本日常开销外，受访者普遍感到住房费用（购房、建房、房租或还房贷）压力比较大，尤其广州和上海两地；其次为子女花费，占支出总额的比例也普遍较高，广州略低；医疗费用方面，中西部城市的支出占比高于东部城市；此外，人情费用也带来不小的压力，尤其是长春居民用于人情消费的比例最高（见表3）。

表3　各地居民上一年度家庭各项支出情况

单位：元，%

家庭支出项目	上海	广州	郑州	长春	昆明	兰州
子女花费 （教育费用、照顾费用等）	8842.17 （11.10	6340.56 （8.37）	7195.22 （15.67）	7436.49 （16.04）	6371.02 （12.51）	7133.60 （13.96）
住房费用 （购房、建房、房租或还房贷）	15022.77 （18.85）	14960.96 （19.75）	5169.80 （11.26）	5209.91 （11.24）	8795.17 （17.26）	8068.7 （15.79）
医疗费用	5149.34 （4.76）	4420.93 （5.84）	3868.96 （8.42）	4028.83 （8.69）	4160.61 （8.17）	3338.44 （6.53）
人情费用	4921.15 （6.18）	4857.72 （6.41）	2998.81 （6.53）	5039.19 （10.87）	3325.57 （6.53）	3037.78 （5.95）
总支出	108188.10	75739.67	45931.51	46368.92	50945.17	51086.09

（二）居民家庭自有住房率较高，居住环境总体满意度较高

数据显示，80%以上的户籍人口在当地拥有住房，住房面积平均在60平

方米以上，其中广州在 80 平方米以上，昆明约为 60 平方米，兰州则在 60 平方米以下（见图 1）。

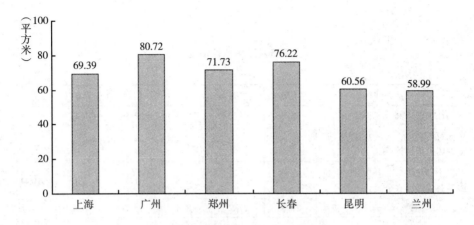

图 1　各地居民家庭现住房平均面积

在居住环境上，受访者的整体满意度较高，尤其对治安、水质这两项满意度最高，除兰州外，其余五城市环境卫生状况满意度较高，上海、长春、昆明三地空气质量满意度较高，但上海、昆明和兰州噪音状况满意度相对较低。在总体满意度上，长春得分最高，兰州最低（见表 4）。

表 4　居民对居住环境的满意度

单位：分

城市	上海	广州	郑州	长春	昆明	兰州
噪音状况	2.99	3.00	3.12	3.16	2.86	2.96
空气质量	3.01	2.94	2.81	3.27	3.08	2.33
休闲环境或设施	2.95	3.03	2.76	3.04	2.79	2.36
水质	3.11	3.07	3.02	3.42	3.25	3.36
治安环境	3.24	3.32	3.33	3.56	3.20	3.23
环境卫生	3.07	3.22	3.00	3.22	3.01	2.71

注：表中数据为基于 5 级量表的得分，分值越高表示满意度越高，5 分为非常满意，1 分为非常不满意。

在住房条件方面，约 80% 的住房拥有室内冲水洗手间，上海、广州的此比例最高；兰州、昆明、上海三地居民居住空间小的情况较为明显；兰州住房

产权不明晰（指与开发商、单位或亲属之间存在争议）的情况较为突出；住房存在建筑质量问题的情况总体较为严重，上海、广州和兰州尤为突出（见表5）。

表5　住房条件情况

单位：%

住房条件	上海	广州	郑州	长春	昆明	兰州
室内冲水洗手间	88.8	91.2	84.4	82.9	77.7	81.5
居住空间太小（如客厅架床、晚上架床白天拆掉等）	34.9	21.8	27.4	12.3	36.7	40.8
产权不明晰（指与开发商、单位或亲属之间存在争议）	5.4	1.7	3.8	1.4	3.6	10.9
建筑质量问题	21.8	17.2	8.4	5.2	6.6	17.1

（三）医疗保险的参保率较高，医疗服务满意度偏低

从参加医疗保险的情况看，上海比例最高，达到83%以上，广州、兰州在60%左右，郑州、昆明在50%以上，长春最低，为43.56%（见表6）。

表6　医疗保险参保率

单位：%

城市	上海	广州	郑州	长春	昆明	兰州
参保率	83.47	59.68	52.78	43.56	54.8	62.22

在医院的选择上，大多数人上次就医时选择综合大医院，尤其广州、上海两地该比例更高；选择社区医院人数比例整体偏低，上海的情况较好，20%以上的受访者上次就医时选择社区医院；兰州、郑州、长春三地的受访者中很多人选择小诊所就医（见表7）。

在就医时间上，各地居民在30分钟内都可以到达就诊医院，郑州、昆明两地花费时间最短；上海、兰州等地花费时间略长。在就诊等候时间上，上海等候时间最长，长达52.31分钟，广州、昆明两地也都在40分钟以上，郑州候诊时间最短，不到20分钟（见表8）。

表 7   各地居民上次就医时选择的医院

单位：%

医院	上海	广州	郑州	长春	昆明	兰州
综合大医院	63.88	71.15	45.24	48.66	48.31	39.56
专科医院	8.01	4.74	8.33	7.14	6.74	8.00
社区/乡镇医院	21.65	13.83	13.49	14.73	18.54	12.44
小诊所、卫生室	5.38	9.49	30.95	28.57	17.42	40.00
其他	1.08	0.79	1.98	0.89	8.99	0

表 8   各地居民上次就医耗费时间情况

单位：分钟

就医耗费时间	上海	广州	郑州	长春	昆明	兰州
到就诊地时间	27.28	23.96	20.31	22.77	20.21	29.92
就诊等候时间	52.31	42.29	18.31	26.71	43.31	23.41

在医疗服务方面，受访者对医护人员态度、医生水平、医院环境、医疗设备以及就医秩序等方面的满意度普遍很低。整体来看，各地医疗服务方方面面都有待进一步提高水平（见表9）。

表 9   居民对医疗情况的满意度

单位：分

医疗情况	上海	广州	郑州	长春	昆明	兰州
医护人员态度	2.44	2.46	2.47	2.26	2.44	2.12
医生水平	2.57	2.47	2.45	2.34	2.51	2.52
医院环境	2.31	2.39	2.45	2.34	2.51	2.27
医疗设备	2.30	2.43	2.45	2.35	2.54	2.41
就医秩序	2.42	2.48	2.48	2.34	2.65	2.20

注：表中数据为基于 5 级量表的得分，分值越高表示满意度越高，5 分为非常满意，1 分为非常不满意。

（四）就业参与率高，就业稳定性良好，但参加失业保险的比例较低

从六城市数据看，90% 以上的受访者目前全职就业，非全职就业比例较低，这反映出各地居民就业整体状况较好（见表10）。

表10 目前的就业状况

表10 目前的就业状况

单位：%

就业状况	上海	广州	郑州	长春	昆明	兰州
全职就业	94.4	91.8	95.3	95.2	94.0	98.9
非全职就业	5.6	8.2	4.7	4.8	6.0	1.1

从就业稳定性来看，约80%左右的居民认为就业状况非常稳定，未来失业的可能性很低（见表11）。

表11 各地居民就业稳定性情况

单位：%

失业的可能性	上海	广州	郑州	长春	昆明	兰州
非常有可能	3.3	4.8	2.3	1.4	3.4	3.4
有可能	10.2	7.5	12.2	7.0	10.3	16.9
一般	9.1	12.9	12.8	11.9	8.6	0.0
不可能	40.2	45.6	47.7	32.9	58.6	36.5
非常不可能	37.1	29.3	25.0	46.9	19.0	43.3

注：就业稳定性的测量询问了受访者未来6个月内失业的可能性有多大。

与就业相关的一个测量是参加失业保险的情况，从数据看，整体参加失业保险的比率偏低。上海参保率较高，但仍不足40%，长春最低，仅占20.89%，其余各地在25%左右（见表12）。

表12 参加失业保险的情况

单位：%

城市	上海	广州	郑州	长春	昆明	兰州
参保率	39.81	26.09	26.19	20.89	23.73	24.44

二 社会凝聚的发展状况

社会凝聚，是指社会成员之间以团结为基础的集体认同，揭示的是基于共享的价值和规范上的社会关系的本质，考察一个社会的社会关系在何种程度上能保有整体性和维系基本价值规范。在社会凝聚领域，用来测量的指标包括信任、利他主义、社会契约、社会认同等。

（一）社会一般信任程度不高，对不同人群和机构的特殊信任存在较大差异

数据显示，受访者认为大部分人值得信任的百分比平均在 50% 左右，这也意味着约一半的受访者认为大部分人需要提防。从数据来看，一般信任程度以郑州为最高，达到 60.56%，最低为兰州，不到 42%（见图 2）。

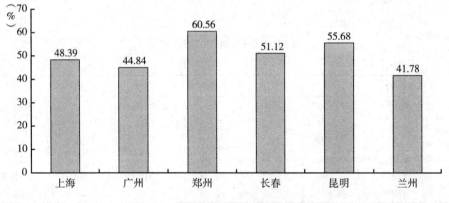

图 2　大部分人值得信任的百分比

在对不同人群的信任方面，家人的信任程度最高，其次为朋友，对邻居的信任大大低于对家人和朋友的信任，但高于对老乡的信任。在对一些职业群体的信任方面，对教师的信任度最高，普遍高于对医生、警察和政府官员的信任度，对政府官员的信任度明显低于其他职业群体。从数据看，六城市在上述几个方面差异不大，没有显著的地区差异，意味着信任是整个社会的普遍性问题（见表 13）。

在机构信任方面，居民对军队和中央政府的信任度较高，对司法机关和地方政府的信任度略低；慈善机构的公信力更低一些；受访者普遍对网络不够信任（见表 14）。

表13 对不同人群的信任情况

单位：分

	上海	广州	郑州	长春	昆明	兰州
家　人	4.77	4.75	4.72	4.77	4.74	4.86
邻　居	3.56	3.53	3.67	3.70	3.54	3.76
朋　友	3.81	3.82	3.86	3.95	3.75	3.95
老　乡	3.39	3.27	3.30	3.37	3.17	3.50
医　生	3.41	3.49	3.51	3.43	3.42	3.48
警　察	3.41	3.43	3.45	3.41	3.49	3.48
教　师	3.59	3.64	3.70	3.57	3.74	3.80
政府官员	2.88	2.81	2.80	3.09	3.01	2.72

注：表中数据为基于5级量表的得分，分值越高表示信任度越高，5分为非常信任，1分为非常不信任。

表14 对不同机构的信任情况

单位：分

组织或机构	上海	广州	郑州	长春	昆明	兰州
中央政府	3.75	3.59	3.97	4.09	4.11	4.14
军　队	3.81	3.67	3.99	4.07	4.03	4.14
司法机关	3.40	3.32	3.36	3.52	3.51	3.40
地方政府	3.26	3.13	3.20	3.37	3.25	3.24
慈善机构	2.96	2.81	2.98	3.04	2.89	3.20
网　络	2.59	2.49	2.74	2.50	2.46	2.48

注：表中数据为基于5级量表的得分，分值越高表示信任度越高，5分为非常信任，1分为非常不信任。

（二）居民为社区邻里服务意愿较强，志愿者活动参与水平有待提高

在利他主义方面，居民为社区邻里服务意愿较强，大部分受访者都愿意在突发情况时出手相助。参与志愿者活动、自愿献血的比例整体不高。

数据显示，为他人服务意愿方面，80%以上的居民愿意为社区/邻里做实事。90%以上的受访者愿意帮助邻居的老人、残疾人或生病的人购物，兰州该比例最高，为97.78%。80%以上的受访者愿意打扫公共区域卫生，郑州该比例最高，为94.44%。上述两项上海和广州比例相对较低（见表15）。

表 15　为社区/邻里的服务意愿

单位：%

	上海	广州	郑州	长春	昆明	兰州
帮助邻居老人/残疾人/生病的人购物	92.95	92.09	96.83	93.33	93.79	97.78
打扫街道/门廊/门口	83.03	84.19	94.44	94.22	89.27	94.22

遇到突发事件情况时，多数居民都愿意伸出援助之手，但在涉及个人安全的问题上，居民的帮助意愿有大幅下降。选择"遇见别人遭到抢劫，挺身而出"这一项的人的比例远低于其他选项，兰州最高，为 61.6%，广州最低，为 38.7%（见表 16）。

表 16　突发情况下的行为选择

单位：%

	上海	广州	郑州	长春	昆明	兰州
遇见有人摔倒在地,扶他/她起来	73.2	75.2	85.7	87.2	84.8	89.1
看见偷窃行为,提醒受害人	76.8	77.3	84.4	81.5	77.0	86.3
遇见别人遭到抢劫,挺身而出	49.9	38.7	58.2	47.9	48.5	61.6
有人遭遇交通事故,送他/她去医院	74.2	66.4	78.5	69.2	81.2	82.9
得知有人可能正在遭受欺诈、诈骗,善意提醒	88.0	84.5	93.2	87.2	89.7	92.9
看见有人轻生,设法相救	87.2	79.8	92.4	91.5	89.1	92.4
遇到发生上述情况或者火灾等情况,打电话报警	98.5	99.6	98.3	98.6	96.4	99.1

在参与志愿者活动方面，上海、郑州的比例较高，约 30%；广州、昆明、兰州在 20% 左右；长春最低，为 12.44%。在自愿献血方面，上海最高，为 29.15%；郑州、兰州、广州、昆明在 20% 左右；长春最低，为 13.78%。

表 17　参与志愿者活动和自愿献血的人口比例

单位：%

	上海	广州	郑州	长春	昆明	兰州
志愿活动	32.5	24.51	27.38	12.44	21.47	19.56
自愿献血	29.15	19.76	23.81	13.78	19.77	21.78

（三）绝大多数受访者相信社会经济地位由个人努力获得

在社会质量指标中，社会契约被用来测量人们对贫穷原因的认识：是个人性的原因还是结构性的原因，社会成员是否愿意支付更多的税款来提升穷人的境况等。绝大多数受访者认为一个人可以通过自己的努力获得更高的社会经济地位；人们更愿意帮助那些先赋原因或自然原因导致的弱势人群，而不愿意帮助个人原因或自致原因导致的弱势人群。

调查数据显示，75%以上的受访者认为在我国一个人可以通过自己的努力获得更高的社会经济地位，广州、郑州、长春等地选择此项的比例均在80%以上，认为不太可能的只有兰州比例相对较高，为20%以上。可以说，城市居民更倾向于认为导致贫困的原因是个人性的，而不是结构性的（见表18）。

表18　一个人可以通过自己的努力获得更高的社会经济地位

单位：%

	上海	广州	郑州	长春	昆明	兰州
非常有可能	17.6	29.0	25.3	42.7	18.9	13.7
有可能	59.3	57.1	65.4	44.5	58.5	62.6
中立	8.9	8.0	6.3	5.7	14.0	0.0
不太可能	11.9	5.5	3.0	5.7	7.9	20.4
非常不可能	2.3	0.4	0.0	1.4	0.6	3.3

在对弱势群体的帮助意愿方面，人们更倾向于愿意帮助残疾人、老年人、孤儿和灾民，而不愿意帮助失业者、穷人和乞丐。而残疾人、老年人、孤儿和灾民，都是先赋原因或自然原因导致的弱势人群，失业者、穷人和乞丐更多是个人原因或自致原因导致的弱势人群。对前者人们的帮助意愿较高，尤其是对孤儿和灾民；而对后者，人们的帮助意愿普遍较低，尤其是对乞丐和失业者（见表19）。

（四）受访者国家认同感很强，但是有移民意愿的人比例也很高

从统计结果可以看出，90%以上的受访者为自己是中国人而自豪，认为不自豪的比例整体不高，但是兰州、广州、上海三地该比例相对较高（见表20）。

表 19　各地居民对弱势群体帮助意愿情况

单位：分

	上海	广州	郑州	长春	昆明	兰州
失业者	2.67	2.48	3.37	3.06	2.63	2.94
残疾人	3.45	3.50	3.95	3.69	3.77	3.81
老年人	3.43	3.42	3.90	3.70	3.60	3.77
穷　人	2.92	2.74	3.53	3.25	2.99	3.27
孤　儿	3.69	3.66	4.11	3.95	3.89	4.10
灾　民	3.71	3.72	4.05	3.79	3.95	4.03
乞　丐	2.34	2.37	3.24	2.80	2.64	2.73

注：表中数据为基于 5 级量表的得分，分值越高表示帮助意愿越强，5 分为非常愿意，1 分为非常不愿意。

表 20　国家认同感

单位：%

	上海	广州	郑州	长春	昆明	兰州
非常自豪	19.9	15.5	26.6	37.4	28.3	28.4
自豪	46.9	49.2	53.2	42.7	53.6	55.5
一般自豪	26.0	26.9	19.0	15.2	14.5	7.1
不自豪	5.7	7.6	1.3	3.3	3.0	6.6
非常不自豪	1.4	0.8	0.0	1.4	0.6	2.4

在测量移民意愿时，询问了受访者"如果有机会和条件移民其他国家，您会选择移民吗？"数据显示，19%以上的人有移民意愿，尤其广州和上海两地比例较高，都在 1/3 以上；长春最低，不到 20%（见表 21）。

表 21　移民意愿

单位：%

	上海	广州	郑州	长春	昆明	兰州
有	33.7	39.9	25.8	19.0	23.5	29.9
没有	66.3	60.1	74.2	81.0	76.5	70.1

三 社会包容的发展状况

社会包容指社会成员在社会生活中如何通过各种制度融入其中，某个人或者某些群体是否因为具有某些方面的特征而遭受来自正式或非正式制度的系统性排斥。在社会包容领域的一级指标包括公民权利、社会排斥、社会支持、社会照顾等。

（一）公民参与选举意愿较高，但实际参与度较低

实际参与选举的居民比例是测量政治权利的一个重要指标。从六城市的数据看，各地居民参与意愿均高于参与度。参与度方面，上海最高，为55.2%，郑州最低，为14.8%；参与意愿方面，上海最高，达到70%以上，广州、兰州在50%以上，昆明、长春在40%以上，郑州最低，为33.0%（见表22）。

表22 参与居委会选举情况

单位：%

	上海	广州	郑州	长春	昆明	兰州
过去参与过	55.2	24.1	14.8	17.5	15.8	22.3
将来打算参与	70.9	54.9	33.0	40.1	48.8	53.6

注：参与度测量过去是否参与过；参与意愿测量将来是否打算参与。

在参与各类抗议活动方面，除参与网上行动外，六城市居民实际参与度极低，但有相对较高的参与意愿，尤其是网上行动的参与意愿更高，昆明和广州均在40%以上（见表23）。

表23 各类抗议活动实际参与情况和参与意愿

单位：%

	上海	广州	郑州	长春	昆明	兰州
在请愿书上签名	5.9 (26.3)	6.8 (43.2)	4.2 (12.6)	1.4 (10.5)	7.9 (38.8)	2.4 (30.3)
参加抵制行动	3.2 (21.7)	3.8 (36.3)	4.2 (10.9)	2.4 (12.0)	6.7 (41.9)	10.0 (34.1)

续表

	上海	广州	郑州	长春	昆明	兰州
参与游行	2.6 (14.8)	4.2 (33.3)	2.1 (9.5)	0.9 (9.7)	4.2 (32.5)	5.7 (5.7)
上访	4.6 (19.2)	2.1 (33.5)	1.3 (5.9)	0.5 (7.2)	3.6 (35.6)	2.4 (24.2)
网上行动(跟帖、发帖)	16.8 (26.7)	20.8 (42.2)	17.3 (21.1)	18.5 (26.4)	23.2 (45.3)	15.6 (29.9)

注：表中数字为受访者实际参与该项活动的百分比，括号内数字为受访者对该项活动的参与意愿。

（二）社会排斥不同程度存在，对特殊群体的歧视比较明显

在社会排斥方面，出于各种原因遭受歧视的情况时有发生，一些特殊群体的被接受程度很低，本地人和外地人在移民问题上存在明显分歧。数据显示，"社会地位低"是导致居民受到歧视的首要因素，选择此项的比例上海最高，超过 10%；因"身体残疾"和"疾病"受到歧视的比例最低；因"学历"受到歧视的情况相对也比较明显；上海等地由于"户籍"因素遭受歧视的情况也时有发生（见表 24）。

表 24　受歧视因素

单位：%

	上海	广州	郑州	长春	昆明	兰州
社会地位低	10.04	5.93	8.73	5.36	6.38	8.0
身体残疾	1.19	0.79	0.79	2.23	0.57	0.44
出生地	3.46	1.19	2.38	1.34	3.95	4.44
学历	5.5	4.35	2.38	1.34	10.73	7.11
疾病	2.15	0	1.59	0.45	0	0.89
户籍	4.06	1.58	3.97	1.34	5.65	4.0

注：本项测量询问受访者是否因为这些因素遭遇过他人歧视，数据为遭遇过的百分比。

在对某些特殊群体的排斥方面，吸毒者和精神病患者受到排斥的情况最为严重，对穷人和外地劳工/移民的排斥最小，城市间差异不大，唯有长春对外地劳工/移民和穷人的排斥度远高于其他城市（见表 25）。

表25 对一些群体的排斥

单位：%

	上海	广州	郑州	长春	昆明	兰州
吸毒者	94.38	97.63	96.83	96.00	96.63	98.67
外地劳工/移民	31.78	23.32	22.62	63.11	30.34	31.11
同性恋者	79.09	69.57	88.84	91.11	78.65	80.44
有犯罪记录者	85.3	80.24	92.06	96.00	83.71	82.67
精神病患者	92.83	95.26	94.84	96.89	96.07	92.89
性工作者	87.22	86.96	93.65	94.67	88.76	92.00
穷人	10.87	7.14	11.9	31.56	6.74	2.67

注：本项测量为询问受访者是否愿意接受这些群体的人作邻居，表中数字为不接受的百分比。

在对移民的接受程度方面，本市户籍人口和外地户籍人口对外来人员有不同的看法。从六城市数据看，外地户籍居民更同意"本地人总是排斥外地人"，而本地居民则更同意"外地人多会给本地治安带来问题"，这种情况在外来人口较多的上海和广州更为明显。不过，在当地方言对融入的重要性上，本地人和外地人的看法相对一致（见表26）。

表26 对移民问题的看法

单位：分

	上海		广州		郑州		长春		昆明		兰州	
	本地	外地	本地	外地	本地	外地	本地	外地	本地	外地	本地	外地
本地人总是排斥外地人	2.84	3.35	2.79	3.09	2.34	2.92	2.55	2.68	2.62	2.84	2.47	3.09
外地人多会给本地治安带来问题	3.46	2.84	3.75	3.02	2.74	2.53	2.92	2.65	3.48	2.80	3.41	2.91
不懂当地方言，很难与当地人建立融洽的关系	3.41	3.19	3.37	3.25	3.14	3.13	3.64	3.75	3.17	3.14	3.03	3.03

注：表中数据为基于5级量表的得分，分值越高表示认同度越高，5分为完全同意，1分为完全不同意。

（三）人们与亲属和朋友的互助较为普遍，部分居民有孤独感

在社会支持方面，从人们与亲属和朋友保持联系的整体情况看，兰州居民与朋友、亲属的联系频率最低，昆明相对较高。在亲属、朋友和同事三者的联系频率方面，人们与亲属的联系频率最高，朋友次之，同事最低（见表27）。

表 27 与亲属、朋友和同事（非工作事务联系）的联系程度

单位：分

	上海	广州	郑州	长春	昆明	兰州
亲属	2.86	3.00	2.91	3.23	3.18	2.78
朋友	2.45	2.66	2.50	2.57	2.59	2.66
同事	1.98	2.11	2.30	1.78	2.26	2.32

注：表中数据为基于 5 级量表的得分，分值越高表示联系越紧密。

从居民与亲戚的互动情况看，约 40% 的居民经常得到来自亲戚的帮助，上海、长春该比例最低，昆明最高；居民和亲戚有金钱上的互相帮助的情况较为普遍，长春该比例最低，不到 40%，兰州则高达 66.22%；郑州和昆明有近 20% 的居民家庭中有干亲，而上海和长春仅为 12% 左右（见表 28）。

表 28 居民与亲戚互动情况

单位：%

	上海	广州	郑州	长春	昆明	兰州
经常得到来自亲戚的帮助	32.50	41.67	40.08	32.59	46.89	40.89
和亲戚有金钱上的互相帮助	44.68	48.62	54.37	39.29	53.67	66.22
家庭中有人有干亲	12.78	15.48	19.84	11.16	19.21	11.56

各城市都有部分居民经常感到孤独，兰州最高，近 20%；广州、昆明、郑州、上海的该比例在 15% 左右；长春最低，为 13.45%（见表 29）。

表 29 居民孤独感

单位：%

	上海	广州	郑州	长春	昆明	兰州
经常感到孤独	13.86	18.25	16.27	13.45	18.08	19.56

（四）很多家庭有成员需要长期照顾服务，居民普遍对社会照顾持肯定态度

在社会照顾方面，从老人或残疾人获得照顾服务的人口比例看，10% 左

右的家庭有成员需要长期看护。长春最低，为6.2%；昆明最高，为13.3%（见表30）。

表30　家庭中是否有成员需要长期看护

单位：%

	上海	广州	郑州	长春	昆明	兰州
有	12.0	9.2	8.9	6.2	13.3	8.1
没有	88.0	90.8	91.1	93.8	86.7	91.9

居民对社会照顾持积极肯定态度，95%以上的居民认为应该给残疾人更多的社会照顾；90%左右的居民认为社会组织可以在孩子放学后的照看上发挥作用（见表31）。

表31　对社会照顾的态度

单位：%

	上海	广州	郑州	长春	昆明	兰州
居住区应该有残疾人专用设施/通道	96.4	92.0	97.9	97.6	93.3	97.2
政府应该给予残疾人就业更多的重视	98.3	98.3	100.0	99.5	97.6	99.1
社会组织可以在孩子放学后的照看上发挥作用	93.6	87.4	97.9	92.9	89.6	93.4

四　社会赋权的发展状况

社会赋权指个人的力量和能力在何种程度上通过社会结构发挥出来，社会关系能在何种程度上提高个人的行动能力。在社会赋权领域，用来测量的指标包括言论自由、参与社会组织、权益维护、社会信心等。

（一）大部分居民认为能够自主公开表达个人意见

在言论自由方面，能否自主公开表达意见是测量社会赋权的一个重要指标。从六城市数据看，除兰州外，其余五城市80%以上的居民认为基本能自主公开表达个人意见。郑州该比例最高，为95.64%；兰州最低，为73.78%（见表32）。

表 32　自主公开表达个人意见的程度

单位：%

	上海	广州	郑州	长春	昆明	兰州
完全能自主表达	9.56	6.32	8.33	15.18	9.04	4.89
能自主表达	39.9	49.01	56.75	56.7	38.42	68.00
一般	33.45	32.41	30.56	22.77	39.55	0.89
不能自主表达	15.65	10.67	3.97	4.02	10.17	23.56
完全不能自主表达	1.43	1.58	0.4	1.34	2.82	2.67

（二）绝大多数居民对社会组织持肯定态度

在参与社会组织方面，绝大多数居民认为社会组织对个人增能和社会的治理与服务都具有积极的作用，包括能提高社会成员公民意识、培养社会精英、加强社会成员联系、加强社会治理和改善社会服务。从六城市的数据看，人们更倾向于认为社会组织对加强社会治理、改善社会服务的作用最大（见表 33）。

表 33　社会组织的作用

单位：分

	上海	广州	郑州	长春	昆明	兰州
提高社会成员公民意识	3.56	3.61	3.54	3.77	3.64	3.69
加强社会治理,改善社会服务	3.64	3.64	3.59	3.79	3.62	3.80
培养社会精英	3.31	3.32	3.37	3.44	3.14	3.29
加强社会成员联系	3.62	3.64	3.61	3.74	3.68	3.74

注：表中数据为 5 级量表的得分，分值越高表示作用越大，5 分为非常有帮助。

但在实际生活中，居民参与社会组织的比例极低，仅上海、昆明在 6% 或以上，其余各地居民参与社会组织的比例很低。90% 多的居民没有参与任何社会组织（见表 34）。

表 34　参与社会组织的情况

单位：%

	上海	广州	郑州	长春	昆明	兰州
参与了社会组织	6.0	1.7	5.9	1.9	6.6	1.9
没有参与任何组织	94.0	98.3	94.1	98.1	93.4	98.1

（三）大部分居民在权益受到侵害时会选择积极主动的应对方式

在权益维护方面，寻求法律援助是居民利益受到侵害后的第一选择，长春、广州选择该项的比例在75%以上，其他城市在60%以上；其次是找单位领导/相关部门寻求解决，广州最高，为58.6%。选择消极的维权方式（忍气吞声、发发牢骚）的也大有人在。选择负面的维权方式（直接还击侵害您的人、寻机会发泄愤懑、伺机报复对方）的整体比例不高（见表35）。

表35　权益受到侵害时的行为选择

单位：%

	上海	广州	郑州	长春	昆明	兰州
忍气吞声	17.2	14.3	12.7	16.1	20.6	23.2
发发牢骚	37.5	30.0	31.8	18.5	43.0	32.2
找单位领导/相关部门寻求解决	48.4	58.6	54.2	51.2	54.5	51.2
寻求法律援助	61.9	75.1	67.4	76.3	63.6	66.8
上访	10.9	17.7	5.9	8.1	9.1	6.6
直接还击侵害您的人	7.7	5.1	3.0	4.7	4.2	10.9
寻机会发泄愤懑	3.6	3.4	0.4	1.9	1.8	5.7
伺机报复对方	1.3	2.1	0.4	0.5	1.2	3.3

人们希望发挥业委会、工会等在权益维护方面的作用，数据显示，居民对业委会、工会对权益维护的作用大多持肯定态度（见表36）。

表36　关于权益维护的看法

单位：分

	上海	广州	郑州	长春	昆明	兰州
业委会可以有效维护业主利益	3.43	3.21	3.49	3.64	3.42	3.11
工会对保障职工利益是很重要的	3.56	3.41	3.44	3.60	3.57	3.28

注：表中数据为基于5级量表的得分，分值越高表示认同度越高，5分为完全同意，1分为很不同意。

（四）大多数居民对改善生活较有信心，同时对收入差距和利益冲突表示担忧

在社会信心方面，各地居民对改善生活较有信心。广州、郑州、长春居

民的信心较强，在 85% 左右；上海、昆明、兰州的信心略低，在 75% 以上（见表 37）。

表 37　对改善生活的信心

单位：%

	上海	广州	郑州	长春	昆明	兰州
没有任何信心	3.4	2.5	1.7	1.4	3.6	0.9
信心较弱	18.3	12.7	11.4	11.8	18.8	22.3
一般	28.9	28.7	19.5	18.5	23.6	2.4
信心较强	34.1	43.0	55.1	39.8	35.2	45.0
非常有信心	15.3	13.1	12.3	28.4	18.8	29.4

在收入差距方面，各地居民认为社会收入差距扩大，社会阶层之间的利益冲突会激化；多数受访者认为国家干部、老板是改革开放最主要的获利群体。各地有约 80% 的人认为收入差距扩大了，兰州该比例最高，94.3% 的受访者持这种看法（见表 38）。

表 38　社会收入差距变化

单位：%

	上海	广州	郑州	长春	昆明	兰州
扩大了很多	51.8	42.4	42.6	56.4	34.9	68.2
扩大了一些	30.0	33.6	48.1	31.8	39.8	26.1
差不多	11.0	10.5	4.6	7.6	15.7	0.9
缩小了一些	3.8	7.6	1.3	1.9	1.8	2.8
缩小了很多	0.5	1.7	0.0	0.0	1.8	1.9
说不清	2.9	4.2	3.4	2.4	6.0	0.0

在对阶层利益冲突的看法上，50% 以上的受访者认为冲突会激化，郑州、上海、广州、兰州选择会激化的比例在 60% 以上；长春该比例最低，为 50.2%。此外，兰州有 32.3% 的居民认为冲突不会激化，在六城市中相应比例最高（见表 39）。

在对改革开放获利群体的分析上，多数人认为国家干部、老板是最主要的获利群体；其次是国有、集体企业经营管理者，有技术专长和高学历者；工人被认为在改革开放中获利最少，农民其次（见表 40）。

表39 社会阶层利益冲突激化的可能性

单位：%

	上海	广州	郑州	长春	昆明	兰州
绝对会激化	15.3	12.6	9.3	3.3	7.3	8.1
可能会激化	45.9	50.8	60.8	46.9	44.2	59.2
一般	19.4	20.6	17.3	23.9	32.1	0.5
不太可能激化	18.2	15.1	11.0	21.5	15.2	29.9
绝对不会激化	1.1	0.8	1.7	4.3	1.2	2.4

表40 改革开放获利群体比例

单位：%

	上海	广州	郑州	长春	昆明	兰州
工人	1.9	0.4	1.7	0.9	0.6	1.9
农民	3.6	6.7	1.7	6.6	6.7	8.5
国家干部	48.3	42.9	39.0	37.4	29.7	41.2
国有、集体企业经营管理者	16.3	18.1	11.0	10.0	17.6	10.4
有技术专长和高学历者	9.4	10.5	10.6	11.4	16.4	6.2
老板	20.0	20.6	34.7	33.6	27.3	31.8
其他	0.4	0.8	1.3	0	1.8	0

五 我国城市社会质量现状及其启示

　　研究社会质量理论的目的，是增进社会成员的福祉。它要考察社会如何为个体提供制度性保障以利于人的自主发展。从社会角度看，一个社会，其质量的高低可通过该社会为人的发展所提供的各种社会的、经济的、政治的保障反映出来，这也就是国民福祉；从个人角度看，可通过人在社会中的自我实现程度来反映这点。前者是制度保障问题，后者是人的自我实现问题。

　　我国城市社会质量现状的总体特征是制度保障方面存在不足，从而制约了人们对自我实现的认同；在制度保障中，经济保障较好，社会和政治、经济保障不平衡。上述六城市的调查数据显示，社会质量"硬性"方面的指标存在明显的地区差异。所谓"硬性"方面的指标多指与经济实力联系密切的制度保障领域，例如，社会经济保障领域的一些指标。"软性"方面的指标有两种情况，其一是直接反映经济社会发展程度的指标也存在明显的地区差异，如社会组织参与、社会认同、社会排斥等指标；其二是反映整个社会的、政治的制度保障方面的指标，如信任、言论自由、权益维护、社会信心等地区间差距不明显。这意味着某些社会领域的问题是全局性的，不是单靠地方的努力可以改变的，重要的是要推动全社会范围内的社会政策的改变。十八届三中全会提出的全面改革的设想，将有利于推动社会质量的整体提升。

B.10

2013 年中国城市居民生活
质量指数报告[*]

袁岳 张慧 姜健健[**]

摘 要：

2013 年度调查结果表明，城市居民生活质量在很多方面有所提升，
如物价波动承受力、消费信心指数、反腐败信心度等，居民社会
心态和情绪总体上理性积极，体现出新一届政府的努力成效。贫
富分化、房价、物价成为居民最为关注的社会问题，居民对于养
老问题忧虑程度提高。反腐败和社会稳定受到的关注度提升，社
会道德关注比例上升。从未来预期看，个人对未来竞争力等信心
不足，对国家未来发展和国际地位保持较高信心。

关键词：

总体生活满意度 贫富差距 社会公平

一 城市居民总体生活满意度变化基本平稳

在 5 级量表赋值方法下，2013 年城市居民总体生活满意度分值为 3.49

---

  * 本报告分析的数据来自 2013 年 10～11 月针对北京、上海、广州、深圳、沈阳、大连、哈尔滨、长
春、杭州、南京、济南、青岛、厦门、成都、重庆、西安、兰州、郑州、武汉、长沙 20 个城市进行
的入户调查，受访者年龄在 18～60 岁。每个城市成功样本量不低于 150 个，共获得 3166 个成功样
本；调查采取多阶段随机抽样方法；数据结果已根据各地实际人口规模进行加权处理，在 95% 置信
度下抽样误差为 ±1.04%。调查样本基本构成情况：男性 48.2%，女性 51.8%；18～30 岁 32.4%，
31～40 岁 25.2%，41～50 岁 24.4%，51～60 岁 18%；小学及以下 2.2%，初中 19.1%，高中/中专/
技校 37%，大专 24.9%，本科及以上 16.4%，另有 0.3% 拒绝回答学历问题。

** 袁岳，零点研究咨询集团董事长，创业管理服务机构飞马旅 CEO，北京大学社会学博士，美
国哈佛大学肯尼迪政府学院 MPA；张慧，零点研究咨询集团指标数据总经理，中科院心理学
博士；姜健健，零点研究咨询集团指标数据副总经理，南开大学社会学硕士。

分，略低于 2011 年和 2012 年的水平。在 2013 年的调查中，近六成（58%）的城市居民对生活表示满意，表示不满意的比例仅为 11.4%。

纵观 2000～2012 年，城市居民总体生活满意度水平以 2008 年为分界点，大致可以分为两个阶段：2000～2007 年满意度水平相对较低，除 2006 年外均徘徊在 3.3 分左右；2008 年以后满意度水平整体略有上升，尤其是近三年来均在 3.5 分左右（见图 1）。

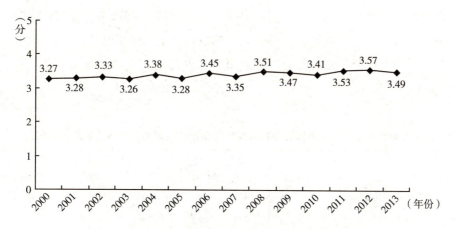

图 1　2000～2013 年城市居民总体生活满意度变化趋势

注：图中数据为基于 5 级量表的得分，5 分表示非常满意，1 分表示非常不满意。
资料来源：零点研究咨询集团历年《中国城市居民生活质量指数报告》。

1. 生活满意度各项指标分值基本稳定，部分宏观层面满意度最高

比较城市居民对生活满意度各项指标的评价分值可以发现，与 2012 年相比，2013 年 17 项指标中职业状况满意度、未来竞争力预期、国家国际地位感、社会治安安全感、未来养老忧虑度（反向指标）等五项指标各自下降了 0.1 分或以上，对于国家经济状况评价的得分则上升了 0.1 分以上，其他指标的变动幅度相对较小。

城市居民对国家经济发展状况、国际地位感等宏观层面的满意度一直保持着较高水平，对国家经济状况的满意程度也有所上升。2013 年，城市居民对政府管理国际事务和经济事务的信心度分别为 4.11 和 4.10，与前几年的调查数据相比较，指标虽然略有波动，但都保持在 4.1 以上。对国家经济状况的满意度较高，而且在逐渐上升，从 2009～2011 年的 3.6～3.65 上升到 2012 年的

3.70，2013 年继续升高到 3.82。

与个人生活、福利、收入等密切相关的微观层面指标的满意度相对平稳。第一，休闲娱乐生活满意度和职业状况满意度在微观层面中处于较高水平。第二，对个人经济状况满意度上升，物价波动承受能力和消费信心指数提高。第三，消费时机认同度上升而个人职业状况满意度下降。消费时机认同的满意度虽比上年略有提升，但依然在 3.0 以下。个人职业状况满意度总体水平尚可，但这一指标近几年一直处于波动状态，2013 年为 3.39。第四，对未来生活有忧虑也有信心，对未来生活和收入较为乐观，但对养老和个人竞争预期较为忧虑，所以需要对养老问题和提升个人发展能力方面予以关注（见表 1）。

表1　2009～2013 年城市居民各项指标得分情况及其对总体生活满意度的影响力

指　　标	2013 年		2012 年		2011 年		2010 年		2009 年	
	相关性	满意度	相关性	满意度	相关性	满意度	相关性	满意度	相关性	满意度
休闲娱乐生活满意度	0.44	3.38	0.47	3.41	0.63	3.44	0.32	3.18	0.39	3.41
职业状况满意度	0.51	3.39↓	0.42	3.52	0.53	3.57	0.38	3.28	0.44	3.58
个人经济状况满意度	0.54	3.28	0.42	3.22	0.63	3.32	0.45	3.21	0.46	3.14
个人社会保障满意度	0.43	3.26	0.28	3.33	0.32	3.52	0.26	3.26	0.31	3.51
国家经济状况评价	0.24	3.82↑	0.21	3.70	0.32	3.60	0.33	3.65	0.45	3.64
物价波动承受力	0.39	3.26	0.22	3.22	0.46	3.17	0.32	3.13	0.40	3.33
消费时机认同度	0.20	2.91	0.21	2.89	0.32	2.93	0.20	2.89	0.28	3.00
消费信心指数	0.45	3.33	0.39	3.27	0.54	3.29	0.41	3.25	0.47	3.26
未来养老忧虑度	-0.19	3.32↓	-0.16	3.42	-0.19	3.57	-0.15	3.25	-0.25	2.83
未来竞争力预期	0.18	3.09↓	0.22	3.38	0.36	3.38	0.23	3.34	0.24	3.20
未来收入乐观度	0.22	3.55	—	—	0.37	3.75	0.28	3.50	0.28	3.32
未来生活乐观度	0.28	3.61	0.25	3.68	0.40	3.55	0.20	3.37	0.30	3.29
国家国际地位感	0.14	3.64↓	0.20	3.75	0.24	3.73	0.20	3.78	0.21	3.88
社会治安全感	0.29	3.45↓	0.23	3.57	0.33	3.60	0.21	3.60	0.24	3.62
政府管理经济事务信心度	0.12	4.10	0.13	4.25	0.20	4.11	0.11	4.17	0.17	4.23
政府管理国际事务信心度	0.10	4.11	0.06	4.19	0.11	4.18	0.11	4.29	0.17	4.36
政府管理社会事务信心度	0.20	3.68	0.17	3.72	0.31	3.80	0.10	3.63	0.24	3.85

注：表中数据为基于 5 级量表的得分。对于养老忧虑指标，分值越高表示忧虑程度越高，对于其他指标，分值越高表示满意度或信心度越高；表中影响力数据为各指标与总体生活满意度之间的相关系数。

资料来源：零点研究咨询集团历年《中国城市居民生活质量指数报告》。

2. 居民社会心态和社会情绪总体理性积极

城市居民的情绪状况是其生活满意度的直接体现。调查显示，在最近一年，正面情绪仍然是民众最经常出现的情绪，其中出现最多的前三位分别是：乐观（28.7%）、平静（28.3%）和轻松（22.8%），三者的比例都超过了两成。但仍有相当部分的公众最近一年出现了负面情绪，其中前三位依次是：焦虑（13.9%）、无聊（12.5%）和无助（12.4%）。

进一步分析发现，有近1/4的城市居民只提及了负面情绪（22.5%），还有近1/4（22.3%）同时提及了正面和负面情绪。也就是说，负面情绪已经影响了近半数的城市居民（见表2）。

表2　城市居民表示在最近一年最经常出现的情绪

单位：%

正面情绪		负面情绪	
乐　观	28.7	焦　虑	13.9
平　静	28.3	无　聊	12.5
轻　松	22.8	无　助	12.4
快　乐	18.7	迷　茫	11.3
镇　定	17.8	失　望	11.1
幸　福	16.5	低　落	8.9
满怀希望	14.4	倦　怠	7.1
豁　达	13.7	悲　观	7.1
感　激	8.7	愤　怒	4.6
欣　慰	8.5	惊　慌	2.8
总提及率	178.2	总提及率	91.7

注：此题为限选三项题，应答比例之和大于100%。
资料来源：零点研究咨询集团2013年《中国城市居民生活质量指数报告》。

二　贫富分化、房价、物价是城市居民最为
关注的社会问题

根据对城市居民最关注社会问题的历年调查数据，大致可以划分三个阶段：2000~2006年，就业和社会保障一直是居民最为关注的社会问题，而从2007年开始它被物价、房价问题取代，并连续保持了6年。在这6年间，贫

富分化中所体现的社会公平正义问题受关注度开始逐年上升，并在2013年取代物价、房价问题成为最受关注的社会问题。

2013年前5位最受关注的社会问题中，贫富分化、反腐败、社会稳定等与社会公平正义紧密相关的问题占据了最大比重。

（1）贫富分化问题最受城市居民关注。2007~2011年，贫富分化在社会问题中的关注排名处于第7~8位，2012年直接跃升到第3位，2013年其关注度升至首位，关注率达到38.6%。

（2）房价问题的关注程度已经连续4年排在第2位，2013年其关注率为35.6%；排在第3位的物价问题依旧为城市居民所关注，但关注程度略有下降。

（3）反腐败和社会稳定的受关注程度提升。2007~2011年，反腐败问题的关注比例在10%~17%，在十大关注问题中排在第7~9位。2012年依然排在第7位，但关注率上升到19.5%。2013年，这一比例提高到23.1%，排在了第4位。社会稳定的关注度排名与2012年基本相同，排在第5位。

（4）2012年开始入榜的社会道德问题2013年再度进入前10位，居民表示关注社会道德的比例大幅增长。

（5）社会保障的关注度降低。随着政府对于社会保障工作的推进，社会保障向城乡全覆盖迈进，保障水平也在不断提高。社会保障作为一个社会问题受到关注的程度也逐年降低，从2007年和2008年的排名第4位降低到2010年的第5位，2012年降到第8位，2013年在十大关注问题中居末位。这也从侧面反映了社会保障问题在一定程度上得到了缓解（见表3）。

表3　2006~2013年城市居民关注的社会问题比较

单位：%

2013年		2012年		2011年		2010年		2009年		2008年		2007年	
贫富分化	38.6	物价	43.4	物价	61.1	物价	48.6	房价	33.9	物价	70.4	物价	67.6
房价	35.6	房价	36.1	房价	54.4	房价	39.1	医疗	32.5	食品药品安全	33.6	房价	28.6
物价	35.1	贫富分化	31.6	食品药品安全	23.1	医疗	37.5	就业	29.3	房价	29.5	医疗	24.1
反腐败	23.1	食品药品安全	28.8	就业	22.7	就业	28.2	物价	23.3	社会保障	24.4	社会保障	20.9

续表

2013 年		2012 年		2011 年		2010 年		2009 年		2008 年		2007 年	
社会稳定	22.1	社会稳定	22.2	医疗	16.3	社会保障	25	社会保障	22.8	就业	22.1	食品药品安全	20.6
就业	20.5	就业	20.1	社会保障	15.3	食品药品安全	18.9	反腐败	17.6	医疗	16.8	就业	17.4
食品药品安全	17.8	反腐败	19.5	反腐败	14.5	贫富分化	13.9	食品药品安全	16.7	反腐败	11.9	贫富分化	17.3
医疗	17.8	社会保障	14.2	贫富分化	13.5	教育改革	11.2	贫富分化	15.3	贫富分化	11.5	反腐败	16.8
社会道德	15.7	领土纷争	9.8	社会稳定	13.1	反腐败	10.0	教育改革	11.5	环境保护	10.4	奥运会	14.8
社会保障	12	社会道德	8.8	教育改革	9.5	经济危机	6.3	社会治安	11.4	老龄化	8.2	教育改革	10.7

注：表中数据为关注率，根据关注程度使用限选三项的答法计算得出，表中仅列出关注度排名前 10 位的问题。

资料来源：零点研究咨询集团历年《中国城市居民生活质量指数报告》。

三 城市居民的社会阶层主观认同与未来发展信心

1. 城市居民的社会阶层主观认同

为了解居民对于所属社会阶层的主观认同情况，我们对这一问题进行了调查。调查显示，如果将居民划分为上层、中上层、中层、中下层、下层 5 个阶层，城市居民中有 39.6% 认为自己是中下层，21.2% 认为自己是下层，两者相加比例达 60.8%。认为自己是中层和中上层的比例分别为 34.2% 和 4.3%。在认为自己属于下层的公众中，有 86.5% 同时表示自己父母也是下层；在认为自己是中下层的公众中，有 68.3% 认为自己父母也是中下层。

在自认为属于中上层的居民中，有 63% 的居民高于其所认同的父母阶层，认为自己实现了阶层的向上流动。对这部分人的属性分析发现：他们的平均年龄是 38 岁，有 53.1% 是大专以上学历，40% 是企事业单位的中高层管理者或是律师、会计师、文艺界人士、记者等自由职业者，大部分是通过读大学、经商实现了社会地位的提升（见图 2）。

2. 对未来社会地位上升较有信心

城市居民中有 47% 认为未来自己的社会地位会实现向上流动。向上流动的跨度普遍表现为 1 个阶层，表示实现 2 个以上阶层提升的比例很低。其中，

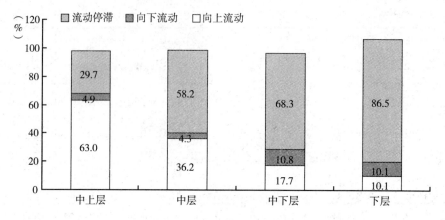

图2　与父母所属阶层相比，不同阶层的代际变化情况

说明：图中数据通过对比受访者自己所处社会阶层与父母所处社会阶层得出。在5个社会阶层中，如果受访者自我认定社会阶层高于父母社会阶层，则被定义为实现了向上流动；如果受访者社会阶层低于父母社会阶层，则被定义为出现了向下流动；如果两者相同，定义为阶层流动停滞。我们只考虑流动的方向，并不考虑流动时的阶层跨度大小。

资料来源：零点研究咨询集团2013年《中国城市居民生活质量指数报告》。

对阶层向上提升最有信心的是中下层民众，55.2%认为自己会提升到上一阶层或更高。下层民众对自己的社会地位提升信心较小，大部分认为自己不会实现向上流动，该比例达到了52.5%，而认为会实现向上流动的比例仅为40.2%（见图3）。

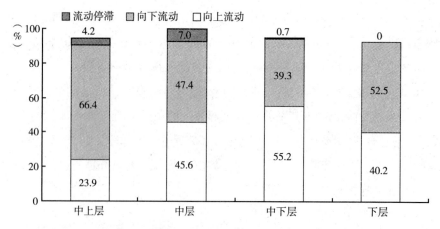

图3　与当前所属阶层相比，不同阶层认为未来的阶层变动情况

资料来源：零点研究咨询集团，2013年《中国城市居民生活质量指数报告》。

3. 人脉与社会资源对个人提升起很大作用

从整体来说，城市居民对在中国通过个人努力实现社会地位提升的可能的看法出现了明显的分化现象，认为可能性大和可能性小的比例相当，分别为36.6% 和36.2%。我们将这一数据与韩国的社会状况作了对比。根据韩国现代经济研究院发表的《强化阶层上升渠道报告》：在韩国，民众认为"通过个人努力实现社会地位提升可能小"的比例高达75.2%，中国的数据仅约为其1/2。当然对于下层民众来说，认为在中国通过个人努力实现社会阶层提升可能性小的比例在半数左右。

这种现象的出现，与当前社会上权力资源滥用、权力财富继承等现象直接相关。调查显示，民众认为在中国人脉/社会关系（16.8%）、权力/地位（15.6%）是决定一个人成败最重要的因素。只有7.5% 的人坚持认为个人努力是决定成功的最主要因素，但这一比例还不及机遇（12.6%）、运气（7.7%）和命运（7.7%）等不确定性因素。而且这种心态已经蔓延到了下一代身上。根据零点研究咨询集团分别于2011 年和2013 年对一二线、三四线城市青年的调查，青年人同样最看重人脉/社会关系、机遇等因素而忽视个人努力（见图4）。

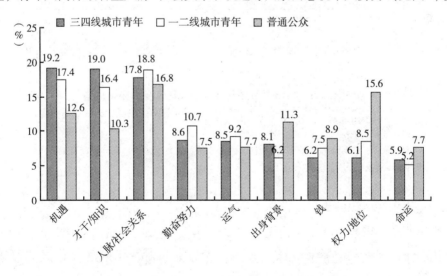

图4 在中国，一个人取得成功最主要的因素

资料来源：零点研究咨询集团2011 年《一二线城市青年生活方式与价值观调查》，2013 年《三四线城市青年生活方式与价值观调查》，2013 年《中国城市居民生活质量指数报告》。

四　物价问题持续受到关注

1. 物价波动承受力和消费信心指数略有提升

2012～2013 年，CPI 连续两年下降，城市公众的物价承受力也相应出现了上升势头，由 2012 年的 3.22 分升至 3.26 分，而且连续两年得分超过了 3.2 分。而纵观 2006～2011 年，除了在 2006 年和 2009 年 CPI 处于低点时，物价承受力达到了 3.3 分以上，在其他年度，物价承受力水平都在 3.2 分以下（见图 5）。

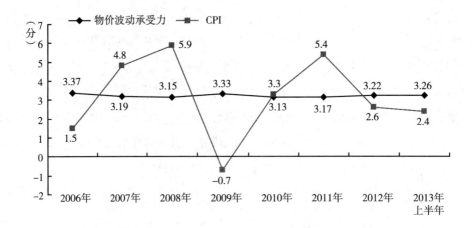

图 5　2006～2013 年城市居民物价波动承受力变化趋势

注：图中物价波动承受力数据为基于 5 级量表得分，分值越高承受力越强，5 分表示完全可以承受，1 分表示完全不能承受。

资料来源：CPI 数据来自国家统计局，物价波动承受力数据来自零点研究咨询集团历年《中国城市居民生活质量指数报告》。

与之相对应，城市居民消费信心指数也出现了上升，到了 3.33 分，而上一次消费信心指数超过 3.3 分还是在 2006 年。在构成消费信心指数的三项因素中，2013 年国家经济判断冲到了 2004 年以来的顶峰（3.82 分），对个人的经济判断则是自 2004 年以来的第三高值，仅次于 2006 年和 2011 年（见表 4）。进一步调查发现，2013 年城市公众中 46.8% 的家庭表示有所结余，40.1% 表示收支相当，只有 12.1% 表示入不敷出，可以说经济状况整体良好。

表 4　城市居民消费信心指数历年比较

	个人经济判断	消费时机认同度	国家经济判断	消费信心指数
2004 年	3.10	2.69	3.59	3.13
2005 年	3.10	2.78	3.66	3.15
2006 年	3.34	3.05	3.62	3.31
2007 年	3.15	2.99	3.67	3.27
2008 年 9 月	3.16	2.95	3.55	3.22
2008 年 12 月	3.08	2.54	3.36	3.00
2009 年 10 月	3.14	3.00	3.64	3.26
2010 年 10 月	3.21	2.89	3.65	3.25
2011 年 11 月	3.32	2.93	3.60	3.29
2012 年 10 月	3.22	2.89	3.70	3.27
2013 年 10 月	3.28	2.91	3.82	3.33

注：消费信心指数通过个人经济判断、国家经济判断和消费时机认同度三项指标来反映。

资料来源：2008 年 12 月份的数据来源于零点研究咨询集团 2008 年 12 月份完成的《城市居民 2009 年生活预测报告》；其他数据来源为零点研究咨询集团历年《中国城市居民生活质量指数报告》。

2. 对未来物价变动整体看涨

同期调查显示，77.7% 的社会公众认为目前的通货膨胀现象比较或非常严重，同时对于 2014 年的物价水平，35.5% 认为会有大幅上涨，48.3% 认为会平稳上涨但涨幅不大。两者相加，看涨比例达到了 83.8%。其中，北京、上海、广州、深圳 4 个一线城市，以及沈阳、哈尔滨、济南、兰州等 8 个城市表示看涨的比例超过了九成。

3. 物价上涨造成的经济压力感上升

尽管物价承受力和消费信心指数都出现上升势头，但是城市居民的消费能力还是有限。在我们列举的 12 项生活开支中：对于住房、汽车等大件产品，各有六成以上的公众表示无法承受其价格，认为都完全可以承受的比例低于一成。与住房、汽车相似的还有医疗服务，有 36.5% 认为无法承受，47.4% 认为勉强可以承受。即使对于基本生活用品，也只有不到五成的人认为完全可以承受，仍然有 53.6% 的人认为勉强可以承受（见图 6）。

与之相对应，近六成城市居民表示经济压力比较或非常大（59.5%），认为经济压力小的比例仅有 16.3%。而且不同收入阶层都表现出了基本一致的

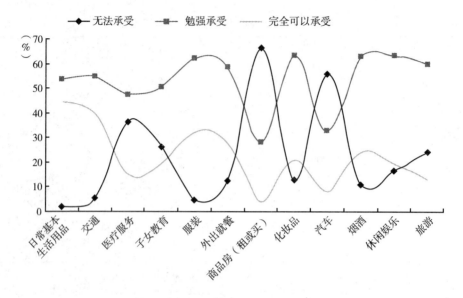

图6　城市居民对各项消费品的承受力

资料来源：零点研究咨询集团2013年《中国城市居民生活质量指数报告》。

经济压力感。与2012年相比，城市居民的经济压力感出现了上升势头，2012年时表示经济压力大的比例仅有51.3%，比2013年低8.2个百分点。

我们对城市居民的经济压力临界值进行了测算。调查显示：参与调查的20个城市中居民认为家庭月均收入达到10800元，就基本没有经济压力；家庭月均收入达到22200元就达到富裕水平；家庭月均收入低于3600元，就落入贫穷水平（见表5）。

表5　20个城市居民认为没有经济压力、达到富裕水平、落入贫穷水平的家庭月均收入临界值

单位：元

	没有经济压力	达到富裕水平	落入贫穷水平
北　　京	11700	25300	4100
上　　海	11700	22900	3800
广　　州	15000	34800	3500
深　　圳	25500	43900	9500
沈　　阳	7400	13000	3400

续表

	没有经济压力	达到富裕水平	落入贫穷水平
大　连	13300	31200	5500
哈尔滨	7600	14600	3600
长　春	7900	15000	3000
杭　州	15900	32400	4700
南　京	8400	15500	2800
济　南	8600	15500	3600
青　岛	12500	29800	3900
厦　门	13600	31800	3300
成　都	11700	27700	3000
重　庆	7500	15700	2900
西　安	9400	19900	3100
兰　州	8600	15800	3200
郑　州	8600	18300	2700
武　汉	13000	24500	3700
长　沙	8600	16600	4100
总体均值	10800	22200	3600

注：此题为开放题，表中数据保留到百位数。
资料来源：零点研究咨询集团 2013 年《中国城市居民生活质量指数报告》。

五　养老与相关问题

随着家庭结构的变迁和家庭人口规模的缩小，传统的养儿防老模式受到挑战，而人口流动水平和老龄化程度的提高使这一问题变得更加复杂，因此人们对于养老的预期产生不同程度的担忧。

1. 养老忧虑度虽有所下降，但仍处在较高水平上

2010 年是城市居民养老忧虑度的一个转折点。在此之前的养老忧虑度都在 3 分以下（2006 年例外），而从 2010 年开始，养老忧虑度直接升至 3.2 分以上，并连续 4 年保持了这一水平。但 2012 年和 2013 年，养老忧虑度连续两年都有所下降（见图 7）。

尽管如此，2013年城市居民的养老忧虑度仍处在较高水平上，分别有53.7%和50%的居民表示忧虑养老照料和养老费用问题，而在2006年，两者的相应比例分别仅为39.6%和38.9%。特别是养老费用问题，对于未来的养老金水平，仅有3.9%表示会有富余，35.2%表示会有缺口，51%表示会勉强够用。低收入者面临的问题更严重，有51.8%表示养老金会有缺口。

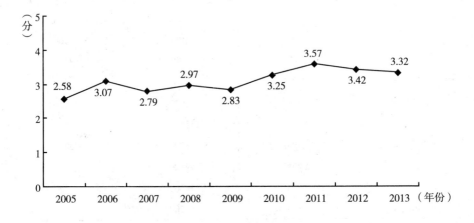

图7　2005～2013年城市居民养老忧虑度

注：图中数据为基于5级量表的得分，分值越高表示忧虑程度越高。
资料来源：零点研究咨询集团历年《中国城市居民生活质量指数报告》。

2. 公众对于"倒按揭"养老模式支持率低

针对养老金缺口问题，2013年9月，国务院提出开展"老年人住房反向抵押养老保险"试点。"老年人住房反向抵押养老保险"，又称"倒按揭"，是指老年人将自己名下的房屋产权抵押给银行、保险公司等金融机构，后者在综合评估借款人年龄、生命期望值、房产现值等因素后，每月给房主发放固定资金。房主继续获得居住权，直到去世。这意味着，"养老金"的筹集渠道有望拓宽，不再仅限于"存款"和"退休金"。

但调查显示：城市居民只有28.6%表示支持这一政策，明确表示不支持的比例高达55%，这一比例接近支持率的两倍。相对来说，拥有2套及以上房产的受访者，对这一政策的支持率更高一些，达到了39.6%，但仍低于不支持者的比例（43.8%）。

其实"倒按揭"养老模式最近几年在我国多个城市已经进行了试点，但试点普遍不成功。我们进行了原因分析。可以说，导致"倒按揭"试点不成功的最大原因是城市居民的房产心态：60%的城市居民认为"房子应该留给儿女"。还有 20.5%的表示接受不了一生做房奴的事实。相对来说，"倒按揭"过程中的利益、规范等问题并不是根本症结（见图8）。

根据同期调查结果，在公众最能接受的以房养老模式中，排在首位的是"谁养老谁继承房屋"，比例达到了 41.3%。其次是将房屋出租出售、以大换小等，倒按揭排在最后一位（8%）。这也在一定程度上验证了前面的原因分析。

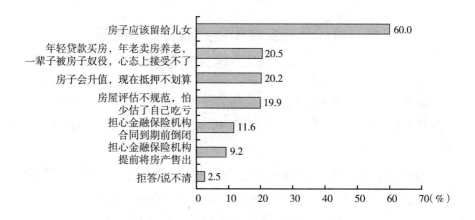

图8　城市居民不接受"倒按揭"以房养老模式的原因

注：此题为限选两项题，应答比例之和大于100%。
资料来源：零点研究咨询集团2013年《中国城市居民生活质量指数报告》。

3. 养老靠政府还是靠子女，城市之间争议较大

对于养老的责任归属，调查显示，42%的城市居民认为政府是居民养老最应该依靠的对象，其次才是子女或其他晚辈（31.6%）（见图9）。但不同城市居民的观念有较大差别。以北京、深圳为首的 8 个城市认为子女或其他晚辈是养老最大的依靠对象，以上海、广州为首的 12 个城市则认为养老最大的依靠对象是政府。

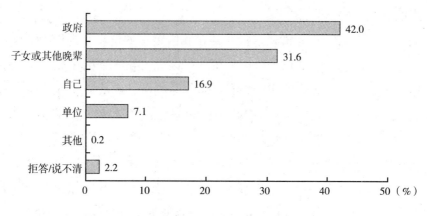

图9 城市居民认为养老最应该靠谁?

资料来源: 零点研究咨询集团, 2013 年《中国城市居民生活质量指数报告》。

六 食品药品安全和社会治安安全问题
影响城市居民安全感

根据 2011～2012 年对城市公众安全感的调查, 食品药品安全和社会治安安全问题连续两年排在了最不安全问题的前两位。2013 年我们对这两类安全问题做了进一步分析。

1. 食品安全状况有所改善但问题依然严重, 居民对转基因食品接受度低

调查显示, 城市居民中有 77.8％认为我国目前的食品安全状况比较或非常差。尽管 2013 年国家多个部门发布了多项食品行业新政策、新法规, 但只有 52.3％的居民表示食品安全有些改善, 仍有 39.1％表示食品安全状况没有变化。而且对于未来我国的食品安全状况, 40.2％认为不会有好转, 还有 14.5％认为会越来越严重。对于食品安全问题的担心, 使得城市居民采取应对策略, 有 56.4％的城市居民表示会因为食品安全问题选择购买国外食品, 高收入者的这一比例更是达到了 70％。

在城市居民的心目中, 最不安全的食品种类是食用油 (53.5％)、乳制品 (47.3％)、肉及肉制品 (44.1％) 和粮食加工品 (43.4％)。农药/药物残留超标 (60.8％) 和添加剂使用违规 (57.2％) 成为城市居民最担心的食品安全问题 (见表6)。

表6　城市居民认为最不安全的食品种类及最担心的食品安全问题

单位：%

最不安全的食品种类		最担心的食品安全问题	
食用油	53.5	农药/药物残留超标	60.8
乳制品	47.3	添加剂使用违规	57.2
肉及肉制品	44.1	非食用原料加工食品	36.1
粮食加工品	43.4	水污染、土壤污染物在食物中积累	25.4
蔬菜、水果	27.4	生产与存储过程中的卫生不合格	24.9
调味品	23.7	食用动植物养殖/种植过程中滥用激素	20.0
蛋及蛋制品	13.3	食品过期变质	18.6
饮料、酒	12.4	转基因食品安全性质疑	16.0
零食	11.1	三无食品(无生产日期/无保质期/无生产地)	13.0
		商品成分标识不明确/虚假	3.2

注：此题为限选三项题，应答比例之和大于100％。

资料来源：零点研究咨询集团2013年《中国城市居民生活质量指数报告》。

对于2013年围绕转基因食品的争论，调查显示：57.5％的城市居民表示不愿意吃转基因食品，表示愿意吃的比例仅有8.4％。其中，有58.8％的城市居民表示食用转基因产品会影响身体健康。但城市居民的转基因辨别意识较弱，在购买产品时，表示会先确认转基因标识和不确认的居民比例基本相当（分别为46.2％、44.7％）。

2. 居民治安安全感相对较高，但担心特殊场所与情境安全

与食品安全问题比较，社会治安的安全度相对较高，有51.6％的城市居民表示社会环境整体是安全的。但在一些特殊的地点、场合或情境下，城市居民的安全度仍然较低。比较2007年和2013年城市居民感到最不安全的场所可以发现：偏僻街道、郊区、火车站地区的入选率连续两次都居前三位，成为真正的"治安死角"（见图10）。

走夜路、陌生人拜访和性侵犯也是城市居民较为担心的社会治安问题。调查显示：分别有1/3的城市居民表示不敢一个人走夜路（32.5％），当一个人在家时害怕陌生人来访（29.6％），其中女性受访者的这两项比例都相对较高，分别为45.8％和41％。家中有18岁以下未成年人的家庭中，39.8％表示担心孩子被性侵犯。其中，最担心的侵犯对象是社会上的陌生人（55.2％），还有23.3％的人最担心的是教师/校长（见图11）。

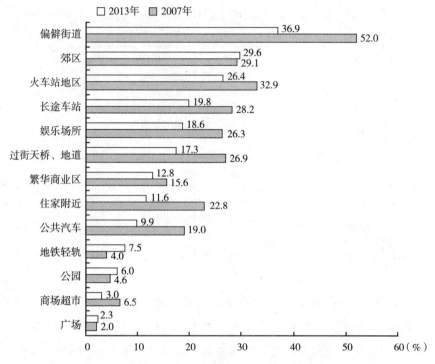

图10　2007年和2013年城市居民感到最不安全的场所

注：此题为多选题，应答比例之和大于100%。
资料来源：零点研究咨询集团，2007年《中国公共服务指数报告》，2013年《中国城市居民生活质量指数报告》。

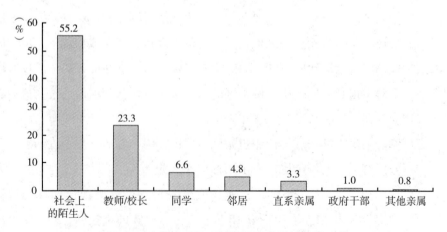

图11　城市居民最担心对孩子实施性侵犯的对象

资料来源：零点研究咨询集团，2013年《中国城市居民生活质量指数报告》。

七 城市交通拥堵对居民生活产生较大影响

城市交通拥堵现象愈发严重，拥堵时间成本和经济成本给居民带来重大损失。在中国城镇化及城市扩张的进程中，交通拥堵是典型的城市病之一。调查显示，83.5% 的城市居民表示所在城市的交通状况比较或非常拥堵。与 2009 年的调查数据相比，表示拥堵的居民比例上升了 16.2 个百分点。

1. 城市交通拥堵时间成本提高

根据本次调查结果，在平时需要外出上班或上学的城市居民中，上班或上学的单程平均里数是 10.4 公里，单程顺畅时平均所需时间是 30.2 分钟，道路拥堵时平均所需时间是 51.2 分钟。也就是说，由于道路拥堵浪费在路上的单程时间是 21 分钟，双程则是 42 分钟。

在参与调查的 20 个城市中，2013 年单程拥堵时间在 20 分钟及以上的有 12 个城市，其中还有 2 个城市的拥堵时间在 30 分钟及以上，分别是大连（34 分钟）和广州（30 分钟），其中大连取代 2007 年时的北京和 2009 年时的武汉，成为新的"首堵"。

2. 城市交通拥堵产生的拥堵经济成本提高

为了更直观地表示道路拥堵造成的损失，我们引入了"拥堵经济成本"这一概念来描述城市居民上下班或上下学时因为道路拥堵而造成的经济损失。"拥堵经济成本"就是居民使用机动工具出行时，由于拥堵而损失时间的货币表达。具体计算方式为：以各地居民的平均个人月收入为基准，乘以由于拥堵而损失在路上的时间。使用这一概念可以用货币标准量化居民在上下班或上下学时由道路拥堵而造成的经济损失，也方便各地居民进行拥堵成本的横向比较。

根据计算，2013 年我国 20 个城市居民的平均拥堵经济成本为 297 元/月，与 2007 年的 168 元/月、2009 年的 220 元/月相比增加较多。如果据此进行计算，城市居民每年由交通拥堵造成的损失巨大。

其中，同处广东的深圳和广州的交通拥堵成本居前两位，分别达到了 896 元/月和 474 元/月，大连和杭州以 471 元/月和 430 元/月紧随其后，北京以

394 元/月的交通拥堵成本位列第五，另外一个交通拥堵成本超过 300 元/月的城市是青岛（369 元/月）。

对于交通拥堵现象，各个城市都在着力进行有效治理。其中一个很大的可能就是制定"交通拥堵费"政策。交通拥堵费本质上是一种交通需求管理的经济手段，由政府管理者在交通拥挤时段对部分区域道路使用者收取一定的费用。新加坡是国际社会首个征收交通拥堵费的国家。调查显示，城市居民对于征收交通拥堵费出现了意见分化，分别有 45.3% 和 34.8% 的城市居民表示支持和反对征收交通拥堵费。但在家庭有车的受访者中，表示支持征收交通拥堵费的比例仅为 37.5%，而反对的比例为 41.1%。

表7　20个城市交通拥堵的时间成本与经济成本

城市	拥堵时间成本（分钟）			拥堵经济成本（元/月）		
	2007 年	2009 年	2013 年	2007 年	2009 年	2013 年
北　京	30	22	27	375	336	394
上　海	22	19	14	228	254	279
广　州	22	20	30	274	266	474
武　汉	17	23	20	143	182	279
成　都	11	10	12	93	91	165
哈尔滨	—	15	22	—	121	242
西　安	11	17	19	69	150	248
深　圳	—	—	26	—	—	896
沈　阳	—	—	22	—	—	262
大　连	—	—	34	—	—	471
长　春	—	—	23	—	—	257
杭　州	—	—	21	—	—	430
南　京	16	—	18	132	—	266
济　南	—	—	11	—	—	143
青　岛	—	—	24	—	—	369
厦　门	—	—	11	—	—	234
重　庆	22	—	20	137	—	205
兰　州	—	—	18	—	—	235
郑　州	—	—	16	—	—	178
长　沙	—	—	21	—	—	256
平　均	20	18	21	168	220	297

注：此题为开放题，表中数据保留到整数。

资料来源：零点研究咨询集团，2013 年《中国城市居民生活质量指数报告》。

八　居民对网络信息的认同程度存在差异

随着网络媒体的发展，公众接受信息的传统模式发生了改变，广播、电视、报纸等传统媒体的地位受到挑战。对网络的信息传播速度与公众对网上信息的信任程度需要认真分析。

我们假设了一种情境："如果发生了一起突发事件，官方没有任何报道，但是网上对此事件的传闻很多，请问您会相信谁？"调查显示，对于网络谣言，城市居民表示相信网络、相信官方及无法判断的比例基本相当，各占1/3左右。

我们继续假设："如果官方出来辟谣，说网上传闻不实，请问您会相信谁？"调查显示，只有48.3%的人表示会相信官方的解释（见表8）。而在第一种情境中已经相信网络传闻是事实的受访者中，只有31.9%的人会相信官方的解释。在起初无法判断的受访者中，只有27%的人选择相信官方，48.5%的人仍然无法作出判断。

表8　城市居民对网络谣言和官方辟谣的态度

单位：%

第一种情境		第二种情境	
相信官方，网上的是谣言	36.0	相信官方的解释	48.3
相信网络，基本是事实，但事实被夸大	26.4	不相信，辟谣是为了稳定民心	22.1
相信网络说的是事实，且没有夸大	8.1	不知道该不该相信	23.8
无所适从，不知道该相信谁	29.5		

资料来源：零点研究咨询集团，2013 年《中国城市居民生活质量指数报告》。

但对于网络上的微博大 V，城市居民基本表现出不信任的态度。有56%的人表示总体上不相信大 V，表示相信的比例仅为18.3%。但高学历者表示相信大 V 的比例几乎是低学历者的两倍（分别为22.1%、11.6%）。城市居民对专家的信任度反而更高一些，表示相信专家和不相信专家的比例相当，分别

为41.1%和36.9%。其中，18~22岁青年对专家的信任度最低，表示不相信专家的比例超过了相信专家的比例（分别为41.9%、33%）。

九 对国家和未来发展的信心

1. 对国家未来发展的信心

纵观2006年以来的调查数据，城市居民始终对国家未来发展保持较高的信心，对国家经济发展和国际地位满意度非常高。在个人未来发展的三个要素中，2013年未来生活提升信心和收入提升信心分别为3.61和3.55，相对较高。个人未来竞争力提升信心则一直处于较低水平，2013年的下降幅度也是最大的。城市居民对于政府管理社会事务的信心度一直低于对其管理经济事务和国际事务的信心度，而且这种差距有逐步扩大的趋势（见表9）。

表9 2006~2013年城市居民对国家未来发展和个人未来发展的信心

单位：分

	2006	2007	2008	2009	2010	2011	2012	2013
个人未来生活提升信心	3.43	3.45	3.36	3.29	3.37	3.55	3.68	3.61
个人未来收入提升信心	3.51	3.45	3.45	3.32	3.50	3.75	—	3.55
个人未来竞争力提升信心	3.38	3.42	3.22	3.20	3.34	3.38	3.38	3.09
国家未来经济发展信心	3.86	4.04	4.15	4.23	4.17	4.11	4.25	4.10
国家未来国际地位发展信心	3.80	4.10	3.91	4.36	4.29	4.18	4.19	4.11
国家未来社会状况发展信心	3.50	3.74	3.65	3.85	3.63	3.80	3.72	3.68

注：表中数据为基于5级量表的得分，5分表示非常有信心，1分表示完全没信心。
资料来源：零点研究咨询集团历年《中国城市居民生活质量指数报告》。

2. 反腐信心增强，就业信心下降

我们重点关注了城市居民对政府管理社会事务的信心度，发现从我们设定的对8个政府社会事务的信心度的变化情况看：①反腐败的信心度增加幅度最大，比2012年增加了0.21分。十八大后中央反腐决心彰显，多位高官连续落马，让居民对反腐败重拾一些信心。②对解决就业问题的信心是下降幅度最大的，2013年大学生就业难等问题的影响由此可见。③在社会公平公正性、贫富分化、社会风气等方面，2013年城市居民的信心度普遍出现了不同程度的增长（见表10）。

表 10   2008～2013 年城市居民各项社会事务管理信心度比较

单位：分

	2008 年	2009 年	2010 年	2011 年	2012 年	2013 年
应对灾难事件	3.94	4.15	4.00	3.90	3.99	3.96
搞好社会治安	3.91	4.05	3.95	3.98	3.95	3.91
改善社会风气	3.73	3.91	3.61	3.79	3.71	3.78
解决就业问题	3.51	3.78	3.61	3.84	3.74	3.68
反腐败	3.45	3.74	3.37	3.64	3.42	3.63
解决贫富分化	3.32	3.53	3.22	3.67	3.49	3.56
提升社会公平公正性	—	—	—	—	3.72	3.77
提升社会稳定性	—	—	—	—	3.84	3.80

注：表中数据为基于 5 级量表的得分，5 分为最高分，表示信心度非常高。
资料来源：零点研究咨询集团历年《中国城市居民生活质量指数报告》。

3. 部分城市居民计划未来一年外出旅游、添置家电、努力工作

尽管城市居民对个人未来发展的信心度相对较低，但调查显示，在未来一年，近八成居民有明确的生活计划，最主要的包括四个方面：①精神消费，如多出去旅游（29.2%）。②耐用产品消费，如添置家电（26.8%）、买车（8.5%）。③工作进步，如换一份工作（15.6%）、读书进修（10.2%）。④改善住房，如改善住房条件或买房（18.4%）等（见图 12）。

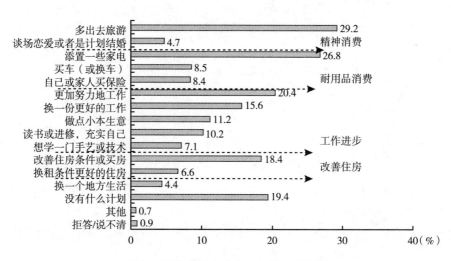

图 12   城市居民在未来一年的生活计划

注：此题为多选题，应答比例之和大于 100%。
资料来源：零点研究咨询集团 2013 年《中国城市居民生活质量指数报告》。

结 束 语

2013 年，新一届政府的努力得到了民众的普遍认同，生活满意度维持在近年来的较高水平，一些与民众切实相关的指标有了改善。但不可否认，生活满意度的整体水平仍然较低，满意度结构也并没有发生根本性改变，民众对于生活质量的若干要求并没有得到有效实现。其实我们本来也不奢求在短期内大幅提升生活满意度，毕竟当前社会发展的复杂性、民众需求的多元化等因素，使得生活质量的重大提升变得愈发困难。但我们可以在很多方面做得更好，在社会政策与制度的建立上打破利益集团的限制，在执行中有更多保障以维护公平公正，做到不掩盖问题、不回避问题。对公平公正的追求将成为未来很长一段时期内政府提升民众生活满意度的重点工作。2013 年十八届三中全会通过了全面深化改革的决定，全会提出的一揽子改革建议就是政府提升民众生活质量的一次深度尝试。

B.11

2012 年中国劳动力状况调查报告

梁 宏*

依据2012 年中山大学 CLDS 调查数据,中国劳动力的平均教育年限达到9 年,但专业技能培训不足,拥有专业技术水平资格证书的人数不多;劳动力的区域流动率超过 15%,存在明显的年龄差异;在全部被调查者中,有过户籍迁移经历的超过 20%,存在明显的性别差异;劳动力以雇员为主,其次是务农、自雇和雇主,不在业人口超过 9%;劳动者的书面合同签约率仅一半,普遍存在工作时间较长现象,工作中权益受损者也占有一定比例;劳动者对收入、工作环境等工作指标的评价较低;谋生仍然是劳动者的第一需求。

关键词:

劳动力素质 不在业人口 流动率 劳动权益保护 劳动观念

中国过去三十年的高速经济增长,既得益于改革开放带来的"制度红利",也得益于劳动力资源丰富且抚养率比较低的"人口红利"。为了全面了解中国劳动力的个人及家庭状况,中山大学社会调查中心于 2012 年 7 月在全国范围内启动了"中国劳动力动态调查"(简称 CLDS),计划每两年进行一次跟踪调查。

CLDS 调查采用的是四阶段不等概率抽样,将中国(不含西藏自治区、海南和港澳台)共 2282 个区县单位作为 PSU(初级抽样单元),并将其划分为 6

---

* 作者单位,中山大学社会学与人类学学院。

大层进行抽样。第一阶段：以区（地级市、省会城市和直辖市的各大城区和郊区）、县（包括县级市）为初级抽样单位（最近几年中国城市扩张迅速，因此，将4个直辖市和各个省会城市辖区分为老城区和新城区，以1994年的资料为基础，该年之前的城区设为老城区，之后成为城区的设为新城区）。第二阶段：以街道、乡镇为二级抽样单位。第三阶段：以居民委员会、村民委员会为三级抽样单位。第四阶段：以家庭住户为最终单位。从6大层中共抽取156个区县单位作为PSU（初级抽样单元），最终抽样结果：共计抽出156个区县（初级抽样单元），404个村居。2012年度执行3/4样本，即共执行了303个村居的调查。在此，本文主要报告劳动力个体的素质、流动及迁移状况、就业状况及从业状态、劳动状态、劳动观念、雇员的劳动状况等，全部结论基于CLDS数据。

一 劳动力素质

（一）基本接受过正式教育，并以中等教育程度为主

根据CLDS调查，2012年中国劳动力中的绝大部分（为97.17%）接受过正式教育，其中，男性劳动力接受过正式教育的比例（为98.44%）略高于女性劳动力（为95.84%），15～29岁低龄劳动力、30～44岁中龄劳动力及45岁及以上高龄劳动力的这一比例分别为98.82%、98.45%、94.14%，可见，随着年龄的增加，劳动力接受过正式教育的比例逐渐下降。从地区分布来看，城市劳动力接受过正式教育的比例（为99.25%）明显高于农村（为96.16%），并且，东部地区的这一比例最高（为98.04%），中部地区次之（为96.89%），西部地区的这一比例相对较低（为96.01%）。①

---

① 基于抽样原因，CLDS调查的东、中、西部的省份划分为：东部为北京市、上海市、江苏省、天津市、辽宁省、浙江省、福建省、山东省、广东省；中部为黑龙江省、吉林省、河北省、河南省、山西省、安徽省、江西省、湖北省、湖南省、广西壮族自治区、重庆市、四川省；西部为内蒙古自治区、贵州省、云南省、陕西省、甘肃省、青海省、宁夏回族自治区、新疆维吾尔自治区。

劳动力的受教育程度以中等教育为主，平均受教育年限仅为 9.76 年。具体来说，从劳动力获得毕业资格的受教育程度看（见表 1），初中毕业者比例最高，其次是小学毕业者，而大学本科毕业者的比例仅为 3.53%。从性别特征来看，女性的平均受教育年限比男性短，女性的受教育程度明显低于男性，这主要是由于女性中小学未毕业者的比例较高，在初中及以上的各种受教育程度中，除中专以外，女性的比例皆低于男性。从年龄特征来看，15～29 岁低龄劳动力的受教育程度较高，他们初中及以上各种受教育程度（除中专和研究生教育）的比例皆高于 30～44 岁和 45 岁及以上劳动力的相应比例；同时，15～29 岁劳动力的平均受教育年限比 30～44 岁中龄劳动力多 1.79 年，比 45 岁及以上高龄劳动力多 3.67 年。

表 1　　劳动力分性别、年龄组的受教育程度构成

单位：%，年

受教育程度	性别			年龄组			合计
	男	女	性别比	15～29 岁	30～44 岁	45 岁及以上	
小学未毕业	7.53	12.74	62.84	1.91	8.28	20.72	10.05
小学	23.72	23.67	106.61	19.24	24.33	27.79	23.70
初中	40.96	39.10	111.42	44.23	42.68	32.73	40.06
高中	13.03	10.52	131.75	16.21	7.84	11.45	11.82
职高/技校	2.25	1.58	151.89	2.53	2.45	0.69	1.92
中专	2.83	3.74	80.51	3.72	4.00	1.99	3.27
大学专科	5.63	5.22	114.78	6.92	6.22	2.98	5.43
大学本科	3.78	3.25	123.71	5.07	3.83	1.54	3.53
研究生	0.26	0.18	151.45	0.16	0.37	0.12	0.22
合　计	100	100	—	100	100	100	100
平均受教育年限	10.08	9.41	—	11.54	9.75	7.87	9.76

　　东、中、西部地区劳动力的受教育程度存在一定差异，东部地区劳动力的受教育程度及平均受教育年限较高，西部地区其次，中部地区劳动力的受教育程度及平均受教育年限最低。具体来说（见表 2），东、中、西部地区大学专科及以上受教育程度的比例分别为 10.40%、7.83%、10.54%，东部地区的平均受教育年限比中、西部地区分别多 0.82 年、0.31 年。同时，东、中、西部地区男性劳动力的受教育程度及平均受教育年限皆高于相应地区内的女性劳动力。

表2　东、中、西部地区劳动力分性别的受教育程度构成

单位：%，年

受教育程度	东部			中部			西部		
	男	女	合计	男	女	合计	男	女	合计
小学未毕业	7.09	11.37	9.12	7.93	13.89	10.85	7.34	12.24	9.75
小　　学	20.88	21.64	21.24	26.05	25.91	25.98	23.30	21.22	22.28
初　　中	39.79	37.07	38.50	41.36	39.36	40.38	42.54	42.86	42.70
高　　中	14.72	13.21	14.01	12.10	9.05	10.60	11.88	9.06	10.50
职高/技校	3.18	2.11	2.68	1.89	1.17	1.54	1.12	1.65	1.38
中　　专	3.36	4.83	4.06	2.75	2.88	2.82	1.79	3.96	2.86
大学专科	6.81	5.73	6.30	4.84	4.81	4.82	5.30	5.38	5.34
大学本科	3.81	3.79	3.80	2.97	2.83	2.90	6.25	3.36	4.83
研　究　生	0.35	0.24	0.30	0.11	0.11	0.11	0.48	0.26	0.37
合　　计	100	100	100	100	100	100	100	100	100
平均受教育年限	10.48	9.88	10.20	9.72	9.03	9.38	10.22	9.54	9.89

不同户籍性质的劳动力的受教育程度的差异尤其明显，非农业户籍劳动力的高中及以上各种受教育程度的比例皆明显高于农业户籍劳动力的相应比例，非农业户籍劳动力的大专及以上受教育程度比例（为25.80%）比农业户籍劳动力高23.16个百分点，非农业户籍劳动力的平均受教育年限比农业户籍劳动力多4.23年。这一特点在东、中、西部地区皆得到体现，具体来说（见表3），无

表3　东、中、西部地区劳动力分户籍性质的受教育程度构成

单位：%，年

受教育程度	东部			中部			西部		
	农业户	非农业户	合计	农业户	非农业户	合计	农业户	非农业户	合计
小学未毕业	11.37	2.89	9.12	14.31	2.20	10.85	12.45	3.79	9.75
小　　学	26.24	7.41	21.24	31.82	11.37	25.98	28.59	8.41	22.28
初　　中	42.05	28.66	38.50	43.68	32.11	40.38	49.48	27.79	42.70
高　　中	11.36	21.32	14.01	6.58	20.66	10.60	5.52	21.45	10.50
职高/技校	1.70	5.38	2.68	0.59	3.90	1.54	0.52	3.28	1.38
中　　专	3.02	6.93	4.06	1.33	6.53	2.82	1.77	5.24	2.86
大学专科	3.35	14.46	6.30	0.92	14.57	4.82	0.84	15.23	5.34
大学本科	0.91	11.82	3.80	0.74	8.30	2.90	0.84	13.62	4.83
研　究　生	0	1.14	0.30	0.01	0.35	0.11	0	1.19	0.37
合　　计	100	100	100	100	100	100	100	100	100
平均受教育年限	9.15	13.09	10.20	8.14	12.50	9.38	8.45	13.02	9.89

论哪个地区，非农业户口劳动力的高中及以上各种受教育程度的比例皆高于地区内农村劳动力的相应比例，东、中、西部农业与非农业户口劳动力的大专及以上受教育程度比例的差异分别为 23.16 个、21.55 个、28.36 个百分点，平均受教育年限的差异分别为 3.94 年、4.36 年、4.57 年。可见，西部地区劳动力受教育程度的户口性质差异最大，而东、中部地区的这一差异相对较小。

（二）参加专业技术培训及曾经获得执业资格的比例不高

2012 年，劳动力在过去两年参加过专业技术培训、曾经获得专业技术资格证书（即执业资格）的比例仅分别为 14.87%、16.88%，其中，男性劳动力的这二个比例（分别为 18.39%、20.93%）明显高于女性劳动力（分别为 11.21%、12.67%）；15～29 岁低龄劳动力、30～44 岁中龄劳动力及 45 岁及以上高龄劳动力在过去两年参加过专业技术培训的比例分别为 19.12%、17.70%、7.71%，曾经获得专业技术资格证书（即执业资格）的比例分别为 17.17%、20.42%、12.86%，并且，25～29 岁劳动力在过去两年参加过专业技术培训及曾经获得专业技术资格证书（即执业资格）的比例都明显高于其他年龄组，即达到峰值；此后，随着年龄的增加，劳动力在过去两年参加过专业技术培训及曾经获得专业技术资格证书（即执业资格）的比例都逐渐下降（见图 1）。可见，中国劳动力教育状况的明显差别不仅存在于正式教育方面，还存在于职业技术培训方面。

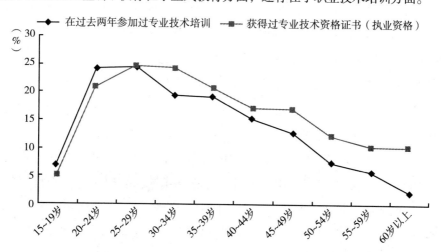

图 1　全国劳动力分年龄组的专业技术培训及曾经获得执业资格的状况

东、中、西部地区劳动力在过去两年参加过专业技术培训及曾经获得专业技术资格证书（即执业资格）的情况也存在一定的差异。具体来说，西部地区劳动力在过去两年参加过专业技术培训的比例最高（18.92%），东部其次（16.11%），中部最低（12.65%）；东部地区劳动力曾经获得专业技术资格证书（即执业资格）的比例最高（19.69%），西部次之（18.55%），中部最低（14.26%），可见，中部地区劳动力的专业技术培训及执业资格的获得状况相对较差。

另外，在曾经获得专业技术资格证书的劳动力中，平均每人拥有 1.53 个资格证，其中拥有 1 个的比例最高（为 68.14%），拥有 2 个资格证的占 20.30%，拥有 3 个资格证的占 6.96%，其余为拥有 4 个或 5 个资格证的人。在他们认为最重要的专业技术资格证书中，普通技工证书被选的比例最高（为 20.70%），其次为语言、教育、出版类证书（为 13.38%），再次为计算机应用及软件类（为 10.94%），统计、会计、税务、审计类，建筑工程、城市规划类，医务、药业类，管理、咨询、商务、市场营销类，经济专业技术、评估、拍卖类，房地产、金融、保险类，高级技工证书的被选比例分别为 8.83%、7.71%、7.51%、5.57%、3.43%、2.79%、2.66%，其他证书及不清楚的被选比例分别为 15.17%、0.37%。

（三）近 1/4 懂得外语，但掌握程度不高

2012 年，近 1/4（为 22.90%）的劳动力懂得外语，他们当中懂得英语的比例最高（为 98.00%）。然而，劳动力对外语的掌握程度并不高，其中，能够运用所懂外语非常熟练地听说读写的比例仅为 2.17%，能比较熟练地听说读写的比例为 22.59%，勉强能够听说读写的比例最高（为 53.43%），很难进行听说读写的比例为 21.82%。

调查结果显示，女性劳动力懂得外语的比例（24.24%）略高于男性劳动力（21.61%），她们能够运用所懂外语非常熟练或比较熟练地听说读写的比例（27.89%）明显高于男性（高 21.38%）。同时，随着年龄的上升，劳动力懂得外语及能够运用所懂外语非常或比较熟练地听说读写的比例不断降低，15～19 岁、20～24 岁、25～29 岁劳动力懂得外语的比例分别高达 79.06%、

43.44%、27.59%，能够运用所懂外语非常或比较熟练地听说读写的比例分别
高达 34.54%、29.91%、20.71%，而 30~44 岁中龄劳动力和 45 岁及以上高
龄劳动力懂得外语的比例仅分别为 15.63% 和 4.61%，能够运用所懂外语非常
熟练或比较熟练地听说读写的比例分别为 10.96% 和 12.52%。另外，东部地
区劳动力懂得外语及能够运用所懂外语非常及比较熟练地听说读写的比例最高
（分别为 22.76%、24.46%），西部地区次之（分别为 21.61%、25.40%），
中部地区的相应比例最低（分别为 19.75%、24.83%）。

二　劳动力的流动与迁移

（一）流动率较高，且以壮年及农业户口劳动力为主

此次调查对不同家庭的主要信息进行了登记，本文从他们的户口所在地
与现居住地在市辖区（县或县级市）的一致性来判断其流动性，即从流出的
视角笼统地考察家庭成员的流动性，进而分析流出劳动力的比例及他们的人
口特征。调查结果显示，2012 年中国劳动力的流动率为 15.95%，与 2010 年
全国第六次人口普查总人口的流动比例（16.53%）相接近。其中，男性劳动
力的流动率为 13.71%，女性劳动力的流动率为 19.20%；45 岁及以上的
高龄劳动力的流动率最高（为 23.34%），30~44 岁的中龄劳动力的流动率
明显较低（为 13.76%），15~29 岁低龄劳动力的流动率更低（为
13.12%）。

流动劳动力的个人特征与全部劳动力有一定的相似性，他们的性别比为
103.67，他们中青壮年劳动力比例较高，其中 20~24 岁、25~29 岁、30~34
岁分别占 12.32%、13.86%、12.11%；流动劳动力以汉族为主（占
94.18%），他们的户口类型以农业户口居多（占 51.39%）；他们的受教育程
度以初中、高中、小学为主（合计占 60.11%），大学本科比例也相对较高
（为 15.13%）；他们的健康状况以非常健康和比较健康为主（合计占
76.69%），健康状况一般的比例也接近 1/5；他们的婚姻状况以初婚有配偶为
主（占 73.09%），从未结婚的比例也高达 22.70%。从就业或就学状态来看，

近一半（为49.69%）的流动劳动力为全职就业，务农和操持家务的比例也相对较高（为12.52%和10.33%），值得注意的是，4.16%的流动劳动力为临时性就业状态，2.3%的流动劳动力失业或下岗，2.25%的流动劳动力从未工作过。

（二）两成以上发生过户口迁移

依据CLDS数据，全国近1/4（为22.54%）的劳动力发生过户口迁移，其中，女性劳动力发生户口迁移的比例（31.81%）远远高于男性（13.60%），各年龄段劳动力发生过户口迁移的比例有一定差异，15～29岁、30～44岁、45岁及以上劳动力的这一比例分别为14.39%、27.94%、25.13%。东、中、西部地区劳动力发生户口迁移的比例差异不大，分别为23.95%、22.01%、20.99%；相对而言，中部地区男、女劳动力发生户口迁移的比例差异最大（相差18.13个百分点），东、西部地区的该比例差异相对较小（分别差13.66个和13.16个百分点）。

（三）一成以上在全日制教育结束后参加工作之前有过流动经历

劳动力在全日制教育结束后且参加工作之前（或尚未参加工作）有流动经历的占有一定比例，此次调查结果显示上述比例为12.80%。其中，男性劳动力具有这种流动经历的比例（为15.79%）明显高于女性（为9.71%）。各年龄组劳动力的这一比例存在一定差异，25～29岁劳动力的这一比例最高（为24.02%），其次为30～34岁、35～39岁、20～24岁、40～44岁（分别为18.65%、17.98%、15.25%、13.20%），45岁及以上和15～19岁劳动力的这一比例仅为7.45%、3.44%。

从地区差异来看，东部地区劳动力在全日制教育结束后且参加工作（或尚未参加工作）之前具有流动经历的比例最高（为13.50%），中、西部地区的这一比例较低且差异不大，分别为12.30%、12.77%；同时，东、中、西部地区男、女劳动力的这一比例分别为16.81%、14.73%、16.64%和9.90%、9.84%、8.87%，可见，西部地区劳动力这一比例的性别差异较大（差7.77个百分点）。

三　劳动力的就业状况

（一）处于务农或全职的就业状态的比例接近六成

本文对 15～64 岁的劳动年龄人口的就业或就学状态进行了汇总，结果显示，家庭成员中的劳动年龄人口以务农和全职就业为主，二者合计接近六成（为 59.37%），而半职就业的比例较低（仅为 2.32%），临时就业的比例也不高（为 6.07%）；同时，操持家务的劳动年龄人口接近一成（为 9.13%），处于就学状态（即上学且无工作）的劳动年龄人口占 8.85%，离退休的劳动年龄人口接近 5%（为 4.59%）；另外，丧失劳动能力的劳动年龄人口占 1.96%，服兵役、休长假或产假、其他状态的劳动年龄人口所占比例较低（分别为 0.07%、0.68%、0.06%）；值得注意的是，有 2.99% 的劳动年龄人口从未工作过，还有 3.91% 的劳动年龄人口处于失业或下岗状态。

劳动年龄人口的就业或就学状态存在一定的性别、年龄组、地区和户口性质的差异（见表 4）。

表 4　全部及不同特征劳动力的就业/就学状况分布

单位：%

就业/就学状态	全部	性别		年龄组			地区			户口性质	
		男	女	15～29 岁	30～44 岁	45 岁及以上	东	中	西	农业	非农业
从未工作	2.99	2.53	3.43	7.48	1.60	1.16	2.84	3.15	2.85	6.16	5.37
全职就业	29.15	36.36	22.24	28.93	41.81	13.91	39.96	22.59	21.96	16.20	34.65
半职就业	2.32	2.95	1.72	1.73	3.25	1.46	2.58	2.27	1.81	1.79	1.43
临时就业	6.07	8.04	4.19	5.81	8.22	3.31	6.15	5.54	7.61	4.52	3.98
务农	30.22	29.50	30.90	10.46	30.29	36.97	18.67	37.50	37.00	33.24	1.47
上学且无工作	8.85	9.15	8.56	32.76	0.13	0.03	8.35	8.44	11.48	18.29	13.87
休长假、产假	0.68	0.44	0.92	1.38	0.62	0.25	0.64	0.77	0.50	0.52	0.45
失业/下岗	3.91	4.35	3.47	3.69	4.08	3.26	4.25	3.89	3.05	1.77	6.57
离退休	4.59	3.49	5.64	0	0.11	16.41	4.90	4.46	4.18	1.39	24.16
操持家务	9.13	0.78	17.14	6.88	8.88	11.42	10.03	8.96	7.32	9.22	5.85
服兵役	0.07	0.12	0.03	0.16	0.04	0.04	0.04	0.06	0.22	0.04	0.10
丧失劳动能力	1.96	2.21	1.72	0.53	0.96	11.76	1.54	2.32	1.89	6.81	2.05
其他	0.06	0.08	0.05	0.18	0.01	0.02	0.05	0.05	0.12	0.06	0.05
合　计	100	100	100	99.99	100	100	100	100	100	100	100

首先，从全职就业及务农的比例来看，男性劳动年龄人口全职就业的比例明显高于女性（高出14.12个百分点），二者务农的比例则相差不多；30~44岁中龄劳动人口全职就业的比例超过四成（为41.81%），而15~29岁低龄劳动人口的这一比例不到三成（为28.93%），45岁及以上劳动年龄人口的这一比例仅为13.91%，但是，45岁及以上劳动年龄人口的务农比例最高（为36.97%），30~44岁中龄劳动人口的这一比例略低（为30.29%），而15~29岁低龄劳动人口的这一比例仅为10.46%；东部地区劳动年龄人口的全职就业比例最高（为39.96%），而中、西部地区劳动年龄人口的这一比例比东部地区分别低17.37个、18.00个百分点，但是，中、西部地区劳动年龄人口的务农比例明显高于东部地区，他们的这一比例分别比东部地区高18.83个和18.33个百分点；非农业户口劳动年龄人口的全职就业比例远远高于农业户口劳动年龄人口的这一比例（高18.45个百分点），而农业户口劳动年龄人口的务农比例比非农业户口劳动年龄人口高数十倍。

其次，从上学且无工作、操持家务及离退休的比例来看，处于就学（即上学且无工作）状态的主要是15~29岁低龄劳动人口（占32.76%），男性劳动年龄人口的这一比例略多于女性，西部地区的这一比例明显高于东、中部地区（分别高3.13个、3.04个百分点），农业户口劳动年龄人口的这一比例明显高于非农业户口劳动年龄人口（高4.42个百分点）；操持家务的劳动年龄人口基本为女性（占17.14%），而男性的这一比例仅为0.78%，随着年龄提高，劳动年龄人口操持家务的比例也不断上升，同时，东部地区劳动年龄人口的这一比例最高，中部地区次之，西部地区的这一比例略低，农业户口劳动年龄人口的这一比例明显较高，比非农业户口劳动年龄人口的这一比例高3.37个百分点；在劳动年龄人口中，处于离退休状态的主要是非农业户口或45岁及以上高龄的劳动年龄人口，且女性劳动年龄人口的这一比例高于男性，东部地区劳动年龄人口的这一比例略高于中、西部地区。

最后，从从未工作、失业或下岗的比例来看，15~29岁低龄劳动年龄人口从未工作的比例高达7.48%，远远高于30~44岁、45岁及以上的中、高龄劳动人口的这一比例，同时，女性劳动年龄人口的这一比例高于男性，农业户口劳动年龄人口的这一比例高于非农业户口劳动年龄人口，中部地区劳动年龄人口的这一比例略高于东、西部地区；男性劳动年龄人口失业或下岗的比例明显高于女性，30~44 岁中龄劳动人口的这一比例略高于 15~29 岁、45 岁及以上的低、高龄劳动人口；相对而言，东部地区劳动年龄人口失业或下岗的比例最高（为 4.25%），中部地区次之（为 3.89%），西部地区劳动年龄人口的这一比例相对较低（为 3.05%），非农业户口劳动年龄人口的失业或下岗比例远远高于农业户口的劳动年龄人口。

值得注意的是，45 岁及以上劳动年龄人口丧失劳动能力的比例（为 11.76%）远远高于低、中龄劳动人口，农业户口劳动年龄人口的这一比例（6.81%）也明显高于非农业户口劳动年龄人口。

（二）不在业人口比例不到 1/10

在上述就业及就学状态中，本文将除去"丧失劳动能力"和"其他"的劳动年龄（15~64 岁）人口近似定义为"经济活动人口"，并近似定义劳动力人口为除去"上学且无工作"、"离退休"、"操持家务"三类人口的经济活动人口，将不在业人口近似定义为劳动力人口中的"从未工作"和"失业下岗"人口。

调查结果显示，中国劳动力人口的不在业人口比例为 9.14%，其中，失业或下岗的比例较高（为 5.18%），从未工作的比例略低（为 3.96%）。其中（见表 5），女性劳动力未工作的比例明显高于男性，且女性从未工作的比例明显高于男性，失业或下岗的比例与男性基本相当；同时，15~29 岁低龄劳动力的不在业人口比例远远高于中、高龄劳动力，其主要原因是 15~29 岁低龄劳动力从未工作的比例遥遥领先（为 12.54%）；西部地区劳动力的不在业人口比例较低（为 7.87%），而东、中部地区劳动力的不在业人口比例相对较高（分别为 9.44%、9.29%），西部地区劳动力的失业或下岗比例较低（仅为 4.07%），而东、中部地区劳动力的失业或下岗比例较高（分别为 5.66%、5.13%），另外，中部地区未工作的比例略高于东、西部地区；非农业户口劳动力的不在业人口比例远远高于农业户口劳动力（高出 11.22 个百分点），这主要是由于非农业户口劳动力的失业或下岗比例（为 12.41%）远远高于农业户口劳动力的这一比例。

表5　全部及不同特征劳动力的不在业状况

单位：%

不在业情况	全部	性别		年龄组			地区			户籍性质	
		男	女	15~29岁	30~44岁	45岁及以上	东	中	西	农业	非农业
从未工作	3.96	3.00	5.13	12.54	1.78	1.54	3.78	4.16	3.80	3.56	5.23
失业/下岗	5.18	5.17	5.19	6.19	4.53	5.25	5.66	5.13	4.07	2.87	12.41
合　计	9.14	8.17	10.32	18.73	6.31	6.79	9.44	9.29	7.87	6.43	17.65

（三）从业状态以雇员为主，其次为务农

对于有工作的劳动力，从业状态①是此次个体劳动力调查的关注点之一。在有工作的劳动力中，雇员的比例接近一半（为46.80%），为最主要的从业状态；其次是务农的从业状态（36.10%），接近四成；而自雇劳动者②、雇主的比例分别占11.80%、5.30%。

不同特征劳动力的从业状态存在明显差异。具体来说（见表6），男性劳动力为雇员、雇主及自雇劳动者的比例明显高于女性，而女性劳动力务农的比例远远高于男性；15~29岁低龄劳动力为雇员的比例最高，为务农的比例最低，而45岁及以上高龄劳动力为雇员的比例最低，为务农的比例则最高，30~44岁中龄劳动力为雇主、自雇劳动者的比例相对较高，或者说，随着年龄的提高，劳动力为雇员的比例逐渐下降，而务农的比例逐渐上升（见图2）；东部地区劳动力为雇员的比例远远高于中、西部地区劳动力，务农的比例则远远低于中、西部地区劳动力，同时，东部劳动力为自雇劳动者的比例略高于中、西部地区劳动力；从户口性质来看，非农业户口劳动力为雇员的比例超过八成（为80.99%），而农业户口劳动力务农的比例接近一半（47.99%），农业户口劳动力为自雇劳动者的比例明显高于非农业户口劳动力的这一比例，而非农业户口劳动力为雇主的比例明显高于农业户口劳动力的相应比例。

---

① 如果目前有多份工作，劳动力的从业状态则指工作时间较长且收入较多的那份工作。

② 自雇劳动者分为自雇体力劳动者与自雇非体力劳动者。其中，自雇体力劳动者是指无雇员而自我雇用的体力工作，如街头散工、钟点工、零散性装修工，自有三轮车个人、街头修鞋、擦鞋者、街头洗车人员、街头卖唱卖艺人员、摩托车、电动车搭客者、拾荒、捡废品人员等；自雇非体力工作者是指无雇员而自我雇用的白领工作，如会计、画家、作家、无雇员的网店营业者等。

表6   不同特征劳动力的从业状态

单位：%

		雇员	雇主	自雇	务农	合计
性别	男	48.99	6.00	13.63	31.38	100
	女	43.61	4.29	9.13	42.98	100
年龄组	15~29 岁	64.87	5.67	10.33	19.12	100
	30~44 岁	49.48	7.42	13.40	29.70	100
	45 岁及以上	31.84	2.42	10.75	54.99	100
地区	东 部	61.40	4.62	13.13	20.85	100
	中 部	37.20	5.70	11.45	45.65	100
	西 部	39.30	5.81	9.51	45.39	100
户籍性质	农 业	38.86	4.82	12.34	47.99	100
	非农业	80.99	6.68	10.26	2.07	100
全国	合 计	46.80	5.30	11.80	36.10	100

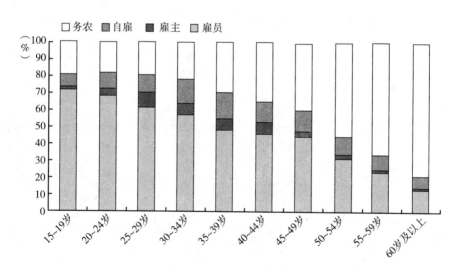

图2   全国劳动力分年龄组的从业状态

四 劳动状态

（一）工作时间普遍较长

此次调查结果显示，六成以上（63.51%）的劳动力每周或上周工作的时间

超过 50 小时，若每周工作 5 天，他们平均每天应工作 10 小时以上，若每周工作 6 天，他们平均每天工作 8 小时以上。同时，七成左右的劳动力一般每月或上个月的工作时间为 28 天以上（分别占 73.62%、68.04%），相当于每月只有 2~3 天的休息时间，超过一半（53.83%）的劳动力上一年的工作时间为 12 个月。

从劳动力的从业状态来看，自雇劳动者一般周（或上周）工作的小时数最多，为 58.68 小时（或 59.25 小时），雇主其次（分别为 54.59 小时或 51.39 小时），雇员和务农者周工作时间相对较短，他们一般周（或上周）工作的平均小时数分别为 51.01 小时（或 47.53 小时）、48.45 小时（或 43.11 小时）；雇主一般月工作的天数最多，为 26.89 天，自雇劳动者为 26.19 天，雇员和务农者的月工作天数相对较少（分别为 24.63 天、24.57 天）；同时，雇主和自雇劳动者去年工作的月数相对较多。

（二）工作场所为室内、室外的比例相当

劳动力的工作场所没有明显差别，以室外与室内为工作场所的劳动力比例分别为 41.46%、45.82%，二者相差不大，工作于室内及室外的比例为 12.72%。

从劳动力的从业状态差异来看，雇主和雇员在室内工作的比例较高，分别为 71.13%、69.44%；自雇劳动者在室内工作的比例略多于一半（51.05%）；务农劳动者在室外工作的比例最高（85.99%），自雇劳动者次之（32.91%）。

五　雇员的劳动状况

在有工作的劳动力中，雇员的比例接近一半（占 46.80%），因此，本文对雇员的劳动状况做全面、细致的描述，其中包括他们的受雇及劳动合同签订情况、工资的计算方式及加班情况、权益保护情况、工作的条件、决定权、参与及互动情况等。

（一）大部分有固定的雇主，但劳动合同签订比例不高

超过八成（为 82.77%）的雇员有固定的雇主；只有 7.20% 的雇员受雇于

家庭或家族企业，换言之，近九成的雇员被家庭或家族以外的企业雇佣。从地区差异来看，东、中部地区雇员有固定雇主的比例（分别为 85.24%、82.40%）明显高于西部地区雇员的这一比例（74.14%），东、中部地区雇员受雇于家庭成员的比例（分别为 7.26%、7.68%）也高于西部地区雇员的这一比例（5.60%）。

雇员劳动合同的签订比例不高。此次调查结果显示，目前，只有不到一半（49.68%）的雇员签订了书面劳动合同，并且，基本上是与工作所在单位签订的流动合同（占 98.17%），只有 1.83% 的雇员是与中介劳务公司签订的劳动合同。从这些雇员的劳动合同类型来看，超过八成（为 81.50%）签订的是固定时段或短期劳动合同，签订永久劳动合同的比例仅为 18.50%；从最近一次劳动合同的签订时间长度来看，签订时长为 1 年以上、3 年及以下劳动合同的比例最高，签订时长为 1 年及以下劳动合同的雇员比例次之，签订时长为 6 年及以上劳动合同的雇员比例最低，仅为 5.22%，具体来说，签订 1 年、2 年、3 年、5 年期劳动合同的比例分别占签订劳动合同雇员的 34.76%、12.75%、32.94%、11.67%；从劳动合同签订的次数来看，超过四成（为 42.50%）的雇员是第一次与本单位签订劳动合同，第二次签订的雇员比例为 23.55%，二者合计将近 2/3，换言之，与本单位签订三次及以上劳动合同的雇员比例仅略多于 1/3。

（二）工资的计算方式以月薪制为主

月薪制工资计算方式在雇员中的比例最高（59.39%），其次为按天计算工资和计件工资（分别为 13.03%、11.20%），计时工资、提成或底薪加提成、绩效工资或底薪加绩效工资、年薪制等工资计算方式的雇员比例都不高，仅分别为 4.19%、4.54%、3.99%、2.13%。

从地区差异来看，东部地区雇员拥有月薪的比例最低（54.83%），而中、西部地区雇员的这一比例相对较高（分别为 6.07%、66.85%）；而东部地区雇员拥有计件、计时工资的比例较高（分别为 14.76%、5.98%），而中、西部地区雇员的二者比例明显较低。

（三）加班较多，但领取加班工资的比例不到一半

从加班及加班的时间、工资来看，有超过 1/3（38.42%）的雇员在被调查时点的上个月加过班；但是，加班雇员中只有不到一半（45.57%）领取了加班工资，加班时间弥补请假时间、领取加班工资且弥补请假时间的比例非常低（分别为 5.44%、2.03%），尤其值得注意的是，接近一半（45.44%）的加班雇员无任何补偿。在加班雇员中，人均上个月的加班时间为 30.42 小时，其中有报酬的加班时间仅略多于一般（人均领取报酬的小时数为 15.82），换言之，在上个月加班的雇员中，人均有 14.62 个小时的加班工作是没有任何报酬的；另外，人均获得的加班工资为 360.05 元。

从地区差异来看，西部地区雇员上个月加班的比例最高（44.90%），东部次之（39.50%），中部最低（34.69%）；在上个月加班的雇员中，东部地区雇员领取加班工资的比例最高（50.03%），中部次之（43.05%），西部最低（35.83%）；同时，东部地区雇员上个月人均加班小时数最多（34.60 小时），西部次之（28.94 小时），中部最低（24.61 小时），但是，西部地区雇员上个月有报酬的人均加班时间（8.85 小时）明显低于中、东部雇员的这一水平（分别为 12.57 小时、19.94 小时），相应地，西部地区雇员的人均加班工资（188.42 元）也明显低于中、东部地区雇员的这一水平（分别为 332.38元、411.71 元）。

（四）权益保护情况仍然存在一定问题

雇员的权益及劳动权益保护同样存在问题。此次调查发现，在过去两年里他们都或多或少地遇到过劳动报酬不合理、拖欠工资、作业环境恶劣、超时加班、工伤等问题（分别占 25.14%、10.82%、16.88%、27.05%、6.45%），相比而言，遇到了超时加班和劳动报酬不合理问题的雇员比例较高，遇到工伤问题的雇员较少。同时，上述问题的解决情况也不尽如人意，未处理的比例很高；解决途径基本以个人与本单位协商为主。具体情况如下。

有高于 1/4 的雇员在过去两年遇到劳动报酬不合理的问题，然而，该问题得到全部解决的雇员比例仅为 14.76%，问题未解决的雇员比例超过 2/3，问题得到部分解决及正在处理中的雇员的比例分别为 15.10%、3.18%。在该问题的解决渠道上，本人与本单位协商解决的比例相对较高（52.17%），集体与本单位协商的次之（29.76%），以其他方式解决的雇员也占有一定比例（18.07%）。

多于 1/10 的雇员在过去两年里遇到过拖欠工资的问题，该问题得到全部解决的雇员比例接近一半（48.04%），但是，该问题未解决的雇员比例也超过三成（31.67%），问题得到部分解决及正在处理中的雇员比例分别为 13.02%、7.28%。在该问题的解决渠道上，本人与本单位协商解决的比例相对较高（60.52%），集体与本单位协商的次之（27.81%），以其他方式解决的雇员比例较低（11.67%）。

有 16.68% 的雇员在过去两年里遇到作业环境恶劣的问题，但该问题得到全部解决的比例仅为 19.26%，未解决的雇员比例接近六成（59.41%），问题得到部分解决及正在处理中的雇员比例分别为 17.62%、3.71%。在该问题的解决渠道上，本人与本单位协商解决的比例相对较高（47.63%），集体与本单位协商的次之（为 36.54%），其他方式解决的雇员也占有一定比例（为 15.82%）。

高于 1/4 的雇员在过去两年里遇到超时加班问题，然而，该问题全部得到解决的雇员比例仅为 27.05%，未解决的雇员比例高达 59.05%，问题得到部分解决及正在处理中的雇员比例分别为 10.95%、2.46%。在该问题的解决渠道上，本人与本单位协商解决的比例相对较高（62.40%），集体与本单位协商的次之（为 26.86%），以其他方式解决的雇员也占有一定比例（10.74%）。

在过去两年里，遇到工伤的雇员比例较低（为 6.45%），该问题全部得到解决的比例超过六成（68.81%），但是，未解决的比例也高达 21.06%，解决途径基本都是个人与本单位协商（为 91.16%）。

（五）工作对雇员的劳动技能有一定要求

调查中，接近六成（59.96%）的雇员反映现在的工作需要专门的培训或训练，同时，为了掌握工作技能需要花费一个月以内时间的占 45.13%，需要花费一个月到一年时间的占 28.94%，需要花费一年以上的占 25.93%。在从

事目前工作的雇员中，有接近1/4（24.63%）的雇员获得过国家职业标准的资格认证；在获得国家职业标准资格认证的雇员中，以初级和中级的职业资格等级为主（占61.41%）。

在工作过程中，18.66%的雇员经常需要从事繁重的体力劳动，30.52%的雇员经常需要频繁地移动位置，36.05%的雇员经常从事需要快速反应的思考或脑力劳动，而工作过程中从不需要达到上述要求的雇员比例分别为37.67%、30.53%、16.30%。

（六）工作单位包吃住的比例不高，设置工会组织的比例较低

雇员的工作单位或企业包吃包住的比例不高，其中，略多于1/4（为26.34%）的雇员的工作单位或企业包吃，略多于三成（为30.39%）的雇员的工作单位或企业包住。相对而言，东部地区雇员工作单位包吃、包住的比例较高（30.39%、16.07%），而中部和西部地区的这二个比例仅分别为19.14%、15.62%和26.34%、15.71%。

从雇员工作单位或企业的工会设置情况来看，工作单位有工会的雇员比例不到四成（为38.21%），在有工会的雇员中，不到2/3（为62.28%）的雇员上一年参加过工会活动，同时，有56.95%的雇员认为工会对自己有帮助。从地区差异来看，中部地区雇员的工作单位或企业有工会的比例最高（43.44%），西部次之（42.59%），而东部地区的这一比例仅为33.26%。

六 劳动观念

（一）对目前工作的评价较高，但在收入、工作环境等方面的评价较低

此次调查从收入、工作安全性、工作环境、工作时间、晋升机会、工作趣味性、工作合作者、工作中能力和技能使用、他人给予工作的尊重、工作中表达意见的机会以及对工作的整体状况等方面对劳动力个体进行了满意度的询问。调查结果显示，在所有方面，劳动者持满意态度的比例皆未超过一半，在

收入、工作趣味性、工作时间、工作环境、晋升机会等方面，劳动者不满意的比例相对较高。

具体来说（见表7），劳动者对工作的整体满意较高，对工作持满意态度（包括非常满意和比较满意）的比例为42.25%，但在对各项具体工作指标的评价中，呈现出明显差异。劳动者对工作安全性、他人给予工作的尊重、工作合作者、工作环境满意的比例相对较高，分别占48.92%、47.28%、43.00%、40.68%，对工作中能力和技能的使用、工作时间、工作中表达意见的机会、工作趣味性、收入、晋升机会满意的比例不高，分别为39.16%、38.70%、30.38%、27.39%、26.85%、9.52%；劳动者对收入不满意（包括非常不满意和不太满意）的比例相对最高，即接近三成的劳动者对收入持不满意态度（29.46%），同时，对工作时间、工作趣味性、工作环境、晋升机会不满意的比例也分别达到18.68%、17.65%、14.33%、12.27%。

表7 劳动力对目前工作状况的评价

单位：%

项 目	非常满意	比较满意	一般	不太满意	非常不满意	不适用	合计
收入	2.89	23.96	41.76	23.48	5.98	1.93	100
工作安全性	7.21	41.71	37.88	8.42	1.17	3.61	100
工作环境	4.67	36.01	41.92	12.30	2.03	3.07	100
工作时间	4.59	34.11	39.53	16.26	2.42	3.09	100
晋升机会	0.92	8.60	24.98	9.82	2.45	53.23	100
工作趣味性	3.47	23.92	45.04	14.32	3.33	9.92	100
工作合作者	7.46	35.54	31.90	3.32	0.58	21.20	100
工作中能力和技能使用	4.99	34.17	44.15	5.66	0.77	10.26	100
他人给予工作的尊重	6.34	40.94	39.48	4.85	0.80	7.59	100
工作中表达意见的机会	4.05	26.33	36.90	6.30	1.25	25.19	100
整体满意度	4.66	37.59	46.94	7.23	1.09	2.49	100

（二）最看重目前工作的谋生价值

工作的价值包括很多方面，此次调查从谋生、让自己心安、认识更多的人、获得尊重、兴趣、充分发挥自己的能力等六方面来考察劳动力对目前工作

价值的评价。调查结果显示,认为目前工作的谋生价值非常重要的比例最高,为34.08%,而认为目前工作具有让自己心安、认识更多的人、获得尊重、兴趣、充分发挥自己能力的价值为非常重要的比例仅分别为10.24%、8.15%、9.72%、6.38%、8.52%。

从目前工作价值重要性的排序来看,劳动力认为目前工作的谋生价值重要的比例(76.54%)最高;让自己心安、获得尊重价值的重要性次之,认为二者重要的比例分别为56.99%、55.27%;充分发挥自己的能力、认识更多的人的重要性再次,认为二者重要的比例分别为47.65%、47.28%;认为目前工作的兴趣价值重要的比例最低,仅为39.03%;同时,他们认为目前工作的谋生、获得尊重、让自己心安价值不重要的比例相对较低,仅分别为5.20%、5.59%、5.69%,认为目前工作认识更多人、兴趣、充分发挥自己能力的价值不重要的比例分别为12.38%、11.64%、8.03%。

六 总结

综上所述,2012年CLDS数据展现出如下特征。

(一)劳动力素质不高,专业技术水平有待提高

虽然绝大部分劳动力(97.17%)接受过正式教育,但受教育程度仍以中等教育为主,平均受教育年限仅为9.76年;在过去两年参加技术培训及曾经获得执业资格的比例不高,仅分别为14.87%、16.88%;虽然有近1/4的劳动力懂得外语(以英文为主),但掌握程度并不高,能够运用所懂外语非常熟练地听说读写的比例仅为2.17%。

(二)劳动力的流迁较为频繁

劳动力的流动率为15.95%,并且,男性劳动力的流动率(13.71%)低于女性(19.20%),45岁及以上的高龄劳动力的流动率最高(为23.34%),30~44岁、15~29岁的中、低龄劳动力的流动率明显较低,仅分别为13.76%、13.12%。流动劳动力中农业户口的比例超过一半(51.39%)。同

时，全国近 1/4（为 22.54%）的劳动力发生过户口迁移，其中，女性劳动力发生户口迁移的比例（31.81%）远远高于男性（13.60%）；在全日制教育结束后且参加工作之前（或尚未参加工作），12.80% 的中国劳动力有流动经历。

（三）劳动力的就业状态以务农及全职就业为主，不在业人口超过 9%

2012 年中国劳动年龄人口中务农和全职就业的比例接近六成（59.37%），半职及临时就业的比例不高（8.39%），同时，操持家务的劳动年龄人口接近一成（为 9.13%），处于就学状态（即上学且无工作）的劳动年龄人口占 8.85%，离退休的劳动年龄人口接近 5%（为 4.59%）。值得注意的是，有 2.99% 的劳动年龄人口从未工作过，还有 3.91% 的劳动年龄人口处于失业或下岗状态。总体而言，劳动年龄人口中不在业人口比例为 9.14%，其中，失业或下岗的比例较高（为 5.18%），从未工作的比例略低（为 3.96%）。另外，在有工作的劳动力中，雇员的比例接近一半（为 46.80%），为最主要的从业状态；其次是务农的从业状态（36.10%），接近四成；而自雇劳动者、雇主的比例分别占 11.80%、5.30%。

（四）劳动力的工作时间普遍较长，工作场所为室内、室外的比例相当

2012 年，六成以上（63.51%）的劳动力每周或上周工作的时间超过 50 小时，七成左右的劳动力一般每月或上个月的工作时间为 28 天以上（分别占 73.62%、68.04%），超过一半（53.83%）的劳动力去年的工作时间为 12 个月。中国劳动力的工作场所没有明显差别，以室外与室内为工作场所的劳动力比例分别为 41.46%、45.82%，二者相差不大，工作于室内及室外的比例为 12.72%。

（五）在有工作的劳动力中，雇员的比例接近一半（占 46.80%）

他们大部分有固定的雇主，但劳动合同签订率不高，目前只有不到一半（49.68%）的雇员签订了书面劳动合同；他们的工资计算方式以月薪制为主；

他们加班较多，但能够领取加班工资的不到一半；工作单位对他们的劳动技能有一定要求，包吃住的比例不高，设置工会组织的比例也很低。在雇员的权益及劳动权益保护方面仍然存在一定问题，在过去两年里都或多或少地遇到过劳动报酬不合理、拖欠工资、作业环境恶劣、超时加班、工伤等问题（分别占25.14%、10.82%、16.88%、27.05%、6.45%），同时，上述问题的解决情况也不尽如人意，未处理的比例很高；解决途径基本以个人与本单位协商为主。

（六）对目前工作的评价较高，但在收入、工作环境等方面的评价较低；他们更看重目前工作的谋生价值

劳动力对工作的整体满意的比例较高（42.52%），对工作安全性、他人给予工作的尊重、工作合作者、工作环境满意的比例也相对较高，对工作中能力和技能的使用、工作时间、工作中表达意见的机会、工作趣味性、收入、晋升机会满意的比例略低。从目前工作价值重要性的排序来看，劳动力认为目前工作的谋生价值重要的比例（76.54%）最高；让自己心安、获得尊重价值的重要性次之，充分发挥自己的能力、认识更多的人的重要性再次，认为目前工作的兴趣价值重要的比例最低。

参考文献

高锦：《中国劳动力市场现状分析》，《国际经济合作》2010 年第 12 期。

刘义姣：《中国劳动力市场结构现状分析》，《企业研究》2011 年第 10 期。

张车伟：《失业率定义的国际比较及中国城镇失业率》，《世界经济》2003 年第 5 期。

原新、黄乾：《中国未来人口发展趋势对劳动就业的挑战》，《经济评论》2000 年第 3 期。

杨宜勇：《我国劳动力市场状况及国际比较》，《经济纵横》2001 年第 1 期。

《中国劳动力市场状况》，中宏网，2001 年 4 月 10 日，http：//www. macrochina. com. cn/gov/hgyx/20010410033738. shtml（中宏网 2001/04/10）。

"最难就业年"的大学
毕业生就业状况

——基于 12 所高校毕业生追踪调查

李春玲*

摘 要:

基于 12 所高校毕业生调查数据的分析表明,应届大学毕业生在被称为"史上最难就业年"的 2013 年的就业状况好于人们的预测。高职院校毕业生达到了很高的就业率,显示了高等职业教育相当成功的市场化转型,普通本科毕业生就业率最低,成为就业上的夹心层;来自农村家庭的普通本科院校毕业生是就业最为困难的群体。女大学毕业生数量持续增长以及找工作的女毕业生超过男毕业生,这一现象应该引起政府就业部门和用工单位的注意。

关键词:

大学生 高校 就业

根据教育部公布的信息,① 2013 年全国普通高校毕业生规模达到 699 万,比 2012 年增加 19 万人,是新中国成立以来大学毕业生最多的一年。而与此同时,中国经济增长速度放缓,导致部分企业和机构缩减招聘新员工人数。在如此宏观背景之下,2013 年初高校毕业生们就感受到极大的就业压力。媒体纷纷声称,今年应届毕业生遭遇"史上最难就业季",大学生就业面临"史上最难就业年"。为了准确估计今年应届毕业生的实际就业状况,中国社会科学院

---

* 李春玲,中国社会科学院社会学研究所研究员。

① 参见教育部网站(http://www.moe.gov.cn/)2012 年 11 月 24 日公布的信息。

社会学研究所"高校在校生与毕业生就业、生活及价值观追踪调查"项目组于 2013 年 6~10 月对 12 所高校 1678 名应届毕业生的就业状况进行问卷调查，了解他们找工作的经历、就业比率和就业状况。①

一 毕业生的流向：就业、创业还是继续求学

（一）约 2/3 的毕业生进入劳动力市场，1/4 毕业生选择继续求学

截至 2013 年 9 月底，12 所高校接受调查的应届本科毕业生中，有 56% 的人已找到工作，还在找工作的占 12%，另有 17% 的人考上了研究生，10% 的人还在复习准备考研，1% 的人已经开始创业或正在准备创业，其余 4% 的人属于其他情况（见图 1）。数据显示，略超过 2/3 的本科毕业生（约 68%）进入了劳动力市场，其中绝大多数能找到工作，少部分人正在找工作；另外接近 1/3 的毕业生没有进入劳动力市场，其中绝大部分人继续求学。

（二）层次越高学校的毕业生选择继续求学的比例越高，层次越低学校的毕业生选择直接就业的越多

不同层次学校的毕业生对本科毕业后的出路选择有不同的偏好（见图 2）。重点本科高校毕业生选择继续求学、推迟就业的比例最高，他们当中有 25.3% 的人已经考上研究生，另外 12.8% 的人复习准备考研而不打算就业。普通本科高校毕业生选择继续求学的比例明显低于重点高校，16.3% 已经考上研究生，另外 10.2% 复习准备考研而不就业。高职院校毕业生选择继续求学的比例远远低于本科毕业生，他们考研的可能性很小，但有一些人会选择考试升入本科，不过比例很低，只有 0.8% 的人通过考试升入本科，3.7% 的人在准备考试升本。高职院校毕业生选择

---

① 这 12 所高校包括 4 所重点本科大学（南京大学、山东大学、重庆大学、吉林大学），4 所普通本科大学（广州大学、上海大学、北方民族大学、河南师范大学），4 所高等职业技术学院（长沙民政职业技术学院、冀中职业学院、广西职业技术学院、安庆职业技术学院）。12 所高校中 4 所学校以理工科为主，4 所学校以文科或师范教育为主，4 所学校为综合类大学。12 所学校的地域分布涵盖东北、华北、西北、华东、华中、西南和华南地区。调查抽样方法为四阶段随机抽样（学校、专业、班组、学生个人），调查采用互联网调查方式。

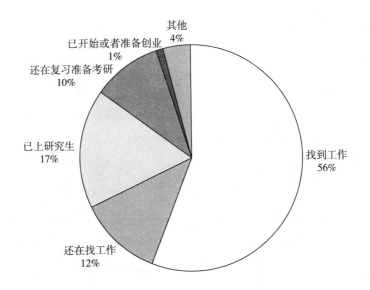

图1　12所高校2013年应届本科毕业生的流向

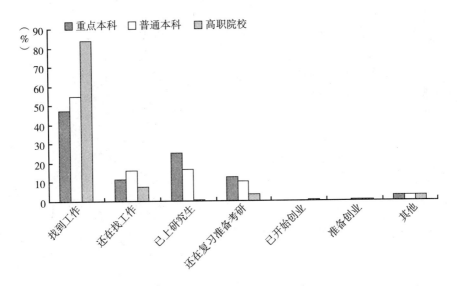

图2　不同高校毕业生的流向

进入劳动力市场的比例远远高于本科院校，91.4%的高职毕业生毕业后都进入了劳动力市场，84%的人找到了工作，7.4%的人正在找工作；而本科毕业生进入劳动力市场的比例远远低于高职毕业生，普通本科毕业生进入劳动力市场的比例为70.5%，而重点本科院校毕业生的相应比例更低，为58.9%。

（三）毕业生创业意愿强，但自主创业罕见，高职生选择自主创业的可能性最大

为了缓解毕业生就业压力，政府相关部门号召毕业生自主创业，一些地方政府也采取一些扶助政策鼓励毕业生自主创业。调查中发现，毕业生们表现出很强烈的创业欲望，13.4%的应届毕业生表示将来"肯定会创业"，74.8%的人表示将来"可能会创业"，只有11.9%的人表示将来"肯定不会创业"。但在行动上选择自主创业的毕业生极少，只有1%的毕业生开始创业或准备创业。不同层次学校相比较，高职毕业生选择自主创业的可能性比本科高校毕业生略高，重点本科高校毕业生极少选择自主创业（0.1%），普通本科高校毕业生自主创业的人也很少（0.3%），高职毕业生自主创业比例虽然也不高（1.2%），但明显高于本科毕业生。

（四）女毕业生进入劳动力市场的比例和人数规模均超过男生

尽管社会上流传着女毕业生找工作比男毕业生更困难的说法，但女毕业生选择进入劳动力市场的比例却比男毕业生高（见图3）。73.5%的女毕业生选择毕业后直接进入劳动力市场，而男毕业生的相应比例（69.1%）明显低于女毕

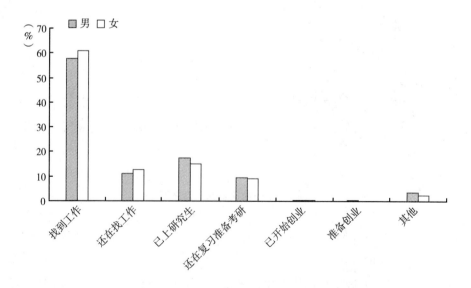

图3 不同性别的应届毕业生的流向

业生。男毕业生"已上研究生"（17.5%）和"还在复习准备考研"（9.5%）的比例则比女毕业生高（12.5%和9%）。这与以往人们的一般印象相左，通常人们认为，由于女大学生就业难和劳动力市场的性别歧视，女性本科毕业生更可能选择考研而推迟就业。然而，12所高校调查显示，女毕业生们并不畏惧就业竞争和性别歧视，更多地进入劳动力市场。四年前中国大学生中的女性数量就已经超过男性，[①] 这意味着目前女大学毕业生数量多于男毕业生，如果女毕业生进入劳动力市场的比例高于男毕业生，那么在劳动力市场中找工作的女毕业生数量肯定多于男毕业生。有一个与此相印证的现象，许多机构和企业的雇主抱怨，招聘新员工时申请应聘者中总是女性多于男性，而且许多女毕业生的表现非常优异，让雇主们难以招聘到令人满意的（比女性应聘者更优秀的）男毕业生。在正规就业领域以及一级劳动力市场（大学毕业生们的就业场所），雇主们总是希望男性员工多于女性（除非是以女性为主的岗位），但实际上目前女毕业生的供应量多于男毕业生，需求与供应量的矛盾加剧了女大学生就业难。

二 就业率、失业率及初职月薪

（一）高职院校毕业生的就业率最高，普通本科院校毕业生的就业率最低

如果按通常计算就业率和失业率的方法来估计，在毕业两个月之后（9月底），接受调查的12所高校2013年应届毕业生的就业率为82.4%，失业率为17.6%。[②]

---

① 根据教育部网站（http://www.moe.edu.cn/）公布的教育统计数据，2009年全国女大学生人数第一次超过男性，女生占大学生总数的比例为50.48%，女生比男生多20余万人，此后四年女生超过男性的数量逐步增长，2012年全国大学普通本专科生共有2391万余人，其中女生人数超过男生64.78万人，所占比例为51.35%。
② 对于大学毕业生失业率的统计并没有一个统一的、标准化的计算方法，各个国家的统计方式有所不同。美国劳工部劳动力统计局网站（http://www.bls.gov/news.release/empsit.t04.htm）公布的大学以上文化水平劳动失业率是把正在找工作但未找到工作的人（失业人数）除以相应的参与劳动力市场的人数（就业人数＋失业人数）。本文的计算方法是：就业率＝就业人数÷（就业人数＋失业人数）；失业率＝失业人数÷（就业人数＋失业人数）。就业人数指找到工作的人的数量，失业人数指正在找工作的人的数量。就业率和失业率统计排除了"已上研究生"、"还在复习准备考研"和"其他"等情况的毕业生（因为这些人没有进入劳动力市场）。另外，"已开始创业"和"准备创业"的个案数很少，也排除在就业率和失业率统计范围之外。

但不同类型学校毕业生的就业率和失业率差异很大。重点本科院校毕业生就业率为80.5%，失业率为19.5%；普通本科院校毕业生就业率为77.7%，失业率为22.3%；高职院校毕业生的就业率为91.9%；失业率为8.1%（见图4）。相比较而言，高职院校毕业生的就业状况最好，而普通本科院校毕业生的就业难度最大。这与人们以往的普遍印象截然不同，通常人们认为越好的学校就业机会越多，而高职院校毕业生就业最困难。不过这种印象在慢慢改变。根据麦可思历年发布的《中国大学生就业报告》[①]，2006～2009年高职院校毕业生毕业半年后就业率明显低于本科院校毕业生，但近三年来，两者之间的差距在缩小，2012年高职院校毕业生毕业半年后就业率与本科院校毕业毕业半年后就业率十分接近，这说明高职院校毕业生的就业能力持续上升。这一趋势也得到了部分学生和家长的认同。近年来，高考成绩达到本科院校分数线（但不足以上好的本科院校）的部分高考生，放弃上本科大学的机会而选择高职院校，因为他们认为较差学校的本科文凭，在找工作时还不如高职文凭有用。

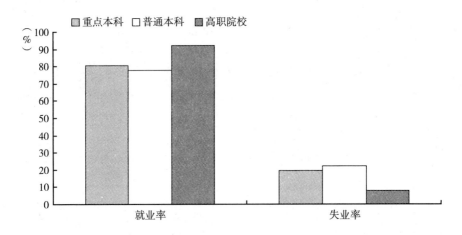

图4　不同层次学校毕业生的就业率与失业率

　　不过，需要注意，毕业两个月和毕业半年的就业率会有一些变化。高职院校毕业生毕业两个月的就业率明显高于本科院校，这有一个很大的原因，即高

---

① 麦可思研究院、王伯庆主编《中国大学生就业报告》（2009、2010、2011、2012、2013），社会科学文献出版社。

职毕业生更早开始找工作。高职教育为期三年，其中第三年基本上已经不在学校学习，而是外出实习，这意味着，对于高职学生来说，三年级的一整年就是他们找工作的时间，许多高职学生在毕业前就已经就业。而本科毕业生通常是在毕业前的那个学期才开始找工作，虽然这一学期他们没有了必须上的课程，但还有毕业论文和其他一些事情需要留在校内处理。这一因素导致高职毕业生在毕业后两个月时就业率很高，而许多本科毕业生这时还没有落实工作。在随后的几个月里，本科毕业生，特别是重点高校毕业生的就业率还会有显著提升，但是否能超过高职毕业生的就业率还有待观察。

高职院校毕业生就业率稳步提升的一个更重要的原因，是高职教育越来越与劳动力市场需求直接挂钩。许多高职院校经费来源很大程度上（或一定程度上）依赖于学生的学费，也就是说依赖于能招收到多少学生和收到多少学费，而这又取决于学校毕业生的就业率。学校毕业生就业前景好，才能吸引学生来报考。在这一因素的作用下，高职院校更重视毕业生的就业工作，采取各种方式帮助学生安排实习和就业。在专业设置方面，高职院校对市场需求反应更快，紧随市场需求而改变专业设置。一些高职院校针对发展迅速的服务行业开设新的专业，培养半白领性质的技术工人，比如汽车维修与维护（针对快速增长的汽车4S店）、园艺种植和管理（针对各城市都在开展绿化工程），等等。本科院校不会开设或很少开设这类专业，这使高职院校毕业生不会面临更高文凭毕业生的岗位竞争。另外，高职院校也较早开始对学生进行就业教育和指导，培养学生的务实精神，增强学生对就业市场的了解。在一些高职院校，许多一、二年级的学生已经对自己的就业去向和职业规划有了明确的、比较易于实现的目标，而多数本科院校一、二年级学生对此则较为茫然。需要注意的是，并非所有的高职院校的就业成绩都这么好。高职院校就业率存在两极分化现象，虽然许多高职院校就业率高于本科大学，但也有一些高职院校就业率低于本科院校。这些学校由于毕业生就业率低而难以招到足够的学生，为了维持学校运营，学费又不能降低，这导致报考学生数量更少，学校资金更为困难。虽然这类学校专业设置随着市场动向而动，但因缺乏资金和师资难以提供高质量的职业技术教育，其毕业生的技术能力难以获得用人单位的认可，使毕业生找工作更难。

高职院校毕业生虽然就业率较高，但是初职月薪远低于本科毕业生。12所高校毕业生调查数据显示，找到工作的重点本科毕业生转正后的平均税后月薪（不含福利、不含公积金等）为4497元，普通本科毕业生的平均月薪为3237元，高职院校毕业生的平均月薪为2237元。

（二）城乡生源的就业状况有所差异，农村家庭的普通本科院校毕业生就业最为困难

图5列出不同类型毕业生的就业率差异，显示了性别、民族、家庭城乡背景和政治面貌等因素对就业机会的影响。家庭的城乡背景对毕业生的就业机会有明显影响，城市家庭出身的毕业生的就业率（87.2%）明显高于农村家庭出身的毕业生（81.2%）。其中，普通本科院校毕业生就业率的城乡差异最大，城市家庭出身的毕业生的就业率（87.7%）与农村家庭出身的毕业生就业率（69.5%）相差18.2个百分点，而重点本科院校和高职院校毕业生就业率的城乡差异则分别为5.2个和6.5个百分点。这意味着，来自农村家庭的普通本科毕业生就业最为困难，其失业率高达30.5%，远远高于其他群体。

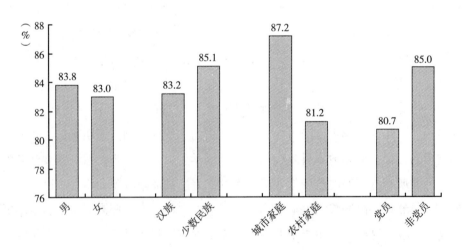

图5　不同性别、民族、家庭城乡背景户口和政治面貌的毕业生就业率

调查结果还显示，毕业生的家庭出身背景对其就业的影响也很明显，城市家庭毕业生更易于进入较好的工作单位。城市家庭出身的毕业生进入公有部门

（党政机关、事业单位和国有企业）的比例（47.8%）远高于农村家庭出身的毕业生（31.1%），城市家庭出身的毕业生进入外资企业的比例（10.4%）也比农村家庭出身的毕业生（2.5%）高。与此相类，城市家庭出身毕业生的平均初职月薪（3443元）也明显高于农村家庭出身的毕业生（2835元）。这种差异在普通本科毕业生中体现得尤为明显：城市家庭出身的普通本科毕业生月薪（3505元）比农村家庭出身的毕业生（2851元）高654元。在重点本科和高职毕业生中，这种差异则不太大。城市家庭出身的重点本科毕业生月薪（3910元）只比农村毕业生（3849元）高61元；而城市家庭出身的高职毕业生的月薪（2218元）比农村家庭毕业生（2241元）则低23元。

（三）不同层次学校专业对就业率的影响不同

通常人们认为，理工科毕业生比文科毕业生更容易找到工作，但12所高校的调查却显示，专业对就业率的影响在不同层次学校间有所不同。图6显示，理工科毕业生就业优势主要表现在重点本科院校，重点本科院校理工科毕业生的就业率（84.3%）大大高于重点本科的文科毕业生（71%）。然而，对于普通本科毕业生来说，情况刚好相反，文科毕业生的就业率（82.1%）明显高于理工科毕业生（71.6%）。高职院校文科毕业生的就业率（92.2%）也高于理工科毕业生（91.5%），但两者差异不大。

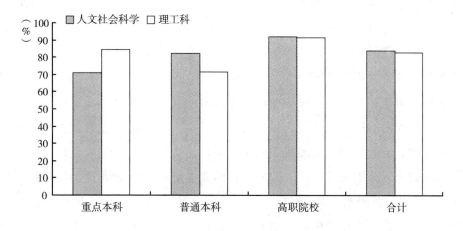

图6　不同层次学校人文社会科学与理工科专业毕业生就业率

理工科毕业生在收入方面的优势非常明显，理工科毕业生初职税后月薪为3779元，文科毕业生则为2766元，两者相差1013元。而且，不论哪个层次的学校，理工科毕业生的收入都高于文科毕业生，这种差距在重点高校毕业生中更突出，但到了高职院校层次，两者差距较小。重点本科理工科毕业生初职月薪（4766元）比文科毕业生（3715元）高1051元，普通本科理工科毕业生初职月薪（3649元）比文科毕业生（3014元）高635元，而高职理工科毕业生初职月薪（2313元）只比文科毕业生（2181元）高132元。

（四）党员身份并不一定有助于就业，但有助于进入党政机关和事业单位

图5显示，目前高等院校在校生申请入党的积极性很高，尤其在一些以文科专业为主的学校或院系，超过80%的高年级学生申请入党，甚至有些班几乎全班学生都递交入党申请书。入党意愿高涨的一个主要原因，是学生们认为党员身份有助于就业，特别是有助于进入党政机关、事业单位和国有企业。然而，12所高校毕业生调查数据却显示，截至毕业2个月期间，非党员毕业生就业率（85%）明显高于党员毕业生（80.7%）。不过，在不同类型学校，政治面貌与就业率的关系有所不同。对于重点本科院校毕业生，党员和非党员毕业生就业率差异不大（80.6%和80%）；对于普通本科院校毕业生，非党员毕业生就业率（82.1%）明显高于党员毕业生就业率（73.3%）；然而，高职院校的情况与普通本科院校相反，党员毕业生就业率（96.2%）明显高于非党员毕业生就业率（90.5%）。这说明，党员身份对高职毕业生就业有积极作用，但是，对重点本科毕业生就业没有明显作用，对普通本科毕业生就业似乎是反向的作用。不过，虽然党员身份不一定有助于提升就业率，但是明显有助于毕业生进入党政机关和事业单位。党员毕业生进入党政机关和事业单位的比例分别为7.8%和22.9%，而非党员毕业生进入这两类单位的比例则只有2.3%和6.7%。在进入国有企业方面，党员毕业生的优势没有显现，相反，非党员毕业生进入国有企业的比例（21.3%）略高于党员毕业生（19.9%）。

（五）毕业生就业领域存在性别分层，高职和普通本科女毕业生的就业竞争力高于男生，而男生获得较高收入工作的优势明显

虽然劳动力市场存在性别歧视和女毕业生供应量多于男生的现象，但女毕业生和男毕业生的就业率差距很小，相差不到 1 个百分点（见图 5）。不同层次学校相比较，高职和普通本科女毕业生就业率都高于男毕业生，但重点本科女毕业生就业率低于男毕业生。高职女毕业生就业率（93.1%）高于男毕业生就业率（90.6%）2.5 个百分点；普通本科女毕业生就业率（80.6%）高于男毕业生就业率（73.8%）6.8 个百分点；重点本科女毕业生就业率（74.2%）则低于男毕业生就业率（84.4%）10.2 个百分点。这说明，在竞争普通就业岗位时，女毕业生的就业竞争力并不弱于男毕业生，甚至还有可能高于男毕业生，但是，在竞争"最好的职业岗位"（重点本科毕业生想要争取的就业岗位）时，女毕业生的竞争力明显低于男毕业生。

在就业机构的选择方面，存在明显的性别差异，但并非如人们以往所认为的那样，男毕业生比女毕业生更可能就业于比较好的工作单位。数据显示，男毕业生就业于公有部门（党政机关、事业单位和国有企业）的比例（38.2%）只略高于女毕业生（36.9%），而女毕业生就业于外资企业的比例（8.7%）则远高于男毕业生（2.2%）。另外，在公有部门就业中，女毕业生就业于党政机关和事业单位的比例（4.6% 和 14.9%）高于男毕业生（4% 和 9.8%），而男毕业生就业于国有企业的比例（24.4%）则高于女毕业生（17.4%）。这方面的差异可能是由男女大学生的专业差异所导致的，男毕业生学理工科专业的较多，更可能去国有企业就业，而女毕业生学人文、社会科学、师范专业的较多，更可能去事业单位就业。

毕业生初职月薪的性别差异十分明显，男毕业生月薪普遍高于女毕业生，尤其在普通本科毕业生中性别差距更为明显。普通本科男毕业生平均月薪（3874 元）高于女毕业生（2935 元）939 元，重点本科男毕业生平均月薪（3922 元）高于女毕业生（3796 元）126 元，高职男毕业生平均月薪（2392 元）高于女毕业生（2101 元）291 元。普通本科男毕业生虽然就业率低于女毕业生，但他们的月薪不仅远高于普通本科女毕业生，而且也高于重点本科女

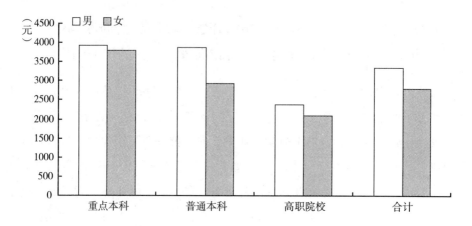

图7　不同层次院校、不同性别毕业生平均初职月薪

毕业生，他们的月薪水平与重点本科男毕业生相当接近（见图7）。

　　男女毕业生就业率和月薪水平差距可能反映出毕业生就业领域的一种性别分层现象，社会声望最好和收入最高的职业岗位往往更多地被重点本科男毕业生所获得，而重点本科女毕业生与普通本科男毕业生竞争声望和收入其次的职业岗位。这导致普通本科男毕业生就业率虽低，但月薪却接近重点本科毕业生的水平，与此同时，重点本科女毕业生在争取工作岗位时，既受到重点本科男毕业生的压制，又面临普通本科男毕业生的竞争，导致她们的就业率也不高。而普通本科女毕业生由于一部分同等层次的男毕业生去竞争更高收入和声望的职业，她们的就业率较高，但收入水平远低于普通本科男毕业生。

三　家庭背景还是个人学习能力

（一）家庭背景对教育获得影响极大，不同层次高校毕业生家庭背景存在明显差异

　　大学扩招使越来越多的青年人有机会进入大学学习，但同时也导致了大学文凭的相对贬值以及不同层次高校大学文凭在劳动力市场中的分层化现象，重点大学文凭的市场价值和就业竞争力明显高于普通大学和高职院校。这意味着，一个人进入什么样的大学，在一定程度上决定了其未来的就业竞争力，决

定了其可能获得什么样的工作和多高的收入。然而，能够进入什么样的大学受到家庭背景因素的影响。图8显示了不同层次高校毕业生家庭背景的差异，从中我们可以感觉到"拼爹"因素通过教育获得影响人们未来的就业前景。重点本科毕业生多数来自城市家庭（52%），其父亲接受过高等教育的比例（33.9%）远高于普通本科（18.5%）和高职院校（5.8%）毕业生，父亲职业为中高层管理人员、专业技术人员、基层管理人员或办事人员的比例也明显高于另两类高校毕业生。与此同时，高职院校毕业生绝大多数来自农村家庭（81.6%），父亲是农民的比例（42.6%）远远高于重点本科（23.1%）和普通本科（36.9%）毕业生，高职院校毕业生父亲无固定职业的比例也明显高于本科毕业生。这些数据表明，在进入劳动力市场之前，"拼爹"因素在一定程度上已经影响了毕业生们的未来就业前景。当然，这并不意味着出生于较低社会阶层家庭的人完全失去了获得高价值文凭的机会。2013年12所高校的重点本科应届毕业生中，仍然有48%的人来自农村家庭，23.1%来自农民家庭，8.5%来自工人家庭，还有9.8%的人的父亲无固定职业。普通本科毕业生中，61.2%的人来自农村家庭，36.9%的人来自农民家庭。

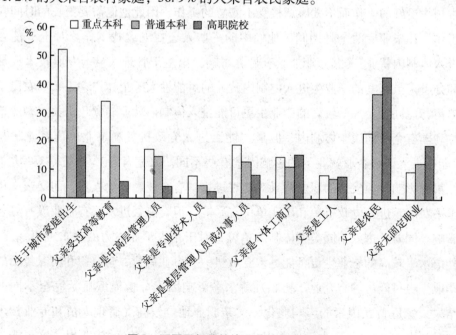

图8　不同层级院校毕业生的家庭背景

（二）家庭背景和学业能力对能否找到工作没有影响，但对于能否进入体制内就业和获得较高收入工作有影响，家庭背景对体制内就业影响明显， 而学业能力对月薪水平影响明显

激烈的就业竞争衍生出一个副产品——"拼爹"现象在大学生就业中显而易见。但是有资本能够"拼爹"的毕业生是少数人，绝大多数毕业生仍需要依靠个人能力争取就业机会。为了能比较分析"拼爹"和"拼学"对毕业生就业的影响，表1基于回归模型分析结果，列出了家庭背景（包括父亲职业、父亲文化和父母月收入）和个人学业成绩与能力（GPA成绩或专业课成绩、外语水平、兼职和实习经历、社团活动以及担任学生干部等），对于"能否找到工作""能否进入体制内就业"（包括党政机关、事业单位和国有企业）和初职月薪水平的影响。其结果显示，家庭背景与学业成绩和能力对于能否找到工作没有明显的影响，但对于能否进入体制内就业和能否获得较高月薪则有影响。在分析"能否找到工作"的影响因素分析模型中，仅有外语水平对找到工作有影响，但其影响是负面的，这可能是由于外语水平较高的毕业生，通常想找更好的工作而不太愿意接受不满意的工作，因此他们需要更长的时间找工作，在毕业后两个月期间，他们中的一些人还在继续找工作。对于"能否进入体制内就业"，父亲职业具有显著影响：出生于管理人员、专业技术人员和办事人员家庭的毕业生进入体制内就业的可能性大于个体户、工人和农民子弟。与此同时，外语较好的毕业生更可能进入体制内就业。党政机关、事业单位和国有企业同属于体制内，但是"能否进入党政机关和事业单位就业"与"能否进入国有企业就业"的影响因素有些不同。家庭背景对于进入这两类单位都有影响，但父亲的职业背景对能否进入国有企业影响更强烈；而父亲文化水平对能否进入党政机关和事业单位有影响，但对能否进入国有企业没有显著影响。同时，进入不同类型体制内单位，对于个人学业能力的要求也不一样，外语水平较高的毕业生更可能进入党政机关和事业单位，有兼职和实习经历的毕业生更可能进国有企。初职月薪水平影响因素分析模型显示完全不同的结果，家庭背景因素的影响弱化，父亲职业地位较高（管理人员和专业技术人员）的毕业生月薪水平低于出生于个体户和工人家庭的毕业生。这可能是

表1 就业能力和初职月薪水平的影响因素（回归模型分析结果）

影响因素		能否找到工作	能否进入体制内就业	能否进入党政机关和事业单位就业	能否进入国有企业就业	初职月薪水平
家庭背景	父亲职业	没有显著影响	有显著影响,管理人员、专业人员和办事人员的子女比工人、个体户和农民子女更可能进入体制内就业	有微弱影响,管理人员、专业人员和办事人员的子女比工人、个体户和农民子女更可能进入体制内就业	有影响,管理人员、专业人员和办事人员的子女比工人、个体户和农民子女更可能进入国有企业	有影响,出生于个体户和工人家庭的毕业生月薪水平较高
	父亲文化水平	没有显著影响	没有显著影响	有影响,父亲文化水平较高的毕业生更可能进入党政机关和事业单位	没有显著影响	没有显著影响
	父母月收入	没有显著影响	没有显著影响	没有显著影响	没有显著影响	没有显著影响
个人能力	大学成绩优秀	没有显著影响	没有显著影响	没有显著影响	没有显著影响	没有显著影响
	外语水平较高	有影响,但是负面影响	有影响,外语较好毕业生更可能进入体制内就业	有显著影响,外语较好毕业生更可能进入体制内就业	没有显著影响	有影响,外语较好毕业生月薪水平较高
	当过学生干部	没有显著影响	没有显著影响	没有显著影响	没有显著影响	有影响,当过学生干部的毕业生月薪水平较高
	参加过学生社团	没有显著影响	没有显著影响	没有显著影响	没有显著影响	没有显著影响
	曾经兼职或实习	没有显著影响	没有显著影响	没有显著影响	有影响,有过兼职或实习经历的毕业生更可能进入国有企业	有影响,有过兼职或实习经历的毕业生月薪水平较高

由两个因素导致的。一方面，在找工作的时候，出生于个体户和工人家庭的毕业生比管理人员、专业技术人员和办事人员子弟更看重收入水平，因而更倾向于接受月薪较高的工作；另一方面，管理人员、专业技术人员和办事人员家庭出生的毕业生

进入体制内就业的可能性大于个体户和工人家庭出生的毕业生，而体制内新进员工的月薪收入水平一般都不太高，而更可能就业于体制外的个体户和工人子弟的初职月薪就有可能高于体制内就业者。学业能力对初职月薪水平的影响十分明显，外语水平、兼职和实习经历以及担任学生干部的经历都有助于提高初职月薪。

综上所述，对于"拼爹"与"拼学"对大学毕业生就业的影响，我们可以获得的初步结论是：想要进入体制内就业，"拼爹"是有帮助的；想要获得较高收入的工作，最主要的还是要依靠个人能力。另外，值得注意的是，父母月收入和个人学业成绩（GPA 和专业课成绩）对于找工作和找收入高的工作都没有显著影响。已有的一些研究成果显示，在当今中国社会，家庭的经济资本对于下一代的教育获得和职业地位获得的积极影响远没有家庭文化资本和社会资本那么大，这导致一些"富二代"在教育和劳动力市场竞争中成为失败者而只能"啃老"。学业成绩不能有效提升个人就业竞争力的现象也值得关注，它表明大学教育所传授的知识与劳动力市场的实际需求有所脱节。

（三）找工作的最主要途径还是要依靠个人能力

尽管"拼爹"现象随处可见，但找工作时依靠父母亲属关系帮助的人仍然是少数。12 所高校 2013 年应届毕业生对"找工作的最有效途径"的选择显示于图 9。76.9% 的重点本科毕业生、68.4% 的普通本科毕业生和 61.6% 的高

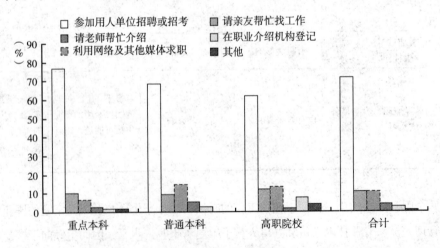

图 9 不同层次院校应届毕业生找工作的途径

职毕业生都认为"参加用人单位招聘或招考"是"找工作的最有效途径";只有约 1/10 的毕业生认为"请亲友帮忙找工作"是"找工作的最有效途径",10.2% 的重点本科毕业生、9.2% 的普通本科毕业生和 11.9% 的高职毕业生选择了"请亲友帮忙找工作"。当然,参加用人单位招聘的毕业生也可能同时通过父母社会网络找关系,但应聘还是要靠个人能力(见图 9)。

四 总结

在被称为"史上最难就业年"的 2013 年,应届毕业生承受了极大的就业压力。基于 12 所高校毕业生调查数据来看,大学毕业生的基本就业状况比人们在 2013 年初的预测要好,并未出现大量毕业生找不到工作的情况。截至 2013 年 9 月底,进入劳动力市场找工作的毕业生中,82.4% 的人都找到了工作,其余 17.6% 还在继续找工作,随着时间的延续,还会有更多的毕业生找到工作。虽然之前有一些机构声称大学毕业生签约率比上一年下滑很多[1],但毕业两个月期间就业率就能达到 82.4%,应该说 2013 年大学毕业生就业率即使低于去年,也不会下降很多。

2013 年大学毕业生就业季最引人注目的一个现象是,高职院校毕业生达到了很高的就业率,这显示了高等职业教育相当成功的市场化转型。与高职毕业生的高就业率相反,普通本科毕业生就业率最低,他们是真正遭遇了"史上最难就业年"。重点本科毕业生和高职毕业生就业有较明确的市场定位,重点本科毕业生就业于较高专业性、较高职业声望的工作岗位和收入稳定的体制内部门及大中型企业,而高职毕业生就业于较低专业性、技能性的工作岗位和中小企业。普通本科毕业生成为夹心层,向上争不过重点本科毕业生,向下争不过高职毕业生。因此,要提升普通本科毕业生就业能力,普通本科院校人才培养方向需进一步明确化,专业课程内容要与市场需求进一步结合。

来自农村家庭的普通本科院校毕业生是就业最为困难的群体,他们既缺乏

---

[1] 《2013 年中国大学生就业报告:本科生签约率不足 4 成》,《北京晨报》2013 年 6 月 10 日,http://news.xinhuanet.com/politics/2013 - 06/10/c_ 124841295. htm。

"拼爹"的资本，也没有"啃老"的条件，相对较差的家庭经济条件又急需他们就业而不是继续求学、延迟就业。另外，青少年时期的农村生活环境使他们在社交能力和人格素质培养方面不如城市家庭子女全面，这些因素导致他们在就业竞争中处于劣势，最需要政府和学校的就业扶助和指导，他们应该是大学生就业扶助政策的主要目标群体。

女大学毕业生数量持续增长，找工作的女毕业生超过男毕业生，这一现象应该引起政府就业部门和用工单位的注意。迄今大多数招聘大学毕业生的机构和企业，都是男性多于女性（除了少部分以女性职业岗位为主的单位），许多招聘单位的领导有惯性思维，招聘应届毕业生时希望保持原有的员工性别比。这会给女毕业生带来就业困难和就业歧视，影响劳动力市场的公平竞争。不过，由于女大学毕业生面临生育问题和家庭负担，会增加用人单位劳动力成本和降低用工效率，以致用人单位不愿意聘用女毕业生。政府应该针对这种情况，改进现有的生育保障政策，尽可能减少机构和企业因女性员工生育而带来的成本支出，或采取某些优惠政策鼓励聘用女毕业生。

为了应对2013年"最难就业年"给大学毕业生带来的就业困难，政府相关部门采取了一些措施，鼓励大学毕业生自主创业。然而，应届毕业生选择自主创业的比例很低，这对于缓解大学生就业难并没有作用。以往毕业生自主创业的成功率很低，这使多数2013年应届毕业生不敢贸然选择自主创业，尽管他们的创业意愿很强烈。应届毕业生既缺乏资金，也缺乏经验，毕业离校后马上开始创业并不是一个理智的选择。政府鼓励大学毕业生自主创业政策的重点不应放在应届毕业生身上，而应针对已经积累了一些工作经验和资金并对相应行业信息有一些了解的毕业生。

专题篇

Reports on Special Subjects

B.13
2013 年中国互联网舆情分析报告

人民网舆情监测室*

摘　要：

网络舆论在 2013 年遭遇拐点，舆论热度大幅下降，"吐槽"社会负面现象的声音明显减少。大 V 们谨慎发声，风光不再。众多网友从微博客的公众意见平台转向更为私人化的微信朋友圈。互联网与体制进入新一轮磨合期，政府一方面向网络不和谐的言论"亮剑"，另一方面也在努力放大互联网的正能量，鼓励发展主流媒体微博和政务微博，把网络反腐与制度反腐对接。

关键词：

微博　微信　新闻客户端　网络谣言　大 V　两高司法解释
意见领袖

---

* 本文作者为舆情分析师祝华新、单学刚、刘鹏飞、卢永春、齐思慧。

2013 年，网络舆论板块发生重要变化。政府加大了对互联网的管理力度，微博"大 V"遭遇沉重打击，加上微信的分流，微博热度大幅度下降。微信用户增长迅速，新闻客户端也在发展中，移动互联网开始成为社会舆论的新信源。

在突发事件中，政务微博发声成为政府新闻发布的"标配"，中央级媒体和各级党报纷纷开设法人微博，经常成为事态演变的重要变量。

2013 年度传统媒体的话语霸权在媒企之争中被削弱。与此同时，"自媒体"话语权也在打击网络谣言中暴露出先天缺陷。主流媒体如何恪守新闻专业精神，为网络信息把好关，矫正引导网民情绪，关系到国民心态的和谐与社会的稳定发展。

一　2013 年网络舆情热点

（一）网络谣言治理初见成效

2013 年 8 月 19 日，习近平总书记在全国宣传思想工作会议上发表讲话，提出：互联网已经成为舆论斗争的主战场。很多人特别是年轻人基本不看主流媒体，大部分信息都从网上获取。要把网上舆论工作作为宣传思想工作的重中之重来抓。8 月以来政府骤然加大互联网管理力度，就是在这样的背景下展开的。

随着网络传播的日趋碎片化和网络生态的复杂化，在保障公众表达和社会监督的积极功能之外，网络舆论潜在的负面效应也越来越明显地表现出来。网民的媒介素养不够，经常见风就是雨。某些网络"大 V"粉丝数量众多，不经核实转发一些谣言，扩大了谣言的负面影响。此外，某些网络公关公司为了商业利益，编织和传播谣言。网络诽谤、敲诈勒索、非法经营、网络虚假信息扰乱资本市场，让不少公民、官员和上市公司深受其害。

公安部部署专项行动，集中打击网络上有组织制造、传播谣言等违法犯罪，8 月 20 日开始见诸媒体报道。在互联网蓄意制造传播谣言、恶意侵害他人名誉、非法攫取经济利益的秦志晖（网名"秦火火"）、杨秀宇（网名"立二拆四"）等人被抓获。此后，陆续有多名"大 V"（加 V 认证的微博

"意见领袖")被拘,包括:拥有超过 1200 万微博粉丝的超级"大 V"薛必群(网名"薛蛮子",嫖娼);活跃于云南的地方"意见领袖"董如彬(网名"边民","恶意编造谣言牟利")。9 月 9 日,最高人民法院、最高人民检察院《关于办理利用信息网络实施诽谤等刑事案件适用法律若干问题的司法解释》出台。

经过几个月的清理,网上爆料社会负面现象特别是批评政府的声音明显减少,帖文情感词力度下降,积极正面的声音日渐增多。本文抽取 100 位活跃"意见领袖"的微博,发现以 2013 年 8 月 10 日国信办主任鲁炜提出互联网"七条底线"① 为拐点,此前两个月累计发博 72481 条,此后两个月累计发博 65126 条,下滑 10.2%。

而 8 月 10 日以后,体制内媒体微博和政务微博的发博量超过了"意见领袖",提示微博舆论场上这两支"国家队"趁势崛起。

然而,打击谣言和网络犯罪也出现了一些引发质疑的案件。如河北清河县女网友发帖询问命案"真相"被行政拘留 5 日,甘肃张家川一名 16 岁的初中生发帖质疑一起死亡事件有内情被刑拘,甚至在政法系统内部对有些案件也有不同看法。互联网是否构成刑事入罪的"公共场所",如何界定网上"寻衅滋事罪",是各方讨论的焦点。

(二)司法案件引发的舆论热点猛增

在 2013 年 20 个热点舆情事件中,司法案件占半数以上。9 月份继举世瞩目的薄熙来案一审宣判之后,陕西"房姐"龚爱爱案、"高铁一姐"丁书苗案陆续开审,北京大兴摔童案、李某某强奸案、河北王书金强奸案等相继宣判,沈阳摊贩杀死城管案主犯夏俊峰被执行死刑,更使得司法公正成为空前集中的网络议题。

不过,各类司法案件折射出的民众心态却各不相同。薄熙来案公审、刘志军贪腐案审理和多起高官被查处案件,使民众对新一届政府"既打苍蝇,又

---

① 七条底线,即法律法规底线、社会主义制度底线、国家利益底线、公民合法权益底线、社会公共秩序底线、道德风尚底线和信息真实性底线。

打老虎"的期望大增；李某某强奸案与夏俊峰案中，网民对罪犯的态度形成强烈对比，折射出民众对当下社会阶层分化、强弱群体生活反差的不满和忧虑；湖南特大非法集资案主犯曾成杰被执行死刑，则成为继"吴英案"后又一起引发中产阶层震动的案件。

（三）民生仍是舆情焦点，个人暴力表达有所增强

2013 年，新一届党中央、国务院改善民生的决心和努力被网民寄予了很高的期望。然而，中国仍处于社会转型期，民生问题和个人权益保护依然是网络舆情的热点领域。2013 年初的香港奶粉限购令，黄浦江上游的死猪，下半年的延迟退休之争，基层政府和百姓之间、不同社会群体之间的各种摩擦事件，都涉及民众的安全感和尊严，掀起情感波澜。

从延安城管暴力执法，到湖南临武瓜农在与城管冲突中意外死亡，再到唐山城管面对下跪商贩面带微笑，截至 2013 年 11 月初，新浪微博有关"城管"的词语已经高达 6000 万条，不少网民倾向于认为"城管是社会戾气的制造者和激化者"。而对于城管亦为平民阶层的事实，以及摊贩的暴力抗法行为，网络舆论则倾向于选择性忽略。

医患纠纷由来已久，随着 2013 年 10 月下旬发生的浙江温岭患者杀医案变得格外尖锐，出现了医护人员集体抗议、全国上百家医院声援的现象。据中国医院协会统计，2012 年每所医院平均发生的纠纷事件由 2008 年的 20.6 起增至 27.3 起。与 2012 年哈尔滨杀医案中不少网友的幸灾乐祸相比，这次网民对被杀的医生普遍表达了同情，保持不变的是对当下医疗环境和医疗体制改革的牢骚与不满。

这一年中值得深思的是某些弱势群体在处境艰难的煎熬下，失去对社会的信心和耐心，选择以个人暴力的方式宣泄不满。6 月 7 日，厦门中年男人陈水总在快速公交车上纵火导致 47 人死亡，其中包括一些高考生。7 月 20 日，山东农民冀中星因上访无门在首都国际机场引爆了自制炸弹。冀中星在进京前最后一篇博客中写道："我叫天，天不应，叫地，地无声。"有网民对此做出点评：领导多融入群众，就不会产生冀中星、陈水总。

（四）吏治反腐话题依然火爆，年轻干部遭遇"扒粪"

2013 年，涉及年轻干部选拔任用的网络热点案例渐多，仅 5 月至 6 月出现的相关案例就达 30 多起。广东揭阳揭东区副区长江中咏"父子接棒"，安徽安庆惊现 22 岁团县委书记，湖南衡阳雁峰区副区长参加工作 10 个月后被提拔正科、4 年后被提拔副处，湖南某地市官员外甥女 28 岁任副县长、参加选美后获重用等话题，在网上引起议论纷纷。一时间，围绕年轻干部出身经历的"扒粪"行为风起云涌。干部年轻化本身是好事，网民担忧的是缺乏一个公平、公正、公开的选拔程序。

网络反腐从 2012 年岁末开始也变得更加集中而尖锐，网民反腐的类型多样化、起因复杂化、爆料实名化，党政机关查处快速化。位高权重的国家发改委副主任、国家能源局局长刘铁男被网络实名举报拉下马，被曝光多块名表的"表哥"、陕西省安监局局长杨达才获刑 14 年，上海法官集体嫖娼被曝光……网络反腐与新一届党和政府反腐倡廉的坚强决心是吻合的，但领导干部一旦被举报就面对几亿网民一边倒的指控，被污名化。此外，网络反腐易被商业敲诈和官场恶斗所利用，需要加以必要的规范。国信办2013 年再次查处了若干借反腐之名行网络敲诈之实的舆论监督网站。4 月以来，人民网、新华网等中央重点新闻网站及新浪、腾讯等商业网站均在显要位置推出"欢迎监督，如实举报"的网络举报监督专区。9 月 2 日，中央纪委监察部网站正式开通，日均收到网络举报 800 件。这些都有利于引导网民利用正规渠道和平台进行合法举报，实现网络反腐与制度反腐的无缝对接。

在 2013 年的反腐案例中，央企的腐败问题也备受关注。中央巡视组进驻中储粮，在此之前中储粮黑龙江大火，使得这家企业受到广泛关注，问题不断曝光。而 8 月以来中石油发生一系列"人事地震"，先后有包括国务院国资委主任、中石油原董事长蒋洁敏在内的多名高管涉严重违纪被调查，此事更是被网民冠以"窝案""胜利（油田）系"等标签而大力炒作。很多央企、国企脱胎于政府机关，没有完全实现去行政化，也就承担了社会舆论对整个公权力不满的情绪。

（五）微信等移动通信工具分流微博用户

微信从 2012 年下半年开始流行，目前用户已达 5 亿个，海外用户超过 1 亿个。加上米聊、来往和新近出现的易信，移动通信工具对微博用户的分流作用明显。从微博上陌生人的集体"吐槽"，转向微信熟人间的相互取暖，提示社会参与的无力感增强。

2013 年微信公众账号大量涌现。4 月 1 日中央电视台新闻频道推出认证公众账号，仅第一天订户增长 22 万，收到用户回复信息 12 万多条。在央视《新闻联播》结束前，新闻主播都会提醒大家关注其官方微博、官方微信。在庐山地震中，@人民日报、@央视新闻都通过微信为灾区祈福，发布一些倡议和号召，如请私家车为救援车辆让路等，有很强的号召力。

新闻客户端是一种基于手机的信息供给，囊括热点新闻、体育、军事、娱乐、购物、八卦、图片，以及网友评论等。用户可以根据自己的兴趣订阅内容，开启了社交阅读新时代。目前新闻客户端不仅有《人民日报》、中央电视台、中央人民广播电台和《南方周末》等传统媒体入驻，还吸纳了不少自媒体。搜狐网宣布，搜狐新闻客户端入驻媒体超过 1000 家，其中包括近 400 家自媒体，用户总订阅量超过了 6 亿个。

（六）斯诺登事件促中国网民同步参与世界热点

中国在国际地位不断上升的同时，与其他国家和地区的领土和贸易摩擦也逐年增多。2013 年的舆情热点中，涉及国际和地区事务的议题仍占有相当比重。除钓鱼岛、南海问题等持续发酵外，2013 年 6 月，美国前中央情报局雇员爱德华·斯诺登在曝光美国国家安全局的绝密电子监听计划"棱镜"项目后逃亡香港，引发了中国网民的广泛关注。"棱镜门"让美国人从 2012 年希拉里有关互联网自由的两次谈话所标榜的道德高地跌落，也使得中国网民有了一次近距离同步参与世界热点的机会。网友沿用"如果斯诺登是某国人"造句，表达了对美式自由双重标准的讽刺："如果斯诺登是中国人，奥巴马总统肯定已邀请他前往白宫共进晚餐，还会提名他为下一届诺贝尔和平奖候选人。美国政府只在恰当时机捍卫自由与人权。"

表 1　2013 年 20 件热点网络舆情列表

单位：条

序号	事件/主题	天涯社区	凯迪社区	强国社区	新浪微博	腾讯微博	人人网	开心网	合计
1	薛蛮子涉嫌嫖娼被拘事件	51200	14200	5130	45732027	19200	50800	1730	45874287
2	李××案	538000	378000	113000	10389729	3295600	822000	13500	15549829
3	薄熙来案	983500	1190500	146300	2852045	2692700	473000	19100	8357145
4	斯诺登"棱镜门"事件	179000	13400	21500	4212248	154000	1060000	823	5640971
5	芦山地震	151000	16730	7180	5025063	335800	44800	4310	5584883
6	厦门公交大火事件	154770	10140	13980	1199877	2849300	12460	589	4241116
7	上海法官集体嫖娼事件	125000	10300	43900	2727842	340000	10600	1920	3259562
8	农夫山泉"质量门"事件	123000	2940	1340	2744724	10600	24700	9710	2917014
9	曾成杰被执行死刑	18900	5780	2330	2570964	165600	46800	460	2810834
10	《新快报》记者陈永洲被批捕事件	18900	198000	901	1298943	524900	391000	883	2433327
11	"光盘行动"	427000	13200	11500	1187297	545600	137000	8720	2330317
12	黄浦江死猪漂浮事件	23900	3470	3566	2178661	65300	6700	2070	2283667
13	夏俊峰被执行死刑事件	116000	174000	8910	1428963	15015	35100	10100	1788088
14	陕西神木"房姐"事件	12900	11420	18380	1347473	134400	10500	4540	1539613
15	《南方周末》事件	300000	86800	5720	520770	7200	410000	8090	1338580
16	海南万宁校长开房事件	32700	3740	2930	738307	122300	16700	1470	918147
17	长春盗车杀婴事件	3390	354	128	153264	124300	4860	393	286689
18	甘肃初中生发帖被刑拘事件	29981	18570	2671	37905	60700	13300	52	163179
19	罗昌平实名举报刘铁男事件	7170	2060	1670	5796	22900	925	883	41404
20	香港"限奶令"事件	5250	589	378	705	22300	1290	857	31369

注：时间跨度为 2012 年 11 月 1 日至 2013 年 10 月 31 日。

二　意见领袖在舆论场的作用

（一）300 名"意见领袖"影响互联网议程设置

在这次互联网整治中，一些"大 V"被清理，但网络"意见领袖"仍将是一个客观存在。根据"二级传播"理论，① 大众传媒往往是通过民间"意见领袖"的中介作用，才能影响公众。这种现象在互联网平台上更为突出。

据统计，全国 103 家微博客网站的用户账号总数已达 12 亿个，其中新浪微博用户账号 5.36 亿个，腾讯微博用户账号 5.4 亿个。随着微博客用户群体的迅速扩大，产生了一批粉丝数超过 10 万人的"大 V"账号。新浪微博、腾讯微博中，拥有 10 万以上粉丝（听众）的超过 1.9 万个，100 万以上的超过 3300 个，1000 万以上的超过 200 个。②

在一些突发事件和公共议题上，网络"意见领袖"的影响力常常超过媒体和政府在微博中的传播力。据统计研究显示，平时有大约 300 名全国性的"意见领袖"影响着互联网的议程设置。

（二）意见领袖的人口学、社会学特征

我们抽取了活跃度较高的 300 名网络"意见领袖"作为样本，进行了人口学与社会学特征分析。

1. 性别特征：男性"意见领袖"更积极地参与网络公共话题

300 名"意见领袖"资料显示，男性占据绝大多数，男性、女性人数分别为 271 人、29 人，所占比率约为 9∶1。

2. 年龄段分布：以 40～60 岁年龄段的中年人居多

300 名"意见领袖"中，出生于 20 世纪 20 年代的为 3 人，占样本总数的 1%；30 年代的为 6 人，占 2%；40 年代为 23 人，约占 7.7%；50 年代 80 人，

---

① 出自拉扎斯菲尔德的著作《人民的选择》，1944。
② 记者金可、实习生单心语：《网络"大 V"共谈社会责任》，《北京日报》2013 年 8 月 12 日。

占 26.7%；60 年代 101 人，约占 33.6%；70 年代 69 人，占 23%；80 年代 17 人，约占 5.7%；90 年代仅为 1 人，占 0.3%（见图 1）。

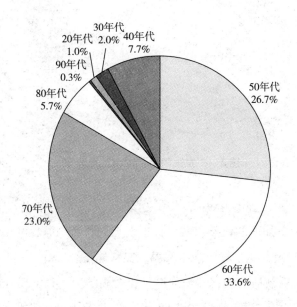

图 1　300 名"意见领袖"的出生年代分布

从统计数据明显可以看出，"意见领袖"中出生于 50 年代至 70 年代的人居多，合计为 250 人，占据样本总人数的 83% 强，300 名"意见领袖"中以 40～60 岁年龄段的中年人居多。

3. 出生地与现居地分析：多来自二线区域，现居一线城市

分析 300 名"意见领袖"的出生地，可以看到，出生于一线城市（各省会大城市）的有 56 人；境外的有 8 人；多数人群出生于二线区域，有 236 人，其中农村区域（含县城及其以下）为 163 人，城市区域 73 人（见图 2）。

从近两年所在地来看，绝大多数"意见领袖"生活在一线大城市。北京成为样本中人数最多的城市，高达 190 人，约占据样本总人数的 63%；上海次之，为 25 人，约占 8%；广州＋深圳居第三位，有 18 人，占 6%。其他国内各省市之和仅为 42 人，合计占样本总人数的 14%。

多数"意见领袖"从二线区域闯入一线城市，对草根社会的观察和体验有切肤之痛，而其个人奋斗的经历对年轻人有吸引力。有少量网络"意见领

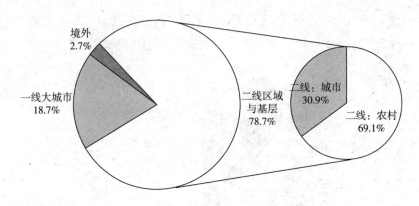

图 2　"意见领袖"的出生地分布

袖"则生活在境外（含港澳台），人数为 25 人，占 8%。如我国台湾的李敖、香港的马鼎盛及新加坡的作家六六、日本人士加藤嘉一等。

4. 学历与学科背景：学历水平偏高，文科居多

300 名"意见领袖"中，多数人群具备较高学历，其中拥有博士学历的有96 人，占 32%；拥有硕士学历的有 68 人，约占 23%；大学及大专学历有 114人，占 38%；没上过大学的仅 22 人，约占 7%。另外，在 300 名"意见领袖"中，有 95 人有过境外学习的经历。

据统计，在 278 名上过大学的意见领袖中（占样本总数的 93%），知识背景为文科、理工科、军事学科的人数分别为 253 人、22 人和 3 人，所占比例约为 91%、8% 和 1%。在 253 名文科类"意见领袖"中，中文学科类知识背景的人数最多（达 77 人），新闻/传播学科类的有 65 人，经济学科类的有 47人，管理学科类的有 39 人，法学学科类的有 37 人，政治学科类的有 21 人，教育学科类的有 19 人，历史学科类的有 18 人①（见图 3）。

5. 职业分布概况：媒体圈、高校人数最多

从 300 名"意见领袖"从事行业与所属单位性质来看，新闻媒体圈人数最多，有 83 人，占 28%；其次为高等院校，有 61 人，约占 1/5；再次是企业组织，有 42 人，约占 14%。自由职业者有 34 人，约占 11%；研究机构 30

---

① 考虑有人有多个学科背景，故数据含累计计算。

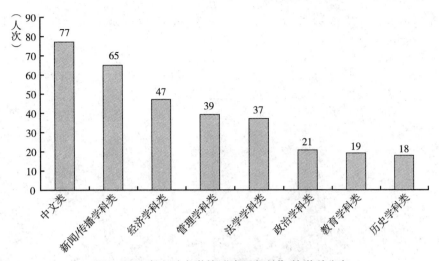

图3　278 名上过大学的"意见领袖"的学科分布

人，占 10%；退休人员有 11 人；从事社会团体与公益事务的也有 10 人。另外，来自党政军系统的人数也不少，其中党政机构 26 人，军方 3 人（见图4）。

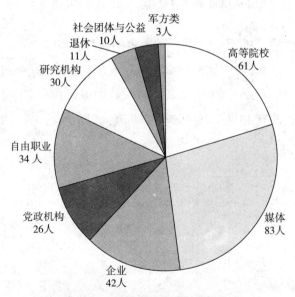

图4　300 名"意见领袖"职业分布

值得一提的是，在 300 名"意见领袖"中，扣除目前党政军系统的 29 人，还有 120 人有过体制内职业经历。如知名网友"十年砍柴"，曾工作于

国家某部委，因国务院机构精简分流到媒体，后成为独立专栏作家和网络名人（见图5）。

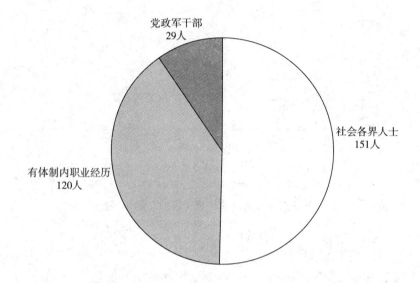

图5 300名"意见领袖"体制内经历情况

6. 年收入水平：10万～60万元收入者的人数居多

据统计显示，300名"意见领袖"年收入在10万元以下者仅有16人，约占5%；年收入在10万至60万元之间的人数居多，共有209人，约占70%；60万至200万元的有48人，占16%；200万元以上的占9%，有27人。

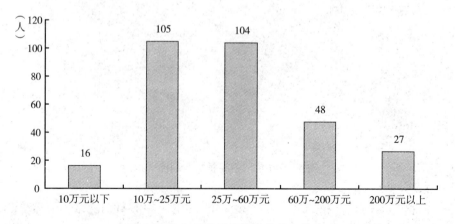

图6 300名"意见领袖"的收入情况

7. 多数能在传统媒体发声

300 名"意见领袖"中，绝大多数人士与传统媒体保持着较好的互动关系。据检索发现，在 2013 年，有 263 人（约 88%）在传统媒体上发表过署名文章或评论，或曾在电视台出镜。"意见领袖"能在传统媒体发声，有助于对现实国情的理性把握、平和表达，进一步提升个人的影响力。

8. 政治与经济观念

据观察分析，300 名"意见领袖"中，政治价值观属于自由派、对政府和现行体制有较多批评、偏右翼的人数较多，有 162 人，约占 54%；偏左翼的有 53 人，约占 18%；属中性的有 85 人，约占 28%。而在经济理念[①]上，偏右翼的人数有 111 人，约占 37%；偏左翼的有 98 人，约占 33%；较为中性的 91 人，约占 30%，基本呈现三分格局。

耐人寻味的是，经济理念上重视效率的"市场派"比政治理念上的"自由派"的占比低了 17 个百分点，这提示在呼吁深化改革的"意见领袖"中，也有人意识到三十几年经济改革带来社会分配不公、官场寻租等弊端，市场至上的主张影响下降。

（三）"意见领袖"的倾向性分析

从 300 名"意见领袖"名单中，进一步抽取更为活跃的 100 人，进行帖文语义分析。筛选出年度影响网络舆论的 20 个批判性词语，统计每个"意见领袖"使用这些关键词的次数，试图归纳出其意见倾向性。

运用新浪微博高级搜索功能，可发现这 100 名"意见领袖"在微博中提及次数最多的 20 个词语，依次是：政府、改革、自由、儿童、腐败、司法、举报、道德、谣言、公平、城管、房价、校长、移民、上访、强拆、民生、雾霾、转基因、性侵。其中，提及"政府"的微博占样本总量的 27.37%，提及"改革"的微博占 12.29%，提及"自由"的微博占 11.20%，提及"儿童"和"腐败"的微博分别占 5.31% 和 5.29%。这些微博都超越了对个

---

① 对"意见领袖"经济理念的划分是，更看重公平、对市场经济抱有疑虑的为左翼，更看重效率、反对改革前的计划经济的为右翼，主张公平与效率并举的为中性。

人生活境遇的关切，多与国家的政策走向相关，显示出"意见领袖"的家国情怀（见图7）。

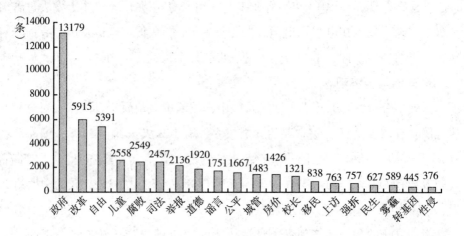

图7　年度网络舆情关键词分析

注：样本量48148条，时间跨度为上一年互联网舆情报告截稿的2012年11月1日至2013年10月31日。

在监测时段内，这100名"意见领袖"的微博总量为46.3万条。通过统计每个职业类别的人数与微博总数，发现作家的人均微博最多，达7667条；其次是律师、资深媒体人和公益人士，人均发博分别约为5308条、4649条和4624条；而党政干部、普通记者和主持人的人均微博数都在1000条以下。

进一步分析表明学者群体在各类舆情事件中最为活跃。如学者刘胜军关注与"改革""腐败""公平""移民"相关的舆情事件，政策"改革"是其微博的主旋律，"腐败"论与"公平"论常引起网友共鸣。在关键词涉及的具体舆情事件中，大部分学者希望中国能够进行深层改革，扶助民生，进而改良中国现状。

数据显示，律师群体在吏治反腐类的司法舆情，以及涉及上访、强拆的舆情事件中尤为活跃。律师一方面维护当事人权益，要求政府给出合理解释；而另一方面，在多起重大司法案例中也有发动"舆论审判"的嫌疑。无论是李某某案还是夏俊峰案，一些未经查证的事实和观点都在不同程度上误导了舆论，有悖于律师职业伦理。《检察日报》文章《律师发动舆论审判的恶果》指出，"舆论审判对于法律的权威、对于司法的公信而言，只会产生更加严重的打击和伤害，而不是拯救"。

媒体人群体是微博议程设置的关键角色。媒体人实名举报掀起了网络反腐高潮，但在重大公共事件中某些事实和观点的"偏差"，也加剧了社会对抗性情绪，提高了舆情处置的难度。

概括而言，"意见领袖"这个新的族群已经在网络虚拟空间活跃很久，同时对现实的社会进程产生了不可低估的影响。社会转型期，他们在一定程度上成为民意的代言人，向政府陈情，施加舆论压力，但又经常畸形放大某些超越现实可行性的偏激诉求。在 2008 年中国互联网舆情分析报告中，我们把关注新闻时事、在网上直抒胸臆的网民称为"新意见阶层"，网络"意见领袖"就是这个阶层最活跃、较有影响力的部分。客观评估他们的建设性和合作精神，去团结包容他们，减少其对体制的对抗性，是意识形态工作和社会管理创新的一个重要方面。

三 打击谣言与网络舆论格局的新变化

（一）互联网治理的四个节点

2013 年 8 月以来的打击网络谣言，警方抓捕违法"大 V"，急风暴雨的运动式治理，对全社会产生震撼，似乎政府对互联网的态度以打压为主。其实近年来互联网治理已经形成一整套较为完整的刚柔并济的思路，有如下 4 个重要节点。

2011 年 10 月 13 日，国信办召开"积极运用微博客服务社会经验交流会"，鼓励党政机关和领导干部开设微博客、用好微博客。

2012 年 7 月 21 日北京暴雨之夜，《人民日报》开通法人微博，现已成为第一大媒体微博，带动一大批体制内媒体前进到微博舆论场域，积极引导舆论。

2013 年 8 月 10 日，国家互联网信息办公室主任鲁炜提出互联网"七条底线"，体现了网民自律和网络社区自治的柔性治理思路。

2013 年 9 月 9 日,"两高"出台《关于办理利用信息网络实施诽谤等刑事案件适用法律若干问题的解释》,标志着对网络消极现象从被动应对变成主动依法治理。

四个节点表明,政府对互联网既要强力管制,也要生态调节;既要善管,更要善用。

(二)微博"国家队"的成长

政务微博到 2013 年岁末约 20 万家,已成政府新闻发布和突发事件处置的"标配"。党政部门通过政务微博第一时间通报权威信息,成为新闻信源和事态演变的重要变量。济南中院官方微博直播薄熙来案审理,仅在人民网的账号,就有粉丝 115 万,庭审四天半所发微博总阅读量达到 5 亿。在陈水总制造公交车起火案后,@厦门警方在线发布 9 条微博,不仅通报案件信息和救援情况,而且发出"今晚无眠,厦门之痛""坚强厦门,爱厦门,共努力"等充满哀思的微博,累计收获网民转评近 2 万条。在曾成杰被秘密执行死刑后,长沙市中级人民法院的官方微博称:"法律没有明文规定,对犯人执行死刑时,犯人必须跟亲人见面。"网友称为"冰冷回复",群起而攻之。半小时后法院删除此条,微博道歉帖收获超 7 万次的转评数,甚至有网友敦促院长引咎辞职。

体制内媒体微博以@人民日报一马当先,它诠释主流立场、回应网民关切,促进政府和民众之间的相互理解和包容,有了较高的黏合度。人民日报的新浪微博,截至 2013 年 10 月底,被@2700 万次,这与其 1100 万粉丝同样重要。

体制内媒体在党政领导人出访、干部人事贪腐案件、重大自然灾害事故、社会安全事件、公共卫生事件等方面,介入及时,力度大,发挥了舆论主导作用。以 2013 年各地发生的禽流感事件为例,体制内媒体的反应速度已经逐渐赶超网民和市场化媒体。在芦山地震中,8 时 8 分新华网官方微博@新华网发布四川雅安 5.9 级地震的消息,是最早发布地震消息的媒体。9 时 10 分,新华社官方微博@新华视点发消息称其报道组正在前往灾区的路上。9 时 55 分,《解放军报》记者部官方微博@军报记者消息称"成都军区第一批抗震救灾工作组已经出发，赶往灾区"。而地震发生地的四川卫视形成了电视主播、微博配合、连线现场的三位一体式报道。对上午微博提供的各种求救线索和事件，现场记者都进行了后续的追踪，微博发布者与电视台记者完美地进行了任务的交接。例如，地震宝宝的后续报道，救灾途中军车坠入悬崖的报道，宝兴县孤岛的报道，灾区写生学生顺利返家的报道等。

（三）网上体制内外的力量对比

目前互联网舆论的力量构成，主要分为民间"意见领袖"、市场化媒体、体制内媒体和政务微博四支力量。

本文抽取 2013 年的热点舆情 100 件，发现首发曝光的媒介中，体制内媒体所占比例接近三成；市场化媒体首发曝光的约占 1/4；而网民和网络认证用户通过互联网自媒体曝光的则接近半数，但很多爆料也是因为市场化媒体或体制内媒体的介入而迅速升级扩散（见图 8）。

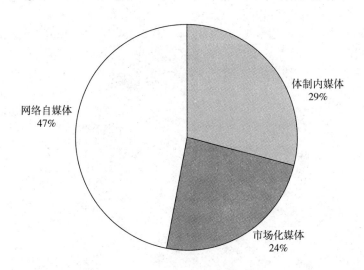

图 8　100 件热点舆情中首发曝光的媒介

互联网为大众提供了信息互动平台，不断成长为新闻曝光、舆情发酵与传播的主要渠道（见表 2、图 9）。

表2　2013年网络自媒体首发的热点舆情

时间	地区	事件/话题	最先爆料者	主要载体
2013/5/12	北京	国家发改委副主任刘铁男案	罗昌平	微博、网站
2013/5/24	江苏	埃及千年神庙刻"到此一游"事件	空游无依	微博、博客
2013/1/16	全国	"光盘行动"	徐侠客	微博、图片网站
2013/1/10	辽宁	东港市80后女副市长履历事件	记者刘向南	微博
2013/5/6	北京	复旦大学投毒案"唤醒"朱令案	一毛不拔大师	微博、网站
2012/12/26	河南	郑州"房妹"事件	赵某	论坛、微博
2013/2/12	山东	山东潍坊地下水污染传闻	多啦A梦YU	微博
2013/3/8	上海	黄浦江水域发现大量死猪事件	少林寺的猪1986	微博
2013/4/3	海南	三亚海天盛筵事件	曹思阳	微博、图片网站
2013/5/7	湖南	网传湘潭27岁副县长事件	湘潭爆哥007	微博
2013/5/8	北京	京温商城安徽女孩坠亡事件	彭某	微博
2013/5/24	云南	昆明PX项目遭遇抵制事件	本人是临时工	微博
2013/5/31	陕西	延安城管双脚踩商户头部事件	狂奔di蚂蚁	视频网站
2013/6/7	福建	厦门公交车起火事故	不详、陈水总	视频网站、微博
2013/7/3	北京	北京"黑导游"刀逼购物事件	山中珍宝	视频网站
2013/7/12	湖南	长沙曾成杰案	曾成杰之女	微博
2013/8/4	上海	上海法官涉嫌集体嫖娼案	陈某	微博、视频网站
2013/8/10	山东	平度陈宝成抗拆事件	陈宝成	微博、论坛、博客
2013/9/17	甘肃	张家川初中生发微博刑拘事件	杨某	微博
2013/9/24	陕西	"房姐"龚爱爱案	不详	论坛、微博
2013/10/14	浙江	余姚干部因视察被背照片而免职	哈桑其	微博

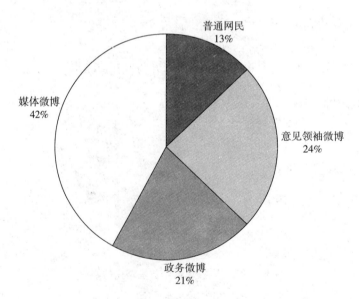

图9　100件热点舆情的话语权分布

注：话语权数值主要参考事件发生过程中，不同类型微博在事件曝光、发酵、升级和舆情处置中的覆盖面和活跃度，以是否成功实现议程设置或使舆情发生重要转折，评估某一事件中哪一类型微博话语权最高，并对全部案例进行统计。

很多舆情事件更多是复合型的议程设置，民间"意见领袖"、传统媒体、草根网友常常形成"默契"，共同推动话题升温。

表3 政务微博、体制内媒体微博和网络意见领袖微博互动效果

	微博名称	微博净增数	被评论总数	被转发总数
政务微博	北京发布	6887	56398	241943
	上海发布	7903	337825	1870682
	南京发布	6896	110199	450650
	成都发布	8543	118013	489822
	平安北京	4654	263506	1142581
	豫法阳光	8490	247000	146270
	广州公安	9107	127127	532773
	石家庄共青团	7767	102723	216937
	公安部打四黑除四害	5168	215634	804708
	警民直通车	6095	928401	421352
体制内媒体微博	人民日报	14075	3826633	17571039
	新华社中国网事	5312	163155	614443
	央视新闻	15442	2971404	11681678
	人民网	13656	386250	1559625
	南方日报	14809	684346	2692257
	新华视点	15352	344981	1826203
	中国之声	11258	416229	988925
	广州日报	19140	704112	3224010
	中国新闻网	11033	191519	852484
	经济之声	5567	55439	281429
网络意见领袖	李承鹏	353	629581	2802116
	韩寒	47	2233301	6062152
	李庄	1127	406284	979772
	李开复	4728	3568619	15246034
	孔庆东	11886	107280	441950
	邓飞	5978	106004	790837
	任志强	14821	1769295	8928647
	潘石屹	3257	1719724	5297614
	姚晨	372	4344621	8344572
	于建嵘	274	169395	549664

注：三类微博各选取较为活跃的 10 个账户，统计时段为 2013 年 1 月 1 日至 2013 年 11 月 5 日。

数据显示，仅就入选的三类微博账户而言：微博净增数，体制内媒体微博第一；政务微博第二；"网络意见领袖"居末位，只有体制内媒体微博的约1/3。博文转评总数，"意见领袖"第一；体制内媒体微博第二；政务微博居末位，不足意见领袖影响力的14%。体制内媒体微博和政务微博两组相加，影响力仍逊于意见领袖。这组数据显示出微博舆论场上国家队在帖文数量上已取得优势，下一步需要提高正面舆论的说服力、感染力（见表3）。

（四）媒企博弈挑战媒体公信力

新闻和企业的博弈，是2013年舆论生态的一个重要侧面，媒体前所未有地遭遇公信力危机。特别是《新快报》记者涉嫌收取50万元好处费炮轰中联重科，让媒体人在这一年过得沉重。

专家指出：媒体也是一种"隐性公权"，谨防"寻租"。不能因为长沙警方执法的程序瑕疵，而原谅《新快报》记者人格和报格的失守。打铁还要自身硬，新闻媒体的公器私用，有负于舆论监督的社会责任和公众信赖。而企业的不正当竞争，各自供养记者和官员，掩盖或歪曲事实真相，也侵蚀着媒体的操守。

《京华时报》连发70多个版面与农夫山泉的对峙，似也深陷利益纠葛。有网友发帖评《京华时报》的有关报道《四问农夫山泉，请你正面回答》：说这种意气十足的标题，已失去了媒体监督的分寸感。"你，你，你"，中立客观感没有了。而农夫山泉的企业微博则发帖回击：这个问题，你必须给公众讲清楚。《京华时报》，你跑不掉，也别想跑。

在这对"你和我"的矛盾冲突中，双方都丢掉了一个更重要的第三方，即消费者和公众。媒体在监督报道中如何摆正自己的位置，超越利益纠葛、还原事实真相？中国记协在这场有巨大争议的媒企之争中，如何给媒体人提供一些职业价值规范？

中央电视台等体制内媒体对苹果、星巴克不惜篇幅地进行批评性报道，也引起了网络舆论的反弹。国家级媒体维护本国消费者的权益，是一件利国利民的好事，但同时需要倾注更大的心力关注和监督国内企业所提供的产品、服务，如奶粉安全，因为后者更关乎普通老百姓的日常生活。

2013 年第一个舆情热点——《南方周末》新年献词事件，涉及宣传主管部门与媒体的关系。新闻管理的底线不容挑战，但管理的方式需要与时俱进。出现在南方报业集团门口的市民抗议人群，左右咸集，显示公众对舆论表达和舆论管理的极度敏感。社会转型期居高不下的舆论压力，显示出现实生活中有更大的社会压力亟待释放。

四 互联网的生态治理

互联网在中国经过狂飙突进的发展，已经成为中国社会的"最大变量"。本届政府强化了互联网作为主流意识形态的"阵地"意识，要求守土有责，守土尽责。预测 2014 年和今后十年互联网的发展和管理，需要处理好如下几对矛盾。

（一）互联网与体制的磨合

从 2001 年人民网突破地方政府的严密封锁，率先披露广西南丹矿难，到孙志刚事件中网络舆论沸腾，推动《城市流浪乞讨人员收容遣送办法》恶法废止，互联网十几年来就是在与体制的摩擦和磨合中，从 BBS、QQ、博客前进到微博客、微信，获得持续发展。

从王立军事件到"十八大"召开、全国"两会"换届，网上对改革走向的激辩，在政治窗口期结束后，成为一种体制不能承受的杂音。而民间网络反腐的亢奋，容易激起官员的抵触心理和体制的自保反应。2013 年秋季开始的互联网整治，不妨视为新一届执政团队开启新的十年、奋发有为的雄心和自负。在打造中国经济"升级版"时，需要奠定一个维护体制威权的舆论环境。

但是，中国毕竟已不可能回到改革前高度集中的计划经济大一统局面和"两报一刊"① 统一思想的意识形态格局。互联网是中国社会的"出气孔"和"安全阀"。草根网民的呼声，哪怕是偏激的诉求，释放出来，也有利于政府

---

① 两报一刊：指《人民日报》、《解放军报》、《红旗杂志》。"文革"中有关中央精神和毛主席指示都由"两报一刊"联名文章传达。

和全社会发现基层的问题，及时加以解决，避免小事拖大，大事拖炸。自下而上的民意表达，有助于突破"利益固化的藩篱"，深化改革，增加体制的弹性和张力。

体制需要认可和接纳网民这种新的社会参与力量；与此同时，网民的意见表达和政治参与也要学会克制。这种克制表现为：立足于制度的修复和完善，补台而不是拆台；从具体而微的民生问题和老百姓个人权利维护问题做起，不执著于宏大的政治叙事，放弃在网络空间极易被放大和追捧的英雄主义情结，水滴石穿般推进中国社会进步；把政府和体制视为解决现实社会问题的重要帮手，乃至主导力量，自觉在体制的空白缺漏处拾遗补缺。这些都体现在近年来基于互联网的"微公益"活动中，从"微博打拐""免费午餐"到"光盘行动""大病医保"，"微公益"成为官民联手改良中国的试验田。

从打击网络谣言推测中国政府企图扑灭互联网是没有依据的，互联网在中国的发展不会出现大的倒退。2013 年 10 月 15 日，国务院办公厅发布《关于进一步加强政府信息公开回应社会关切提升政府公信力的意见》，规定与宏观经济和民生关系密切以及社会关注事项较多的政府部门原则上每季度至少举办一次新闻发布会，主动做好重要政策法规解读，妥善回应公众质疑，并积极探索利用政务微博、微信等新媒体。打击造谣传谣的治本之策、长效机制，在于推动政务公开，提升政府的公信力，提高网民的媒介素养。

2013 年 8 月，国务院还印发了《关于促进信息消费扩大内需的若干意见》，设想基于互联网的新型信息消费规模年均增长 30% 以上。

互联网是我们面临的"最大变量"，处置不好是"心头之患"，处置得当就是党和政府"公共治理"和基层民主的新平台。在新十年的开端，在互联网的发展和管理之间如何取得平衡，政府如何在善管互联网与善用互联网之间斟酌损益，未来还有很大的想象空间。

（二）互联网的泡沫和土层

目前互联网信源丰富多彩，从微博、微信到新闻客户端，但信息碎片化。特别是前几年叱咤风云的时政类"大V"，往往是在自己不熟悉的领域发言，信口开河，有的还好勇斗狠，却拥有百万、千万量级的粉丝，属于网络舆论的泡沫。政府大力挤掉泡沫，有利于塑造理性平和的舆论生态，但手法尚待完善。

在一些网络"大 V"频频落马之际，可以考虑包容专家型"中 V"在自己熟悉的领域理性建言。例如，通过对 10 位在各行业具有代表性的专业"中 V"的考察，我们发现以 2013 年 8 月 10 日提出互联网"七条底线"为基点，后 2 个月发博总数比前 2 个月增加 961 条。青少年教育专家孙云晓在 8 月 10 日前 2 个月里日均发帖 11.57 条，后 2 个月里日均发帖 15.79 条。新闻学教授陈昌凤每条微博的平均转评数，由 6 月份的 29.5 条上升到 10 月份的 35.5 条。

（三）网民的自律、自治和他律

政府的网上舆论工作，需要以理服人，以情感人。遇到尖锐的批评声音时，如果没有做好取信于民的政务公开和细致耐心的思想政治工作，警察就冲到前边去抓人"灭火"，就警方来说涉嫌越位，就宣传部门来说则可能是惰政行为。

把打击网络谣言纳入法制的轨道，需要把握好政策和法律的界限。对于网上的杂音，要分清娱乐（审美趣味）、道德和法律三个层面，分类处置；要分清文化批评和法律制裁，多用舌头少用拳头。

尊重和鼓励网络社区的自律和自治，不仅涉及网络舆论生态的健康，而且涉及未来的社会转型，在高度集中的计划经济体制之外，进行社会建设，包容和鼓励民间自组织力量的培育，也是推进治理现代化的重要途径。

（四）自媒体的勃兴和专业媒体的制衡

近年来在网络舆论的研究中，出现了过高估计自媒体作用的倾向。其实，网友的"公民报道"和"围观"只是业余队，而新闻媒体、门户网站才是专业队。政府治理网络乱象，不必只盯着互联网自媒体。"净网"是不可能也是不科学的，互联网本来就是在信息的自由流动和观点的对冲碰撞中，逐渐还原事实真相、凝聚社会共识的。比网络自媒体更重要的，是传统媒体和门户网站发挥好纷乱网络信息的"把关人"和偏激网民情绪的"定海神针"的作用。

抽取 2013 年 20 件由党报、国家电视台、重点新闻网站最先曝光和第一时间介入的舆情案例，发现体制内媒体的及时报道对市场化媒体和行业媒体更能形成强大

社会蓝皮书

的示范效应。从表 4 看，有 50% 党报党刊报道总数超过 300 篇的事件，上升为全国年度排名前 20 位的大事件。而这些年度大事件全部为都市综合类报纸和行业报刊上排名最高的事件，最低热度分别超过 650 篇和 200 篇。在互联网舆论空前发达的今天，党报台网、市场化媒体和行业媒体对舆论议程仍发挥着主导性作用。

表 4 2013 年体制内媒体最先曝光事件的新闻报道情况

时间	事件/话题	党报党刊		都市综合报		行业报刊	
		刊物	文章	刊物	文章	刊物	文章
2013 - 4 - 20	四川芦山地震	220	7673	191	5960	139	4246
2013 - 7 - 25	薄熙来案	201	2490	179	2929	71	717
2013 - 8 - 20	秦火火、立二拆四被拘案	168	724	148	915	57	229
2013 - 9 - 9	"两高"出台司法解释治理谣言	148	490	136	544	47	161
2013 - 8 - 23	薛蛮子涉嫖娼被拘	114	461	156	1065	64	347
2013 - 5 - 13	海南万宁校长带女生开房	127	396	145	814	45	237
2013 - 3 - 26	张辉、张高平叔侄冤案	124	378	126	613	41	142
2013 - 3 - 4	吉林长春两月大男婴随车被盗	121	344	151	655	45	212
2013 - 6 - 26	鄯善县暴力恐怖袭击案	104	323	120	390	28	103
2013 - 4 - 10	湖南凤凰古城收门票事件	110	318	134	487	60	213
2013 - 8 - 12	北京高楼楼顶别墅事件	125	312	142	627	48	142
2013 - 6 - 3	吉林长春宝源丰禽业公司火灾	115	309	122	297	31	232
2013 - 5 - 31	中储粮林甸直属库火灾	127	298	119	352	51	225
2013 - 8 - 16	中纪委开通举报网站	101	278	132	611	42	186
2013 - 10 - 25	浙江温岭杀医案	74	227	117	421	35	130
2013 - 2 - 26	上海致癌"毒校服"事件	85	215	112	278	40	141
2013 - 8 - 27	中石油多位高层被调查	88	206	127	536	53	230
2013 - 3 - 29	吉林八宝煤矿瓦斯爆炸	89	189	100	237	28	71
2013 - 7 - 1	广西贺江水污染事件	56	131	69	151	26	65
2013 - 10 - 10	北漂往返老家北京 6 趟办护照	46	71	70	103	21	26

注：新闻检索时间为 2013 年 1 月 1 日至 11 月 4 日。检索媒体：人民网中文报刊监测系统中收录的 355 家党报党刊、343 家都市综合报、374 家行业报刊。

近年来有些媒体的新闻报道成为网络帖文的印刷版，媒体微博的立论成为网络"意见领袖"的尾巴，有损于专业媒体的高度和使命。需要专业媒体在一些大是大非问题上，包括维护法治、维护国家利益，促进社会对话而不是对抗，倡导建设性心态等方面，超越网上极化思维，勇于发出中道理性之声。

大学生生活和价值观

——基于 12 所高校学生调查数据的分析

赵联飞　田丰*

摘　要:

　　"90 后"已经成为大学生的主体,他们的生活和价值观状况对中国未来的发展潜藏着重要的影响。"90 后"的成长历程也正是全球化和信息化浪潮席卷中国的历程,全球化和信息化对"90 后"大学生影响颇深,他们玩着智能手机,用着笔记本电脑,看着美剧,听着欧美的流行音乐,在网络上与好友聊天。同时,当代大学生面对的是一个社会贫富差距拉大、社会信任缺失、个人主义盛行的社会,他们正在以自己的眼光审视并建构其生活世界。

关键词:

　　"90 后"　大学生　生活　价值观

　　自 20 世纪 90 年代中后期高校扩招以来,高等教育日渐普及,大学生从"天之骄子"变为"芸芸众生",成为当前社会中不可忽视的社会群体,甚至在一定程度上改变了中国的社会结构。以发展的眼光看,当代大学生必然成为未来的国家栋梁,大学是他们从学校走向社会、从学习走向工作、从青年走向成年、从幼稚走向成熟的必由之路,也是一个人社会化的关键阶段。分析和了解当代大学生的生活方式、价值观念和社会态度,对把握未来中国社会的总体走向和演进趋势具有极其重要的意义。本文使用中国社会科学院社会学研究所

---

　　* 作者单位,中国社会科学院社会学研究所。

在 2013 年 10 月完成的"大学生就业、生活和价值观追踪调查项目"① 的基期调查数据，对当前大学生的学习、生活和态度等内容进行分析，力图描述当前大学生的基本状况，以期对政府、学界和社会掌握当代大学生的特点有所帮助。

一 大学生进入"90后"时代，"男孩危机"只是表象

从 1977 年恢复高考以来，"60后"、"70后"和"80后"先后走过大学校园，始于 20 世纪 90 年代后期的高校扩招使得"80后"成为最大的受益群体，而当今的大学校园已经是"90后"的舞台。对 12 所高校的调查发现，近 90% 的在校大学生（含研究生）都是 1990 年之后出生的。伴随着这一代大学生成长的是 1990 年之后中国社会的巨大变革，一方面是肇始于 1978 年的改革开放在 90 年代进入了一个新的历史阶段，中国社会进入全球化的工业体系之中，外来物质文化和精神文化直接且广泛地影响到了"90后"的成长历程。另一方面，从 90 年代开始，以计算机和互联网为代表的信息革命席卷世界各国，"90后"恰逢其时地参与到这场信息革命之中，电脑、手机、互联网成为"90后"生活中必不可少的用具。全球化和信息化的影响，在"90后"大学生身上体现得极为明显。在后续的分析中不难看到，"90后"大学生电脑普及率高、手机依赖程度高、互联网使用率高，并在广泛接触各种信息资源的基础上形成了多元化的价值观体系。

"90后"大学生的成长历程正处于中国经济社会高速发展的黄金时期，加之计划生育政策带来的少子化影响，父母和家庭竭尽可能地为他们提供优越的物质条件。一方面，一些男孩由于过度被保护、被溺爱，身上缺乏男性应有的责任感和阳刚之气；另一方面，在社会人口中男性比例明显大于女性的前提

---

① "大学生就业、生活和价值观追踪调查项目"是中国社会科学院社会学研究所创新工程项目之一。该调查项目在全国范围内抽选具有典型性的 12 所高校，使用网络调查的方式对超过 8000 名大学生进行追踪调查。该调查数据不能推论全国大学生整体状况，仅具有这 12 所高校的代表性。特此说明。具体相关信息请登录网站查阅：http://www.sociology2010.cass.cn/cate/2613.htm。

下，高校校园里却出现了截然不同的女生比例高于男生的情况，有些媒体将这种情形归结于"男孩危机"。据统计，在 1980 年恢复高考三年之后，女生的比例不足 30%，到 2007 年，全国普通高校新生中女性的比例首次超过男性，实现了颠覆性的逆转。本次调查数据也显示这 12 所高校女在校生比例为 52.8%，反映了当前高校中女生多于男生的实际状况。

高校生中的女多男少，并不能归结于所谓的"男孩危机"。从过去的历史来看，多子女家庭占大多数，传统的重男轻女思想也导致普通家庭有可能举全家之力供养男孩上大学，这造成了历史上大学里男生比例高于女生的状况。随着计划生育政策的施行，家庭子女数量减少，特别是独生子女大量出现，家庭在供养子女上大学时已不存在性别选择的机会。而中国现行的偏重于死记硬背的教育和考试制度更适宜女生获得优异的成绩。另外，在就业市场上，女性被歧视的状况没有得到根本性改变，用人单位更倾向于招募男生，从而导致女生只有通过获得更高的学历来赢取与男生同等的就业岗位。故而，将大学生中女生多于男生的现象归结于"男孩危机"有失偏颇。

二 农民家庭大学生不足三成，半数以上大学生递交过入党申请书

在以往的观念中，农民家庭的孩子上大学是"鲤鱼跳龙门"式的飞跃，因为他们的孩子上了大学之后，既能够获得非农业户口，又能够在城市里找到工作，从而摆脱农民脸朝黄土背朝天的生存境况。可以说上大学是农民家庭子女实现社会流动的最重要途径之一。但是近些年来，来自农民家庭的大学生比例下降引发了上自总理、下自平民的全社会关注。这一现象显示的更深层次的问题是代际社会流动的停滞和社会阶层的固化。根据我们的调查数据分析，大学生中父亲职业为农民、渔民和牧民的比例不超过 30%，大学生在高中毕业那一年家庭在农村地区的不足 45%，即父亲职业为务农的比例大大低于来自农村家庭的比例。这一现象背后有整个中国社会结构变动的因素，农村人口比例的下降尤其是务农家庭比例的下降是大学生来自农民家庭比例下降的重要原因。当然，除了社会结构变动的因素之外，大学学费高昂和大学毕业生就业难

带来的高等教育收益率下降等问题也导致了农民家庭的子女倾向于在结束义务教育之后走向就业市场。可见，在高等教育不平等的背后是社会结构变动和机会成本变化综合作用的结果。可是，另一个能让人忧虑的问题也在调查数据中体现出来，即来自农民家庭的大学生在重点大学、普通大学和职高类院校的比例是依次上升的，这意味着在高等教育普及的大背景下，能够进入重点大学接受精英教育的农民家庭孩子比例是显著低于非农民家庭孩子的。如果我们考虑到未来中国社会中可能出现一个社会精英阶层，那么这个精英阶层的先赋身份显然不会是农民，而来自农民家庭的孩子即便接受了高等教育，也只能沦为相对的弱势阶层。这种可能出现的现象带来的最大恶果是不断巩固和强化中国社会的不平等格局，打破高等教育能够推进社会平等的"神话"。

实际上，在中国社会另外一个有助于向上社会流动的方式是获取政治身份，通过入党获取政治身份而获得更多的机会在大学生当中已经成为一个不言自明的规则。比如，目前的公务员招考中一些岗位要求具有党员身份，如果没有党员身份则可能丧失一次工作机会。在12所高校的调查中发现，大学生群体中已经获得正式党员和预备党员身份者占1/4强，曾经提交入党申请书的大学生接近六成。这说明无论出于何种动机，大学生入党的积极性是非常高的，他们在获取知识的同时也在追求政治上的进步。但不可忽略的是，调查数据表明，重点大学学生中正式党员和预备党员的比例显著高于普通大学，普通大学学生中正式党员和预备党员的比例又高于高职院校，这种状况造成的结果就是中国大学造就出的"社会精英"是知识精英和政治精英的合体。其优点在于容易形成一个一致性很强的社会精英群体，缺点是可能加剧少数社会精英群体与普通大众的分化。

三 音乐、影视等文化休闲活动"西风"盛行，日韩影响力趋弱

大学阶段是形成人生观和世界观的关键时期。各类文化活动对于他们的人生观的形成有着潜移默化的作用。音乐和影视则是大学生日常生活中经常接触、带有深刻内涵的文化表现形态。我们在调查中也关注到大学生在欣赏音乐

和影视作品的类型及其背后代表的文化因素。从调查结果看，在大学生喜欢的音乐类型中，中国当红流行音乐比例居第一，第二是欧美流行音乐，主旋律歌曲占据第三位，香港流行音乐居于第四，而日韩流行歌曲的受众比例不高，只有15.2%的大学生将其列为最喜欢的音乐类型之一（见图1）。由于地理位置和文化传统上的接近，在港台音乐流行之后，日韩音乐一度被认为是中国人最容易接受的音乐类型，但这种哈韩哈日的情结消散速度可能与其兴起的速度一样快。互联网的普及一定程度上缩小了地域上的距离，欧美音乐的可及性大大提高，加之近年来中日关系的紧张也影响了文化层面的交流，喜欢欧美音乐大学生的比例是喜欢日韩音乐大学生比例的2倍多。这也说明，中国大学生在接纳西方文化时，已经不再需要以港台、日韩作为跳板，具备了直接获取、欣赏和吸纳欧美文化的能力。同时，考虑到大学生大多学习英语，欧美流行音乐多为英语歌曲，也对欧美音乐的流行有所帮助。大学生选择音乐时的主要依据是歌曲的曲调优美、歌词引发的共鸣和符合自己的心情，他们的选择也说明以往港台和日韩以造星为音乐推广模式无法继续笼络中国的年轻听众，低门槛的音乐选秀和造星运动在大学生群中的影响力相对较弱，这也为中国的音乐人选择发展道路和模式带来启发。

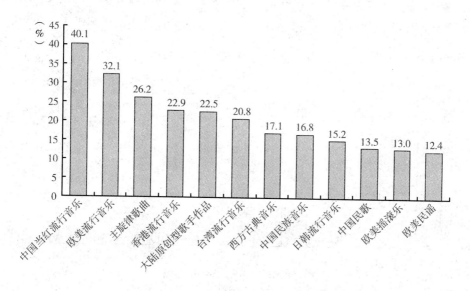

图1　大学生平时最喜欢的音乐作品类型

在影视作品中"西风"盛行的状况更为明显。调查数据显示，接近四成的大学生选择美剧作为平时最喜欢收看的影视类型，美剧甚至超过国产剧成为大学生的最爱，而平时最喜欢韩剧和日剧者的比例均不足一成（见图2）。事实上，仅仅是几年前，以《蓝色生死恋》《大长今》等为代表的韩剧风靡中国内地，产生了相当规模的学生追星族，韩剧也一度成为中国大学生的"必修课"。韩剧跌下神坛的速度很快，与内容层出不穷、剧情跌宕起伏的美剧相比，剧情单一冗长、节奏缓慢的韩剧逐渐失去了中国青年人市场，特别是韩剧中穷苦女孩与白马王子的故事与中国社会现实的脱节，也是韩流退潮的重要原因。中国的大学生在选择影视作品时更加注重其角色塑造和情节设计，以及影视作品引发的对人生的感悟和思考，韩剧中注重演员形象和画面唯美的方式已经不再符合中国青年观众的审美要求。另一个重要原因是美剧的兴起与中国至今仍然蓬勃的留学热有巨大联系。美剧在中国大学生群体中的热播，原因一方面是中国的大学生希望通过看美剧来提高英语能力，以满足出国留学和英语考试的要求，另一方面是大量的赴美中国留学生成为美剧传播的"使者"——当前流行的美剧中，大部分的字幕翻译都是赴美留学生完成的。实际上中国最先流行字幕制作的是日本动漫和港台的娱乐节目，但随着互联网的普及，美剧资源获取便捷程度提高，再加上有庞大的留学生群体和英语学习需求，美剧的流行也就不再奇怪了。

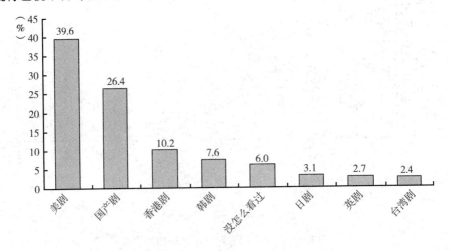

图2 大学生平时最喜欢的影视作品类型

欧美音乐和美剧的盛行留给中国一个沉重的困惑。在全球化和信息化的社会中，如何在青年人群中弘扬中国的传统文化？或者换一种说法，为什么中国社会生产出的文化作品反而没有在西方文化背景下生产的文化作品更能够引发青年人的喜爱和共鸣？

四 大学生手机依赖程度较高，苹果仍然是手机中的"神器"

手机在大学生中的普及程度很高，几乎所有的大学生都拥有自己的手机。智能手机的兴起改变了人们的日常生活，也提高了大学生对信息通信的要求。调查显示，接近七成的大学生已经装备智能手机。除了普通手机的通话和短信功能之外，可便捷接入互联网成为智能手机的最主要的功能。调查显示，超过六成的大学生经常使用手机上网聊天，超过四成的大学生经常使用手机浏览新闻、获取资讯，接近四成的大学生经常使用手机浏览微博，还有接近两成的大学生经常使用手机收发邮件。可见，智能手机普及后取代了电脑的部分功能，尤其是与网络相关的电脑功能，这意味着未来的手机应用模式将逐渐从单一通话向全方位的生活应用功能转变。如果考虑到无论是 ISO 系统还是安卓系统均有大量的应用软件支持，在手机、电脑和客户端的互联互通的支持下，大学生群体已经培养和巩固了使用手机以方便日常生活的习惯，这一转变势必改变人们未来的生活方式，也会成为人们生活不可分离的一部分。

智能手机的应用方便了大学生的日常生活，但是也导致他们对手机不同程度的依赖。有接近一半的大学生对自己出门忘带手机感到不习惯，有 1/4 强的大学生表示日程安排、学习娱乐等日常生活都离不开手机，还有 1/5 强的大学生表示如果手机无法接入互联网会感到焦虑，尝试没事的时候不看手机但很难。有 23.8% 的大学生在上课、开会时也常常看手机，只有 14.0% 的大学生认为自己在学习时不看手机（见表 1）。

从上述分析能够看到，大学生对手机的依赖程度比较高。究竟手机的使用对大学生群体造成了何种影响？调查数据分析表明，大学生使用手机的获益主要在于增加了交往和沟通、丰富了知识和资讯，但同时也带来了浪费时间、

表1 大学生对手机的依赖情况

单位：%

	非常像	有一点像	不太像	完全不像
出门忘带手机时感到很不习惯	49.7	33.3	12.1	5.0
手机无法接入互联网时感到焦虑	20.9	40.7	28.1	10.3
学习的时候我不看手机	14.0	35.6	42.1	8.2
上课、开会时也常常看手机	23.8	46.4	23.4	6.4
休息时间里我关掉手机或者设置静音	38.9	26.0	24.7	10.4
跟同学和朋友在一起时我不看手机	15.2	39.1	39.0	6.7
尝试过没事的时候不看手机但很难	20.0	38.6	30.9	10.4
日程安排、学习娱乐等日常生活都离不开手机	25.4	36.7	28.1	9.8
用智能手机和普通手机对我来说无所谓	11.7	26.3	40.7	21.3

耽误听课、耽误学习等问题（见图3）。因而针对手机使用和手机依赖的问题，不宜过度强调手机的危害，应该提倡大学生有节制地使用手机。毕竟成长于全球化和信息化背景下的"90后"大学生不可能再像他们的父辈和前辈那样被拘束在单一的中国文化和单纯的大学校园之中，拥有更为广阔视野的他们应当在新的社会环境里使用新的工具来实现自己的人生目标。

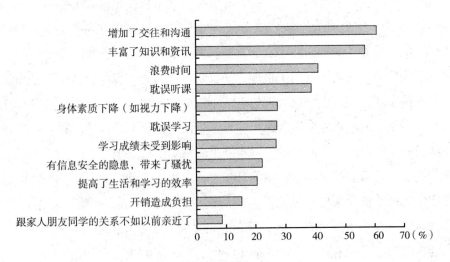

图3 大学生对手机使用影响的自我感知

在大学生使用的手机品牌中，三星、诺基亚和苹果居前三位，小米手机异军突起，在大学生群体中的保有率甚至超过了HTC、华为和联想等传统的国内品牌。而索尼、爱立信和摩托罗拉等品牌则趋于没落，这也意味着智能手机时代的王朝接替（见图4）。苹果手机由于定位高端、价格昂贵，在大学生群体中的市场占有率不是第一，却是大学生心目中的手机"神器"，超过三成的大学生表示，如果没有预算上的约束，他们会把苹果手机作为购买的第一选择。三星位居第二，有大约1/4的大学生将其作为第一选择；小米手机虽然位列第三，却只有7%的大学生将其作为第一选择。国外相关的研究认为，苹果手机能够在短时间内占据较大的市场份额，与大学生群体对苹果手机的高度认同有紧密联系。如果将此经验类推到中国市场，那么可以预期未来中国手机市场份额中，苹果和三星仍将占据优势，国产品牌手机崛起仍有待时日。

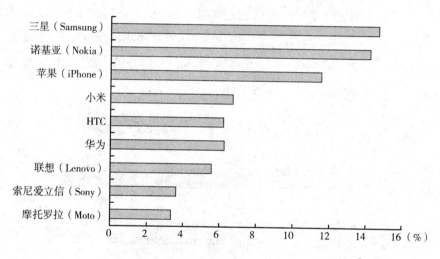

图4　大学生群体中手机品牌的市场占有率

五　大学生的网络参与

中国互联网在1995年进入民用，随着计算机价格的快速下降以及移动互联网的迅猛发展，截至2013年6月底，我国网民总数达到5.91亿，其中手机网民4.64亿（CNNIC，2013年7月）。"90后"大学生正是在这样一种网络快速普及的环境中成长起来的。他们见证了网络接入从"高端消费"转为"平民消费"的过程，同时经历了网络应用从办公工具向娱乐工具的嬗变。由

于有得天独厚的网络接入条件和较好的文化基础，大学生群体是网络参与的最活跃人群；而在网络参与过程中，他们也形成了自身对于网络的态度。大学生的网络行为和态度折射出当前社会的主流思潮，反映了网民在诸多社会态度上的基本倾向；而进一步的分析则显示，在大学生这一日益庞大的群体中，有关网络参与的行为和态度也正在逐步分化。

（一）触网时间早，上网时间长，移动上网日常生活化

图 5 的数据表明，"90 后"大学生是名副其实的"网络一代"。他们之中超过 30% 在小学期间即开始接触互联网，35% 左右在初中期间接触互联网，20% 左右在高中/技校/中专阶段接触互联网，而在大学期间才接触互联网的比例仅为 5% 左右。相比之下，"80 后"大学生的初次触网时间在阶段上要晚一些，仅有约 15% 的"80 后"在小学期间触网，大部分的"80 后"是在初中和高中阶段（或者相当于高中阶段）触网（见图 5）。

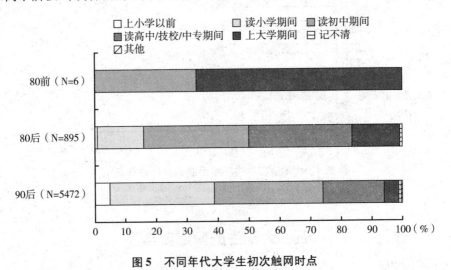

图 5　不同年代大学生初次触网时点

据 CNNIC 的数据，我国网民每周上网时间平均为 21.7 小时，平均每天为 3.1 小时。[①] 而大学生上网时间比起网民平均上网时间要长得多。根据本次调

[①] 本文中凡是涉及网民总体的数据，如无特殊说明，均引自中国互联网络中心（CNNIC）于 2013 年 7 月发布的《第 32 次中国互联网络发展情况统计报告》。

查，大学生平均每天上网时长为5.9小时。① 同时，不同年代的大学生在上网时长方面的差异也颇为显著。图6表明，大学生群体中，"80后"日均上网时间长于"90后"大学生。我们分析，这主要是因为在校的"80后"大学生基本上处于研究生阶段，无论从其时间安排的弹性和学习的需要来说，使用网络的时间都更长（见图6）。

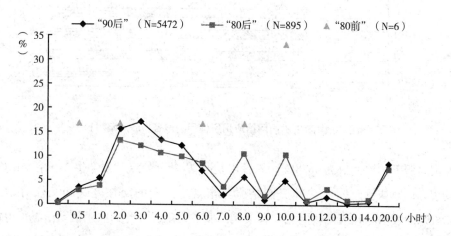

图6　不同年代大学生日均上网时间长短分布

随着智能手机和无线局域网的普及，移动上网在大学生中十分流行。从图7可以看出，大学生在使用微博、微信、看新闻等互联网应用的过程中，手机和笔记本正在成为最为重要的两种网络设备。尤其是在微信和看新闻两项活动中，首选手机的比例甚至超过了笔记本电脑；而在微博应用中，二者的比例基本持平（见图7）。

（二）社交网络服务和微博成为大学生的重要交往工具

随着以人人网为代表的社交网络服务（SNS）在国内的流行，社交网络成为网民维护和拓展社会关系网络的重要渠道。对在校大学生来说，由于校园环境相对封闭，社会交往对象相对单一，网络成为重要的交往工具。根据本次调查的数据，67%的大学生使用过社交网络服务，而在2013年6月，全体网民中使用社

① 此处将上网时间在1小时以下的计为0.5小时，15小时以上的计为20小时。

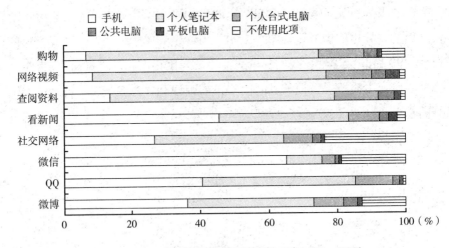

图7 大学生不同网络应用所使用的设备（N＝6378）

交网络服务的比例仅为48.8%，二者相差近20个百分点。大学生中，有90.5%的表示同意或比较同意"社交网络服务丰富了人们的交往方式和交往对象"，83.7%的表示同意或比较同意"社交网络服务为现代社会的休闲活动增添了很多乐趣"；同时，70.9%的也同意或比较同意"社交网络服务耗费人们大量时间"，并且65.1%的同意或比较同意"弱化了人们面对面交往的机会"（见图8）。

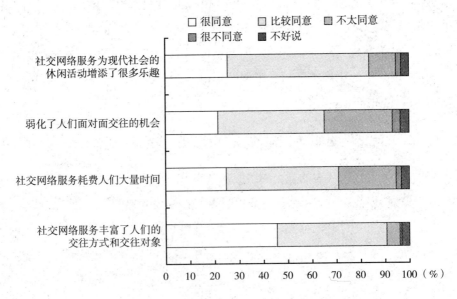

图8 大学生对有关社交网络服务说法的态度（N＝6225）

微博网络表达是互联网出现后的另一个重要应用，它以其短小、易编写且适宜用手机登录的特点，迅速赢得了大学生的青睐。本次调查中，83.6%的大学生表示不同程度地在使用微博，约有3/4的大学生拥有一个微博，而21.2%的大学生表示自己拥有两个微博。约37.9%的大学生的微博昵称使用了自己的真实姓名。在对微博的社会影响的判断上，78%的大学生同意或比较同意"微博已经成为目前最具影响力的传播媒体"，75.3%的大学生的同意或比较同意"微博已成为社会事件的舆论源头"，56.5%的同意或比较同意"微博使人人都可能成为引导社会舆论的意见领袖"，82.1%的大学生同意或比较同意"微博的出现，有助于推进舆论对政府及官员的监督"（见图9）。

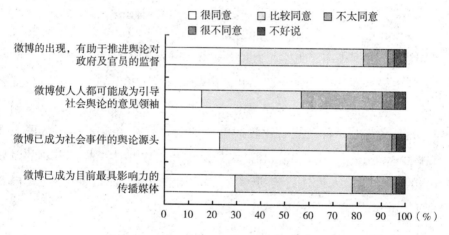

图9 大学生对有关微博说法的态度（N = 6379）

（三）赞同实名制，信任境外媒体，存在"翻墙"行为

网络实名制自2003年以来一直处于争议之中。在微博出现的同时，中国开始实行"后台实名，前台匿名"的互联网监管制度。对这一制度，大学生普遍认同"网络实名制是网络秩序和网络文明的重要保障"；而在支持网络实名制的同时，大学生也担心个人信息泄露问题。约有75%的被调查者表示同意或者比较同意"我总是怀疑我的个人信息会被这些网站泄露"这一说法；并且将近85%的大学生认为网络实名制会削弱网络监督作用（见图10）。

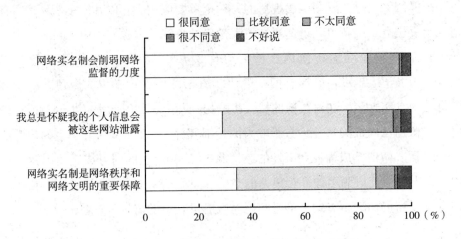

图10　大学生对网络实名制的有关看法（N＝6378）

本次调查数据表明，大学生对境外媒体有较高的信任度，超过半数的被调查大学生表示同意或比较同意"和国内媒体比较，境外媒体的报道更为客观可信"这一说法；而对"境外媒体的报道往往是别有用心的，意在搞乱中国"这一说法表示同意或者比较同意的被调查者约占35%，不太同意和不同意这一说法的约占50%。对"境外媒体和境内媒体一样，有对的时候也有错的时候"这一说法，将近90%的被调查者表示同意或者比较同意（见图11）。

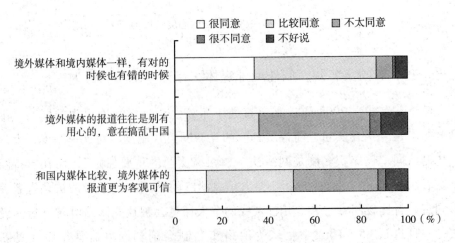

图11　大学生对有关境外媒体说法的态度（N＝6378）

调查数据表明，约有17%的学生有"翻墙"行为，同时约有40%的大学生不知道什么是"翻墙"。而进一步分析表明，大学生"翻墙"的最主要目的包括三个方面：上境外社交网站、查询更全面的百科和历史信息以及查找学术资料（见表2）。

表2　大学生"翻墙"的目的

		响应情况		案例百分比
		频数	百分比	（N = 1988）
您"翻墙"的目的	查找学术资料	464	23.3	42.3
	上境外社交网站（如 facebook、linkdln、twitter 等）	502	25.3	45.8
	浏览新闻	391	19.7	35.6
	查询更全面的百科、历史信息	491	24.7	44.8
	访问成人网站	73	3.7	6.7
	其他	67	3.4	6.1
合　计		1988	100.0	181.2

六　大学生的社会政治态度

（一）对官员满意程度低

与当前各种关于官员腐败、渎职的新闻报道相应，本次调查的大学生中有近60%表示同意"现在大多数官员只关心政绩，不关心老百姓的实际生活"这一看法（见图12），这一调查结果基本上延续了2012年大学生调查结果，表明大学生群体对于政府工作作风的满意程度较低。而对"大多数高级官员都将资产或子女转移到了国外"这一没有任何明确依据的说法，也约有60%的被调查者表示同意。这一情况表明，当前的中国官员在大学生中的口碑不容乐观。

（二）社会信任状况不容乐观

社会信任下降反映了体制转型期间的道德真空和社会规则缺位现象。本次

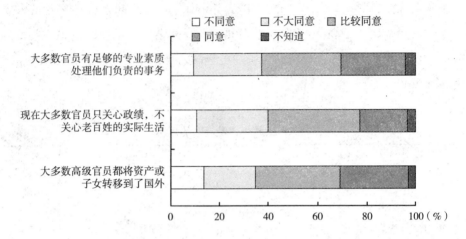

图12　大学生对有关官员说法的态度（N＝6350）

调查用"如果您需要为慈善事业或者自然灾害等事件捐款，您觉得下列机构或渠道的信任程度如何？"这一道题来测量大学生对各类社会组织的信任情况。图13表明，大学生最信任的是朋友和同学这一类"熟人"，而对其他各类社会组织的信任程度都不及此。尤其值得注意的是，红十字会因近年的"郭美美事件"，声誉一落千丈，大学生对其信任程度甚至低于境外慈善组织和第三方支付。

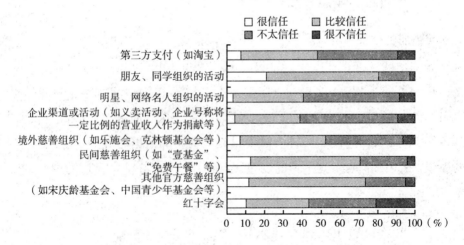

图13　大学生信任慈善机构的情况（N＝6346）

图 14 表明，约有 85% 的大学生表示信任"中央政府的公告"，约有 82% 的大学生表示信任"官方主流媒体（如中央电视台、《人民日报》、新华网等）"，而对地方政府公告的信任度仅为 75% 左右。值得注意的是，大学生对自媒体的信任度并不高，这从一个侧面反映出当代大学生对自媒体时代有足够的理性认识。

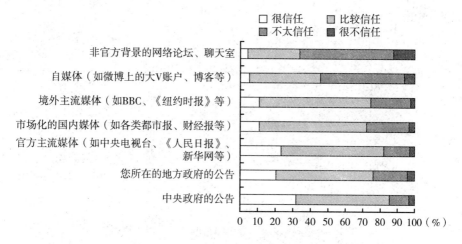

图 14　大学生信任各类信息渠道的情况（N = 6348）

（三）关心政治和社会，但缺乏参与行动

本次调查数据表明，当代大学生对政治和社会有着高度的关心，但缺乏相应的参与行动。其中，表示有"主动地阅读或搜索政治、社会类新闻报道"行为的比例将近 70%，而"转发、转述或与亲朋讨论别人对公共事务的言论"的也有将近 50% 的比例。但"撰写过对公共事务的评论，或参与讨论"的比例仅在 15% 左右，"自发地参与过社会公益或志愿者活动"和"自愿地为社会事件捐助过财物"的比例都约在 35% 左右，"因政治或社会原因，抵制或不购买某种产品"的比例不足 20%，"参加过任何集会、示威、抗议、罢工等活动"的比例则近乎为零。上述数据表明，大学生较为关心政治，但在实质性的行动参与程度较低。相比之下，不具备政治色彩的社会参与度相对较高（见图 15）。

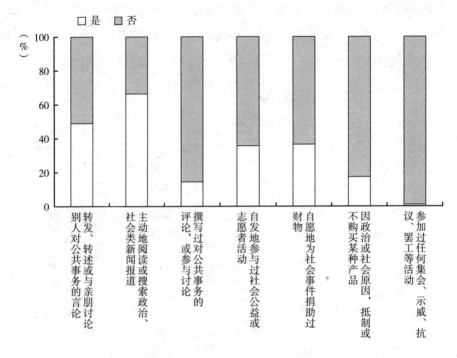

图 15　大学生政治和社会参与的情况（N＝6719）

（四）对不平等现象感知敏锐，但对社会流动现状仍较为乐观

随着改革开放的进行，不平等现象近年在中国较为突出。从经济上看，基尼系数常年高居不下，而社会大众要求改善社会不公平的呼声渐高。那么，大学生是如何看待当前的各种不平等现象呢？他们又是怎么判断社会流动的形势呢？图 16 中的调查结果表明，总体上说，位于教育高端的大学生对社会流动持较为乐观的态度，约有 80% 的大学生同意或者比较同意"现在只要个人足够努力，仍然有较大的机会在工作中出人头地、获得成功"这一看法。这表明，作为通过教育改变自身命运的"后赋"成功的典型群体，大学生对社会流动的前景较为看好。而在教育机会问题上，本次调查的大学生同样表示了较为乐观的态度，约有 80% 的大学生同意或者比较同意"来自农村或城市贫困家庭的孩子仍然有较多机会通过个人努力考上重点大学"。不过，大学生对当前炙手可热的公务员考试的公平程度表

示不满意，超过半数的大学生同意或者比较同意"现在考公务员，没有过硬的'关系'就不可能成功"，这再次表明，就业公平是未来大学生就业工作中不容忽视的要素。

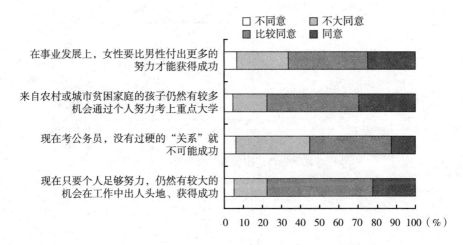

图16 大学生对社会流动和个人发展形势的看法（N＝6348）

（五）"中国梦"首先是个人理想，并应具备普世性

自"中国梦"的概念提出以来，社会各界热议不绝。那么，作为具有较高文化程度的大学生是如何看待"中国梦"的呢？图17中的数据表明，大学生对于"'中国梦'是政府提出的概念，与我无关"以及"'中国梦'只与社会精英有关，与普通人尤其是社会下层无关"这两种说法的同意程度都较低，约有85％的大学生表示不同意这两种说法。这说明，大学生认为中国梦和每一个人都有关，而不只是和政府及少数人有关。但值得注意的现象是，大学生中有较高比例同意"我的'中国梦'首先是实现个人理想，然后才是民族复兴"，这表明，在个人发展和民族复兴的问题上，大学生认为个人发展处于优先的地位，这实际上是反映了20世纪80年代以来个人主义思想在中国的影响力。同样值得注意的是，将近85％的大学生同意"'中国梦'的实质内涵应该具有普世意义，尊重自由、民主、人权"，我们认为，这一结果反映了大学生价值变化的重要动向。

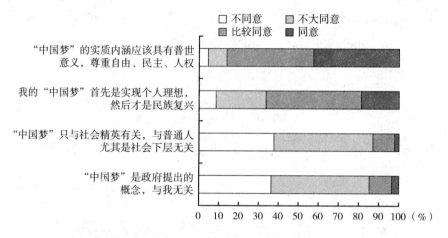

图17 大学生对"中国梦"的看法 （N = 6348）

七 结语

大学生是同代人中受教育水平较高的群体，其生活状况和价值观对于中国社会未来的发展具有重要的影响。从本次调查的大学生日常生活和价值观状况看，出生在改革开放年代的当代大学生，同样面临着深刻的社会变迁。无论是人口结构的变迁，信息技术的全面渗透，还是全球化的浪潮，都在深刻地影响每一个生活在这个时代的人，青年受到的影响尤甚。在社会不公平程度加剧、社会信任缺失、西方文化影响渐深这样一个大的时代背景下，中国当代的大学生正在以自己的眼光审视并建构其生活世界。他们面对的既有机遇也有挑战，他们感受到的既有快乐也有沮丧，他们接受的既有传统也有现代，他们怀疑的既有正统也有非主流。一言以蔽之，当代大学生面临的"风险"是空前的。这里的风险指的并非危险，而是指吉登斯、乌尔里希·贝克等社会学家所提出的风险概念，它意味着未来生活将有更多的不确定性和可能性。尽管如此，不容否认的是，当代中国大学生的成长轨迹将打上鲜明的时代烙印，这个烙印的特征归纳起来就是急剧的社会变迁、全球化浪潮和个体主义的盛行。

教育期望·职业期望·出国期望

——中小学生家长对子女未来期望的研究

薛品 石长慧 张文霞 何光喜 赵延东*

摘 要:

本文依据一项全国中小学生调查的数据,全面分析了中小学生家长对子女未来教育、职业和出国等的期望。调查结果发现:家长普遍对子女未来的教育抱有较高的预期,让孩子出国留学也成为相当一部分家长的期望。专业性强、稳定性高和社会声望高的职业最受家长青睐,而家长最不希望子女成为工人和农民。家长对子女未来的预期存在较明显的社会阶层差异。

关键词:

中小学生 教育期望 职业期望 出国期望

受传统文化的影响,中国的父母们常常把对未来的美好希望寄托在子辈身上,费尽心力地规划和设计子女的未来发展。计划生育和独生子女政策的推行,使得这一现象更加突出。在《2011年中国社会形势分析与预测》中,我们利用2009年的一项社会调查数据,分析了我国中小学生家长对子女的"职业期望"问题。[①] 本文将根据2012年的一项社会调查数据,从教育期望、职业期望和出国期望三个维度,更加全面地讨论中国家长对子女的期望问题。

---

* 作者单位:中国科学技术发展战略研究院科技与社会发展研究所。薛品为博士后研究人员,石长慧、何光喜为副研究员,张文霞、赵延东为研究员。

① 邓大胜、何光喜、赵延东:《家长对中小学子女的职业期望及其影响因素》,李培林等主编《2011年中国社会形势分析与预测》,社会科学文献出版社,2010。

一 研究问题与数据

（一）问题的提出

"期望"（expectation）是人们对人或事物的未来有所等待和希望的倾向性态度，混杂了"希望""预料"等多层次的含义。家长对子女的期望是多方面的，在现代社会中，最主要的是对子女未来社会经济地位和成就的期望，其中又以教育期望和职业期望为核心。教育期望指家长对子女未来可能达到某种教育水平的倾向性态度，职业期望则指家长对子女从事某种职业的倾向性态度。在"出国留学热"和"移民热"盛行的今天，能够出国读书或工作也是家长们对子女"望子成龙"式期望的重要内容，我们称之为出国期望。

研究家长对子女的期望具有非常重要的意义。首先，家长的期望在一定程度上反映了社会当前的价值观和社会心态趋势，也可能对青少年子女的价值观乃至未来的选择产生直接或间接的影响，深入研究家长对子女的期望，有助于预测我国教育、就业等领域发展的前景及面临的挑战。其次，家长的期望也会受到自身社会经济特征的影响，分析家长对子女的期望有助于预测我国社会阶层结构的未来发展趋势。因此，本文试图利用一项以中小学生家长为对象的抽样调查数据，探析以下问题：我国中小学生家长对子女未来教育、职业和出国方面有什么样的期望？呈现出怎样的特点？有哪些值得注意的挑战？这种期望是否存在城乡和社会阶层上的差异？

（二）数据来源

本报告分析使用的数据来自 2012 年开展的"城乡中小学生教育需求调查"。该项目由科技部中国科学技术发展战略研究院实施，农村地区的调查主要依托中国青少年发展基金会委托的"希望学校调查"开展，为对比研究，还在城市地区增加了配对样本。调查采用二阶段抽样方法，先使用典型抽样法在全国 15 个省和直辖市中抽取 50 所小学和初中学校。然后在每所学校用整群抽样法抽取班级和学生，要求每个被抽中学生填答一份问卷，并带一份家长问卷由家长填答完成。调查抽取的学校覆盖了东、中、西部的城乡地区。实际调查回收的有效家长问卷为 1330 份。

二 家长对子女未来教育水平的期望

为了了解中小学生家长对子女的教育期待，我们向学生家长们询问了如下题目：如果可能的话，你希望这个孩子上学将来上到哪一级？调查结果显示，家长普遍对孩子的教育有较高期望，但这种预期也存在较明显的内部差异。

（一）近九成家长期望孩子将来能读到大学或大学以上水平

数据显示，中小学生家长普遍期望自己的孩子能够接受高等教育，希望孩子将来读到大学、硕士和博士阶段的家长比例分别为 42.6%、13.7% 和 30.3%，合计近九成（86.6%）家长期望自己的孩子将来能达到大学或大学以上的教育水平，只有 2.5% 的家长对此表示"没想过/无所谓"（见图 1）。

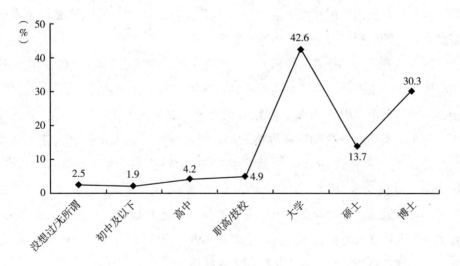

图 1 家长对子女未来教育水平的预期

在市场经济体制中，人力资本对经济增长和个人社会地位获得的重要性毋庸置疑。家长的上述期望也是完全可以理解的。但需要引起决策者注意的是，国民对高等教育的这种普遍化需求对于我国未来高等教育事业的发展提出了更

高的要求和新的挑战。近年来，我国教育事业取得长足发展，基本普及九年义务教育和基本扫除青壮年文盲的"两基"任务已基本完成，始于1999年的高等教育扩张也取得了显著成果，高等教育机构从改革开放初期的598所增加到2012年的2790所，高等教育本专科招生从1978年的40万人增加到2012年的将近689万人，高等教育毛入学率从1978年的1.55%提升到了2012年的30%。[①]但从本次调查的结果看，这一发展速度还远远跟不上迅速增长的国民高等教育需求。即使按照《国家中长期教育发展规划》要求，实现到2020年我国高等教育毛入学率达到40%的目标，仍与国民的教育期望有较大差距。

（二）很少家长期望子女接受职业或技能教育

与对高等教育的强烈需求形成鲜明反差的是，家长们对子女接受职业教育的期望程度很低。从图1可以看出，中小学生家长期望子女将来读职业高中或技校的比例仅有4.9%，说明职业或技能教育不在大多数家长的考虑范围之内。这可能与当前我国技能人才（如技术工人）的社会经济地位和社会声望较低、缺乏职业吸引力的现实有很大关系。

职业教育是国家培养高技能人才的重要渠道，我国要实现产业结构优化升级，走上新型工业化道路，都离不开大量熟练技术工人和高技能人才的支撑。但据统计，截至2010年年底，我国高技能人才总量仅为2863.3万人，[②]远远不能满足落实"创新驱动发展战略"的需求。按照《国家中长期人才发展规划纲要》的要求，到2015年，我国高技能人才总量要达到3400万人，到2020年要达到3900万人。仅从家长对子女的教育预期来看，要实现这一目标似乎仍任重道远。因此有必要进一步提高技术人才和技能人才的职业吸引力，加大对职业技能教育的投入，以转变家长和青少年的教育期望，吸引更多的青年人接受职业技能教育，壮大高技能人才队伍。

---

① 教育部：《2012年全国教育事业发展统计公报》，http：//www.moe.edu.cn/publicfiles/business/htmlfiles/moe/moe_ 633/201308/155798.html。

② 人力资源和社会保障部：《2012年度人力资源和社会保障事业发展统计公报》，http：//www.chinajob.gov.cn/DataAnalysis/content/2013 – 05/28/content_ 816092.htm。

（三）中小学生家长对子女接受研究生以上学历教育有更强烈偏好

图1还显示，中小学生家长对子女的高等教育期待也有很大分化：期望子女接受大学教育的比例最高，其次是博士教育，第三是硕士教育。从教育经济学的观点来看，接受不同层次的高等教育对家长和学生而言意味着不同程度的人力资本投资；教育层次越高，越需要花费更多的时间、精力和金钱。因此，从教育投入的角度来看，应该是期待子女接受大学教育的比例最高，其次是硕士层次，最后才是博士层次。但是本调查数据显示的趋势与此并不一致，希望子女接受"研究生以上（博士加硕士）学历"教育的家长比希望子女接受"大学本科"教育的家长还要多，体现出家长对更高学历教育的强烈偏好。

出现这一现象的一个原因可能是高校扩招带来的"水涨船高"现象。高等教育扩招以来，就业市场中受过大学教育的毕业生越来越多，用人单位在选拔人才时会相应提高标准，受过更高教育的毕业生会更受欢迎，因此家长会期待子女接受更高层次的教育。另一个原因可能是我们文化传统中家长的"望子成龙、望女成凤"心态。家长希望子女将来上得越高越好，因此对子女的教育期待存在一种较为盲目的心态。当然，上述解释只是假说，尚需进一步的研究证实。

（四）家长在教育预期上并不存在明显的"男女不平等"现象

在传统社会，"女子无才便是德"的思想使得女性被剥夺了受教育的权利。随着中国现代化进程的展开，男女平等思想逐渐深入人心，但妇女社会地位的提升仍是一个漫长而缓慢的过程。那么，家长对子女的教育预期是否还会存在性别上的差异呢？我们通过调查检验，发现这一现象并不突出。

图2显示，女孩家长期待女儿将来读到"大学"和"硕士"程度的比例都高于男孩家长，仅在期望女儿将来读到"博士"程度时的比例略低于男孩家长。总体而言，期望女孩读到大学以上水平的家长比例还要略高于男孩家长。这说明，女孩家长对女儿的教育极为重视，对她们的教育预期丝毫不亚于男孩家长对儿子的教育预期。在家长对子女教育预期的问题上，基本不存在明显的男女不平等现象。

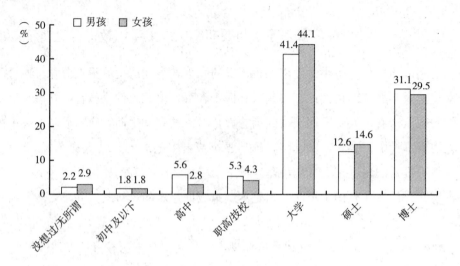

图2 家长对男孩、女孩的教育预期对比

（五）家长对子女的教育预期表现出一定的城乡和阶层差异

本次调查的结果显示，虽然家长普遍都对子女教育有很高的预期，但不同社会群体间还是表现出一定的差异性。在表1中，我们比较了不同户口类型和教育水平的家长对子女的教育预期情况。结果显示，城镇户口和大学以上学历的家长对子女的教育预期明显高于其他家长：首先，城镇户口和大学以上学历的家长，预期子女将来读到大学以上教育水平的比例都明显高于农村户口和高中以下学历的家长。其次，在对高等教育的预期方面，城镇户口和大学以上学历的家长，更期望子女将来读到硕士和博士程度；而农村户口和高中以下学历的家长，只期望子女读到大学程度的比例更高。

表1 家长对子女教育期待的城乡与阶层差异

单位：%

		家长对子女教育期待						
		初中及以下	高中	职业高中	大学	硕士	博士	没想过/无所谓
父亲的户口类型	农村	1.6	3.7	4.7	48.5	12.0	27.5	2.0
	城镇	0.7	1.3	1.2	36.0	29.8	28.3	2.7
家长最高学历	高中及以下	2.0	4.5	5.5	44.8	10.7	30.3	2.5
	大学及以上	0.7	2.0	0.7	27.3	31.6	34.0	3.7

总体而言，对子女的教育预期表现出一定的阶层分化和差异：社会经济地位相对较低的农村家庭和低教育水平的家长，对子女的教育预期也相对较低。从教育投入成本的角度来看，社会经济地位较高的家长拥有更多资源，更有见识，更有可能为子女提供良好的教育条件，他们的子女将来接受更高水平教育的现实可能性也更大，因此其对子女的教育期望较高也是比较容易理解的。

三 家长对子女未来职业的期望

在 2011 年的《社会蓝皮书》中，我们主要探讨了城市家长对中小学子女的职业期望。① 在本次调查中，我们的调查对象中除城市家长外，也包括了农村家长，这使得我们能够更全面、准确地探讨家长对子女的职业期望问题。在问卷中，我们向受访的中小学生家长询问的职业期望问题与上次相同：你最希望这个孩子长大后从事什么职业？该题为单选题，给出了 13 个答案选项，我们对部分选项进行了合并处理。数据分析结果如下。

（一）专业技术性强、稳定性高的职业仍是大多数家长最为青睐的职业

从图 3 可以看出，最受家长欢迎的前四位职业分别是教师、医生、军人/警察和科学家/工程师，选择的比例分别占到了 17.6%、15.3%、14.1% 和 11.8%，四类选项合计达 58.8%。在这些职业中，教师、医生和科学家/工程师职业的共同特点是专业性强，具有较高的教育门槛，同时工作比较稳定，社会声望也相对较高。这个发现与 2009 年调查的发现非常接近。

值得指出的是，医生职业在本次调查中排在家长对子女职业期望的第二位，这与我国医生家长不希望孩子"子承父业"的现状形成强烈的反差。中国医师协会 2011 年 8 月发布的《第四次医师执业状况调研报告》显示，医师

---

① 邓大胜、何光喜、赵延东：《家长对中小学子女的职业期望及其影响因素》，陆学艺等主编《2011 年中国社会形势分析与预测》，社会科学文献出版社，2010。

希望自己的子女从医的仅占 6.83%，而不希望的比例则高达 78.01%。① 在医生的眼中，医师的执业环境差，工作压力大，付出与回报不成比例；而在普通公众的眼中，医生职业则因为工作稳定、收入和社会声望都相对较高，反倒成为家长们普遍青睐的子女首选职业。

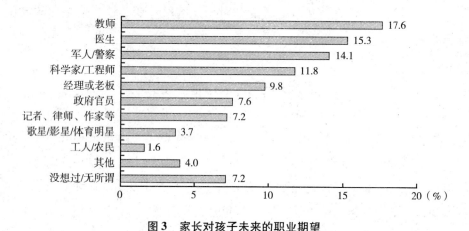

图3　家长对孩子未来的职业期望

（二）农村家长与城市中社会经济地位较低的家长对子女的职业期望趋同

从图4可以看出，城镇户口和农村户口家长对子女的职业期望存在一定的差异。首先，11.1%的城镇家长表示对自家孩子未来的职业"没有想过"或"无所谓"，而农村家长中这一比例则为 4.9%。出现这一差异的原因，可能是城镇家长更多地接受了尊重孩子个人意愿的现代教育理念，更有意识地培养孩子的独立性，也更注重让孩子依据个人兴趣选择职业。

其次，城乡家长在希望子女从事"医生""科学家/工程师""经理/老板""政府官员"以及"歌星/影星/体育明星"等职业方面没有明显的差异；家长对子女职业期望的不同主要体现在"记者/律师/作家等""教师"和"军人/警察"三种职业上：城镇家长希望子女当"记者/律师/作家等"的比例

① 中国医师协会：《第四次医师执业状况调研报告》，http://www.cmda.gov.cn/gongzuodongtai/zhinengbumen/2011 - 08 - 08/9778.html。

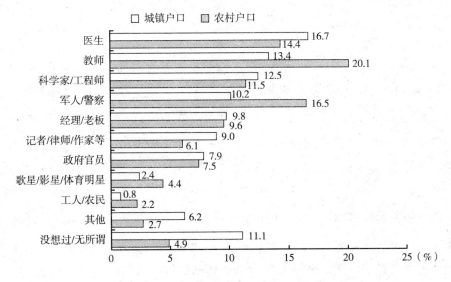

图4　城乡家长对孩子未来的职业期望

（9%）明显高于农村家长（6.1%），而希望子女当"教师"和"军人/警察"的比例则明显低于农村家长。

　　进一步的分析显示，农村家长与城镇中社会经济地位较低的家长对子女的职业期望具有较高的一致性，说明对子女职业期望的城乡差异，主要反映的是社会经济地位不同的家庭之间的差异。这个发现进一步印证了我们曾经提出的对职业期望的"参照系"假说：受访家长对子女职业的期望在很大程度上以自己所处的经济地位和所从事的职业为参照，对于农村家庭和城市中社会经济地位低的家庭而言，"教师""军人/警察"职业由于收入和社会声望相对较高、工作稳定，且职业门槛相对较低、子女从业的现实可能性高，因此算是比较理想、"可望又可及"的职业。"记者/律师/作家等"职业虽好，但相对而言有些"可望而不可即"。而对于社会经济地位较高的家庭来说，"教师"和"军人/警察"这两类职业工作辛苦，收入也不是太高（相对而言），因此吸引力不强。他们对子女寄予更高的期望，更希望他们从事收入和社会声望更高的"记者/律师/作家等"职业。①

――――――――――
① 邓大胜、何光喜、赵延东：《家长对中小学子女的职业期望及其影响因素》，陆学艺等主编《2011年中国社会形势分析与预测》，社会科学文献出版社，2010。

（三）几乎没有家长希望子女从事工人或农民职业

从图 4 还可以看出，虽然农村家长希望孩子将来当"工人"或"农民"的比例（2.2%）略高于城镇家长（0.8%），但总的来说，希望孩子当"工人"或"农民"的家长都极少，只占到总体的 1.6%。这一结果与 2009 年的调查完全一致，表明"工人"和"农民"的职业吸引力依然极低，是被社会所抛弃的职业。这反映了我国工人、农民职业的社会经济地位依然很差的现状。

除了上述分析结果之外，我们还发现一些与 2009 年的调查结论相当一致的结果，例如，无论是城镇家长还是农村家长，都希望孩子从事拥有较丰富权力资源的"政府官员"职业，以及拥有较高经济收入的"经理/老板"职业；城乡家长们都对男孩、女孩有着不同的职业期望，都更加希望女儿当"医生"和"教师"，而更希望儿子当"科学家"、"工程师"；对于学习成绩尤其是数学成绩越好的孩子，城乡家长希望其将来当"科学家"或"工程师"的比例明显越高，而对于学习成绩较差的孩子，城乡家长期望其将来成为"军人/警察"的比例也越高；家长的教育水平越高，越希望孩子从事"医生"和"科学家/工程师"职业，越不愿意孩子当"教师"、"军人/警察"和"歌星/影星/体育明星"。

四　家长对孩子未来出国的期望

近年来，中国出现了出国留学的热潮，出国留学人数以每年 20% 左右的速度增长，2012 年度已接近 40 万人，并且出现了低龄化趋势。[①] 为进一步了解未来"出国热"的发展趋势，我们在本次调查中从多个方面考察了中国家长对孩子将来出国留学发展所持的态度，并试图揭示其中蕴涵的某些趋势。从调查结果看，未来"出国热"还有进一步升温的可能，约四成中小学生家长

---

① 中国教育在线，留学监理服务网：《2012 年中国教育在线出国留学趋势调查报告》，http：//www.eol.cn/html/lx/report2012/index.shtml。

明显表示希望孩子未来出国受教育或工作，而且不同社会阶层的家长都有较强的送子女出国的意愿。

（一）四成中小学生家长希望孩子将来出国发展，特别是出国接受高等教育

调查显示，44.2%的中小学生家长希望孩子将来出国读书或工作，31.7%的家长回答"无所谓"，明确表示不希望的只占24.1%。这一结果显示，有相当一部分中小学生的家长希望自己的孩子出国发展，这已成为一种较普遍的趋势。

那么，家长希望孩子什么时候出国留学或出国发展呢？调查发现，在那些希望将来送子女出国发展的家长中，希望孩子出去读大学本科的家长比例最高，占35.9%；希望孩子出国读硕士的比例第二，占18.9%；排在第三位的是希望孩子出国读博士，占15.1%。另外，分别有8.5%和1.9%的家长希望孩子出国读高中和读初中。总体而言，那些想送孩子出国的家长绝大多数还是希望他们出国接受高等教育。

（二）送子女出国的期望在各阶层社会群体中普遍存在，但社会经济地位高的"精英家庭"意愿更强

表2显示，无论是城镇还是农村家庭，无论社会经济地位高低，家长希望

表2　家长对子女出国期望的城乡与阶层差异

单位：%

		是否希望孩子将来出国发展		
		希望	不希望	无所谓
父亲的户口类型	农村	45.5	35.5	19.2
	城镇	42.0	26.3	31.7
家庭社会经济地位	上层	58.3	8.3	33.3
	中上层	58.9	24.3	16.8
	中层	46.2	29.2	24.6
	中下层	43.9	34.9	21.2
	下层	36.5	37.4	26.1

孩子将来出国留学发展的比例都超过不希望孩子出国的人所占比例。这说明,
"留学热"在当前我国社会有着比较广泛的社会基础。努力创造条件,把孩子
送出国读书,正成为越来越多普通家庭的梦想。随着中国居民收入的不断提
高,随着越来越多的家庭能够负担孩子出国留学的费用,很可能会有越来越多
的孩子踏上出国留学的道路。从这个角度说,中国的出国留学热不仅将持续相
当长一段时间,而且可能呈现日渐升温的趋势。

什么样的家长更希望孩子出国发展呢?调查发现,社会经济地位较高的家
长,希望孩子将来出国发展的比例也较高。其中,家庭经济地位在当地处于上
层和中上层的家长希望孩子将来出国发展的都超过一半,分别达到58.3%和
58.9%,表示不希望的分别只占8.3%和24.3%。处于中层的家庭希望孩子将
来出国发展的达到46.2%,中下层和下层分别为43.9%和36.5%,表示不希
望的也只有30%~40%。

(三)对孩子的未来发展期望值越高的家长,对孩子出国发展的期望越强

从图5所示的调查结果中可以看到,对孩子受教育水平期望越高的家长,
越希望孩子出国发展。比如,期望孩子将来读到博士的家长中,希望孩子将来
出国发展的达到57.4%;期望孩子读到硕士的家长中,希望孩子将来出国发
展的达到48.5%,显著高于那些对孩子的期望值为大学(37.2%)及以下学

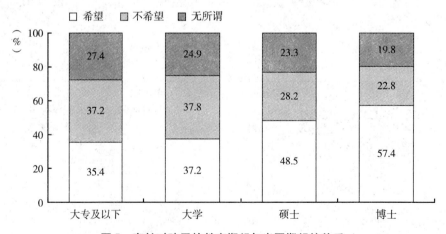

图5 家长对孩子的教育期望与出国期望的关系

历的家长（35.4%）。这说明，对孩子出国发展的期望在很大程度上是建立在对孩子的高教育和高职业期望的基础之上的。家长希望孩子出国的目的主要是让孩子接受更高层次的教育，以便将来可以从事更好的职业。

五　小结和政策启示

从以上研究中，我们可以得出一些基本结论和政策启示。

（1）调查发现，中小学生家长普遍对子女未来的教育抱有较高的期望，让孩子接受高等教育成为绝大多数家长的不二之选，出国留学也成为各社会阶层的普遍期望。相关部门应对此有比较清醒的认识，应采取积极的政策措施加以应对：一是要继续加大教育投入尤其是高等教育投入，大力扩大高等教育的覆盖面，以满足不断增长的高等教育需求。二是要深化高等教育体制的改革，提升我国高等教育的质量，吸引更多青年才俊在本土完成高等教育。三是应加强对出国留学人员的引导，充分发挥海外人才资源优势，加大引进人才工作力度，吸引更多海外留学人才归国效力。

（2）本次调查发现，专业性强、稳定性高和社会声望高的职业如"专业技术人员"、"科学家"、"工程师"、"教师"和"政府官员"仍是最受青睐的社会职业。但值得关注的是，工人和农民由于社会经济地位低、职业吸引力小，成为最不受欢迎的职业。我国落实创新驱动发展战略所急需的技能人才和技术工人，可能会因职业技能教育的吸引力过低而面临培养和供给方面的困难。为此，有必要通过大力发展职业教育、提高技术工人的收入和社会声望等手段，来增强技术工人对公众的职业吸引力，推动我国的经济结构转型；同时应通过推进城乡统筹和加快农村土地流转、增加农民收入、促进传统农民向职业农民和农场主转变等方式，来提升"农民"职业的形象和吸引力，推动农业生产方式的转变和生产质量的提高。

（3）调查发现，农村家长与城市中社会经济地位较低的家长对子女的职业期望趋同。当代中国，快速推进的城市化使得大量农民离乡进城，在城市里工作和生活。他们有更多的机会接触到城市中的不同人群和职业，从而形成了与城市人逐渐趋同的职业期望。为此，有必要进一步推进城市化，加快城市在

户籍、教育制度等方面的改革，为农民本人和他们的下一代提供更多实现其职业理想的机会，保证城市化的顺利进行。

（4）调查还发现，家长对子女的期望在许多方面都表现出一定程度的阶层差异性。社会经济地位较高的家长对子女的期望一般也相对较高，低社会阶层家长对子女的未来预期也相对更低。这反过来又影响了子女的期望，并最终可能传递到子辈社会经济地位的获得上。这种趋势可能进一步强化现有的社会分层结构，并使这种分层结构在未来得到复制。政府应采取积极的政策措施，保障社会公平，为社会成员跨阶层流动提供制度保证，让每一位国民都有机会实现自己的"中国梦"。

阶 层 篇

Reports on Social Strata

B.16

2013：迈向更高质量就业的
中国职工状况

乔 健*

摘 要:

2013 年在经济稳中求进的背景下，劳动力市场转向供求均衡有
利于职工就业；职工工资增长趋缓，居民收入增幅略低于经济
增速；社会保险扩面征缴继续提高，但养老金替代率连续降
低；职业安全状况继续稳定好转，尘肺病蔓延引起社会关注；
劳动争议走势平稳，群体事件呈下降态势；当前职工队伍的权
益保障总体改善，其思想状况呈现"四增强""四加重"趋势。
总体上，职工状况较为平稳，国家主导的劳动关系协调模式渐
趋形成。

* 乔健，副教授，中国劳动关系学院劳动关系系主任。

关键词：

更高质量就业　中国特色和谐劳动关系　劳动关系矛盾治理

一　经济稳增长下的劳工阶层现状

（一）劳动力市场转向供求均衡有利于职工就业

2013 年以来，新一届政府采取稳中求进的经济增长策略，既不放松，也不收紧银根，以此来促进就业。[①] 前三季度国内生产总值 386762 亿元，同比增长 7.7%。其中，第一季度增长 7.7%，第二季度增长 7.5%，第三季度增长 7.8%。从环比看，三季度国内生产总值增长 2.2%。[②]

在经济较快增长的情况下，我国劳动力市场供求关系从以往的供过于求向供求均衡甚至局部地区和行业求过于供转变，这也有利于促进就业。首先，人口结构中少儿所占比重下降，老龄人口比重上升。1982～2011 年，我国 0～14 岁人口占全国人口的比重从 33.6% 下降到 16.6%。而 2006～2011 年，全国 65 岁及以上人口的比重从 7.9% 上升到 9.1%。[③] 其次，由于生育率持续保持较低水平和人口老龄化速度加快，中国 15～59 岁的劳动年龄人口到 2011 年达到峰值，2012 年绝对值下降，说明劳动年龄人口进入负增长的历史拐点（见图 1）。[④] 同时，劳动参与率也呈现逐年下降的趋势，由 2005 年的 76.0% 降至 2011 年的 70.8%。[⑤] 再次，2013 年市场中的劳动力供求基本平衡，与 2012 年同期和上季度相比，市场供求人数均有所减少，但求人倍率总体呈上升趋

[①] 李克强总理在中国工会十六大上所作的经济形势报告指出，政府关注 GDP，其实就是关注就业。过去，GDP 每增长 1 个百分点，会拉动 100 万人就业；现在的服务业的发展，1 个百分点能够拉动 130 万～150 万人就业。《工人日报》2013 年 11 月 4 日。

[②] 《2013 年前三季度我国的国民经济运行情况》，中国政府门户网站，2013 年 10 月 18 日。

[③] 陈力等：《推动实现更高质量的就业》，《中国人力资源发展报告（2013）》，社会科学文献出版社，2013，第 2 页。

[④] 《中国劳动年龄人口多年来首次下降》，财新网，2013 年 1 月 18 日。

[⑤] 陈力等：《推动实现更高质量的就业》，《中国人力资源发展报告（2013）》，社会科学文献出版社，2013，第 3 页。

势。到 2013 年第三季度，全国 100 个城市的公共就业供求信息表明，用人单位招聘各类人员约 564.8 万人，进入市场的求职者约 524.2 万人，岗位空缺与求职人数的比率约为 1.08，比上季度上升 0.01，与 2012 年同期相比上升 0.02。[①] 这意味着劳动力市场需求略大于供给，且这种发展势头在各地非常明显。[②]

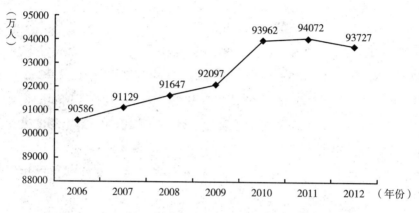

图1　15～59 岁的劳动年龄人口的变动情况（2006～2012 年）

故此，职工就业形势总体平顺，城镇新增就业持续增长。2013 年 1～9 月，城镇新增就业人数 1066 万人，已提前完成全年 900 万人的新增就业目标。第一至第二季度，城镇登记失业率均为 4.1%，第三季度更降至 4.04%，同比和环比均下降 0.06 个百分点。

（二）职工工资增长趋缓，居民收入增幅略低于经济增速

继 2012 年党的十八大提出努力实现居民收入增长和经济发展同步、劳动报酬增长和劳动生产率同步、提高居民收入在国民收入中的比重、提高劳动报酬在初次分配中的比重等"两个增长同步、提高两个比重"的战略部署后，2013 年 2 月，国务院又转发了发改委、财政部和人社部《关于深化收入分配

---

① 《2013 年第三季度部分城市公共就业服务机构市场供求状况分析》，人力资源和社会保障部官网，2013 年 10 月 14 日。

② 《九成以上企业用工短缺　珠三角用工荒持续》，财新网，2013 年 7 月 5 日；《人口大省山东现用工荒　缺口近两成》，经济观察网，2013 年 8 月 7 日。

制度改革的若干意见》，提出城乡居民收入倍增计划，要求到2020年实现城乡居民人均实际收入比2010年翻一番，力争中低收入者收入增长更快；同时实现收入分配差距逐步缩小、收入分配秩序明显改善和收入分配格局趋于合理等目标。党的十八届三中全会通过的《中共中央关于全面深化改革若干重大问题的决定》进一步强调要健全工资决定和正常增长机制，完善最低工资和工资支付保障制度，完善企业工资集体协商制度。努力缩小城乡、区域、行业收入分配差距，逐步形成橄榄形分配格局。①

2010～2012年，中国城镇非私营单位在岗职工平均工资分别为37147元、42452元、47593元，扣除物价因素后的实际增速分别为10.0%、8.5%、9.2%，基本与同期人均GDP增速（2010～2012年人均GDP增速分别为9.9%、8.8%、7.3%）保持了同步增长关系。② 到2013年第三季度末，共有24个地区调整了最低工资标准，平均调增幅度为18%。目前，全国月最低工资标准最高的是上海的1620元，小时最低工资标准最高的是北京和新疆的15.2元。

然而，据国家统计局统计，2013年上半年城镇居民人均可支配收入为13649元，同比名义增长9.1%；扣除价格因素后实际增长6.5%，增速比第一季度回落0.2个百分点。农村居民人均现金收入4817元，同比名义增长11.9%；扣除价格因素后实际增长9.2%，增速比第一季度回落0.1个百分点。③ 其中，城镇居民收入增速比同期GDP增速低1个百分点。前三季度，城镇居民人均可支配收入20169元，同比名义增长9.5%，扣除价格因素后实际增长6.8%。④ 其中，城镇居民收入增速比同期GDP增速低0.9个百分点。据官方解释，城镇居民收入增速回落主要有两个原因：一是经济下行期企业效益有所下滑，居民工资性收入的增速在回落；二是经营性收入增长速度回落，主要是由于外部经济环境趋紧、企业利润下降造成的。

① 《中共中央关于全面深化改革若干重大问题的决定》，新华网，2013年11月15日。
② 苏海南、常风林：《中国职工工资增长和就业质量研究》，《中国人力资源发展报告（2013）》，社会科学文献出版社，2013，第232页。
③ 《上半年人均收入增幅落后GDP增速　专家称影响倍增计划》，《每日经济新闻》2013年7月30日。
④ 《2013年前三季度我国的国民经济运行情况》，中国政府门户网站，2013年10月18日。

国家统计局自 2000 年公布当时的基尼系数为 0.412 之后，2013 年初首次公布近十年全国基尼系数，其中 2008~2012 年由 0.491 的高点逐步回落到 0.474，这个数据冲破了人们的心理预期，引发社会一片争议。对此，一些经济学家认为，由于农民工工资持续上升，城乡收入差距在近几年小幅回落，由此导致了全国基尼系数的下降。① 更多的研究认为，中国居民收入差距的绝对值仍在扩大，但扩大的势头在逐渐趋缓，收入分配进入转折期。其判断主要基于三方面经济因素，包括劳动力供求态势转变、城市化步入中后期，以及经济结构的战略性调整和产业梯度转移。②

中国收入分化的势头初步受到抑制，得益于连续上调最低工资、基本养老金，大幅提高国家扶贫标准和城乡低保补助水平，以及提高个税起征点等收入分配改革措施。近年的收入分配政策还包括：加强对国有企业高管的薪酬管理及对工资总额进行调控；积极稳妥地推行工资集体协商制度，促进建立职工工资正常增长机制。此外，收入分配的宏观调控体系，包括工资指导线制度、劳动力市场工资指导价位制度、人工成本信息指导制度，企业薪酬调查和信息发布制度亦开始发挥作用。尽管如此，农民工被拖欠工资仍屡禁不止，他们频繁上演跳骑马舞、扮"愤怒的小鸟"、租戏装演李元芳等"中国式讨薪秀"③。2013 年 9 月，2012 年引发社会关注的汕头"12·4"纵火案宣判，因讨要工资无果而纵火的刘双云被判处死刑，④ 这个结局无论是对他本人还是对死难工友都是一个悲剧。

（三）社会保险扩面征缴率继续提高，但养老金替代率连降九年

在社会保险扩面征缴方面，截至 2013 年 9 月底，城镇职工基本养老、城镇基本医疗、工伤、生育、失业五项保险参保人数分别达到 31626 万人、56360 万人、19603 万人、16061 万人、16195 万人，比 2012 年底分别增加 1200 万人、2719 万人、593 万人、632 万人、971 万人。五项社会保险基金总

---

① 《中国城乡收入比 10 年来最低 佐证基尼系数回落》，中国经济网，2013 年 1 月 23 日。
② 《调研报告称我国收入差距扩大势头逐渐趋缓》，人民网，2012 年 9 月 2 日。
③ 《"中国式讨薪"频频上演 专家呼吁加强监管》，中国新闻网，2013 年 2 月 2 日。
④ 《汕头致 14 死纵火案凶手被判死刑 称是自己应得的》，《南方都市报》2013 年 9 月 6 日。

收入合计 23198 亿元，同比增长 13.7%；五项社会保险基金总支出合计 19161 亿元，同比增长 20.6%。城乡居民社会养老保险参保人数为 49030 万人，比 2012 年年底增加 661 万人；基金收入 1503 亿元，同比增长 25.2%，基金支出 1067 亿元，同比增长 34.7%。职工和城乡居民养老保险人数合计 8.06 亿人。

2013 年 1 月初，国务院决定继续提高企业退休人员基本养老金水平，提高幅度按 2012 年企业退休人员月人均基本养老金的 10% 确定。为保障企业退休人员的生活，2005～2012 年，国家已连续 8 年较大幅度调整企业退休人员基本养老金水平。2012 年调整后企业退休人员月人均养老金达到 1721 元，与 2005 年调整前人均 700 元的水平相比，8 年累计月人均增加 1021 元。[1] 但数据显示，中国养老金对工资的替代率由 2002 年的 72.9% 下降到 2005 年的 57.7%，此后一路下滑，2011 年仅为 50.3%。[2]

根据人力资源和社会保障部公布的企业年金数据，到第二季度末，企业年金积累基金达到 5366.65 亿元，比 2012 年年底的 4821.04 亿元增长了 11.3%。在老龄化进程加快和基础养老金支付压力日趋显现的背景下，构建多层次养老保险体系迫在眉睫，但能够享受到企业年金待遇的仅有 1957.30 万职工。[3] 总体上看，企业年金在养老保险体系中的作用依然有限。

《中共中央关于全面深化改革若干重大问题的决定》要求建立健全合理的兼顾各类人员的社会保障待遇确定和正常调整机制，完善社会保险关系转移接续政策，扩大参保缴费覆盖面，适时适当降低社会保险费率，研究制定渐进式延迟退休年龄政策。

（四）职业安全继续稳定好转，尘肺病蔓延引起社会广泛关注

据国家安全生产监督管理总局的资料，2012 年以"打非治违"为重点，深入开展"安全生产年"活动，安全生产形势呈现"三个明显下降、一个较大提升"的特点：一是事故总量明显下降，全国各类事故起数和死亡人数同比分别下降 3.1% 和 4.7%，继续实现"双下降"。二是较大以上事故明显下

---

① 《国务院：继续提高企业退休人员养老金 10%》，中国政府网，2013 年 1 月 9 日。
② 《我国养老金占工资比重连降 9 年 跌破国际警戒线》，人民网，2013 年 11 月 1 日。
③ 《企业年金覆盖不足 2000 万职工 养老支撑作用有限》，《经济参考报》2013 年 10 月 18 日。

降，全国较大、重大和特别重大事故同比分别下降 14.7%、15.7%、50%。三是主要相对指标明显下降，亿元 GDP 事故死亡率、工矿商贸 10 万就业人员事故死亡率、道路交通万车死亡率、煤矿百万吨死亡率等同比分别下降 18%、13%、11%、34%。四是安全生产总体水平得到较大提升，21 个省份事故总量下降、14 个省份重特大事故下降，其中 6 个省份没有发生重特大事故。①

2013 年 1～5 月，全国各类事故总起数和死亡人数同比分别下降 4.8% 和 14%，② 职业安全继续稳定好转。但与此同时，重特大事故尚未得到有效遏制。前三季度，全国共发生安全生产重特大事故 41 起，其中第一季度 18 起，第二季度 11 起，第三季度 12 起。以第二季度为例，共发生火灾 2 起、井下瓦斯爆炸 5 起、透水 1 起、液化气和化学品爆炸 2 起、交通事故 1 起。③ 其中，6 月 3 日位于吉林德惠市的吉林宝源丰禽业公司发生火灾，大火共造成 121 人死亡，其中九成是女工，还有 76 人受伤。导致事故的重要原因为逃生门关闭，且工人平常缺乏火灾逃生技能和训练，很难有序逃离现场。统计还显示，2013 年以来，由非法违法行为造成的较大以上事故起数与死亡人数，分别占 53.5% 和 57.2%，几乎所有的事故都不同程度地存在违规违章问题。④

2013 年盛夏，部分地区持续高温，工人高温中暑事件频频发生。2012 年 7 月 5 日，由国家四部门制定的《防暑降温措施管理办法》正式实施，其中规定，日最高气温达到 40℃ 以上，应当停止当日室外露天作业；日最高气温达到 37℃ 以上、40℃ 以下时，用人单位全天安排劳动者室外露天作业时间累计不得超过 6 小时，连续作业时间不得超过国家规定，且在气温最高时段 3 小时内不得安排室外露天作业；日最高气温达到 35℃ 以上、37℃ 以下时，用人单位应当采取换班轮休等方式，缩短劳动者连续作业时间，并且不得安排室外露天作业劳动者加班。然而，从执行情况来看并不尽如人意，一些与劳动者休戚相关的"高温权益"还停留在纸面上，未能真正惠及劳动者。⑤

---

① 《求真务实　攻坚克难　大力推动安全生产形势持续好转》，国家安全生产监管总局网站，2013 年 1 月 19 日。
② 《连发生产安全事故警示安全生产形势严峻》，中国政府网，2013 年 6 月 19 日。
③ 数据来源于国家安全生产监管总局网站。
④ 《在预防和治本上下更大功夫》，《新华每日电讯》，2013 年 6 月 6 日。
⑤ 《打工者中心：黑色六月，安全生产月"不安全"》，城边村网站。

近年来，尘肺病已成为中国职业病的主要病种。原卫生部资料显示，截至2010年年底，全国累计报告职业病749970例，其中累计报告尘肺病676541例，占90.21%，死亡149110例，现患527431例。据国家煤炭安全监察局资料，全国煤矿有265万接尘人员，据此测算，每年有5.7万人患上尘肺病，因尘肺病死亡的则有6000余人，是安全生产事故死亡人数的两倍。[1] 由于政府发布的职业病新发病例数是从覆盖率仅达10%左右的职业健康监护系统中获得的，因此尘肺病的实际病例数应远远高于报告数据。根据尘肺病民间救助组织"大爱清尘"估计，全国有600万罹患尘肺病的农民工需要救助。由于多数尘肺病患者无法证明与其雇主存在过劳动关系，一部分患者的原雇主已经破产、关闭或失踪，因此他们无法通过现行法律途径获得赔偿和享有职业病待遇。故"大爱清尘"建议建立尘肺病患者国家救助制度，对全国尘肺病情况进行一次普查，厘清数据；简化尘肺病患者的权益救济程序，以方便救治；由中央政府建立"尘肺病患者救助基金"，为尘肺病患者提供治疗费用和基本生活保障费用；完善劳动用工制度，强制企业缴纳工伤保险。[2]

（五）劳动争议走势平稳，群体性事件呈下降态势

2013年1~9月，各地仲裁机构共立案处理劳动人事争议49.4万件，同比增长3.2%；涉及劳动者65万人，同比下降1.6%；仲裁结案率为89.1%，同比上升0.4个百分点。[3] 劳动争议总体走势平稳，案件增幅不大，涉及人员还有所下降。

以北京市为例，2013年1~7月，全市仲裁系统共受理劳动人事争议案件38099件，其中人事争议76件，集体争议1819件，涉及劳动者16253人。当前劳动人事争议案件的特点是：近八成劳动争议案件发生在城市功能拓展区和城市发展新区；劳动人事争议仍集中在工资（包括加班费、奖金或提成）、解除劳动合同经济补偿或赔偿金等方面；非公经济组织劳动争议相对集中，劳动用工管理

---

① 《据测算我国每年5.7万煤矿工人患尘肺病》，职业病网，2013年9月18日。
② 《大爱清尘举办研讨会　推动尘肺病救助与防治》，人民网，2013年2月26日。
③ 《人力资源和社会保障部发布会介绍三季度工作进展情况》，中央政府门户网站，2013年10月25日。

尚需规范；常规案件疑难化趋势明显。① 由于当前面临的经济形势复杂，案件总量依然高位运行，新情况、新问题呈现，案件调处工作仍面临很大挑战。

劳动者群体性事件的发生量总体亦呈下降趋势。据统计，2013 年 1～8 月，全国信访总量比 2012 年同期下降 2.5%，规模性群体事件明显下降。② 根据笔者收集的 76 起罢工停工和其他集体维权行动的个案，其时间跨度从 2013 年 2 月春节后至 10 月末，涉及工人联合行动的有 4 月上海市嘉定区、江西省九江市等十二个市、县出租车司机因"份子钱"过高、起步价低等罢驶，9 月百安居 39 家连锁店职工罢工抗议减薪事件。就抗争事项看，讨薪及讨要加班费或要求涨工资的案件居首，有 31 起；涉及企业搬迁与职工经济补偿的案件是一个新动向，共 15 起；职工争取社会保障权益的 4 起；因企业并购致职工下岗失业上访的 4 起；职工要求改善职业安全卫生条件的 2 起；其他还涉及工伤补偿、劳务派遣同工不同酬以及企业管理方式引发工人不满等内容。广州等地的环卫工人为提高工资待遇而停工陈情，致使垃圾堆积如山。③ 从 3 月 28 日至 5 月上旬持续 40 天的香港国际货柜公司的码头工人罢工是近年香港较有影响的工人抗争行动，经过谈判，最终以工人统一加薪 9.8% 而结束。7 月初，山东荣成固铂轮胎公司工会率领工人停工持续 17 天，抗议印度轮胎制造商阿波罗收购美国固铂轮胎，并要求支付被拖欠的工资。④ 这是国内企业工会第一次率领工人罢工，此案甚至引发了国务院主要领导的关注。9 月 1～2 日，深圳盐田港 800 名塔吊龙门吊司机罢工要求涨薪，仅两天的斗争即获得 1700 元加薪，涨幅 30%，创造了短时抗争成功的新纪录。

（六）当前职工队伍的权益保障和思想动态状况

根据国家统计局发布的 2012 年全国农民工监测报告，⑤ 2012 年全国农民工总量达到 26261 万人，比上年增加 983 万人，增长 3.9%。其中，外出农民

---

① 《北京市第十五届劳动人事争议案例研讨会会议综述》，北京市劳动和社会保障法学会官网，2013 年 10 月 14 日。
② 《今年前八个月全国规模性群体事件明显下降》，中国广播网，2013 年 10 月 11 日。
③ 《广州市长承诺今年起提高环卫工收入》，《羊城晚报》2013 年 2 月 4 日。
④ 《警惕"蛇吞象"背后的危机》，《工人日报》2013 年 7 月 9 日。
⑤ 《国家统计局发布 2012 年全国农民工监测调查报告》，中央政府门户网站，2013 年 5 月 27 日。

工 16336 万人，增加 473 万人，增长 3.0%。从农民工流向及就业地域分布看，在中西部地区务工的农民工增长较快，在长三角和珠三角地区务工的农民工总量增加，但比重下降，跨省流动农民工所占比重继续下降。

从农民工性别、年龄和受教育培训情况看：男性农民工占 66.4%，女性占 33.6%。分年龄段看，农民工以青壮年为主，16～20 岁占 4.9%，21～30 岁占 31.9%，31～40 岁占 22.5%，41～50 岁占 25.6%，50 岁以上的农民工占 15.1%。其中，40 岁以下农民工所占比重逐年下降，由 2008 年的 70% 下降到 2012 年的 59.3%，农民工平均年龄也由 34 岁上升到 37.3 岁。在受教育程度上，文盲占 1.5%，小学文化程度占 14.3%，初中文化程度占 60.5%，高中文化程度占 13.3%，中专及以上文化程度占 10.4%。外出农民工的受教育水平高于本地农民工，农民工受教育水平又明显高于非农民工。没有参加过任何技能培训的农民工占多数，青年农民工参加农业技术培训的比例较低。

在就业方面，农民工仍以制造业、建筑业和服务业为主业，从事建筑业的比重提高，从 2008 年的 13.8% 上升到 18.4%，从事制造业的比重则趋于下降。在收入方面，农民工收入增速回落，2012 年末，外出农民工人均月收入水平为 2290 元，比 2011 年增加 241 元，增长 11.8%，但增加额比 2011 年同期减少 118 元，增幅回落 9.4 个百分点。不同行业收入水平差别较大，住宿餐饮业和服务业平均收入水平较低。外出农民工仍是以雇主或单位提供住宿为主，在单位宿舍中居住的占 32.3%，在工地或工棚居住的占 10.4%。

从权益保障情况看，拖欠工资现象继续减少。外出受雇农民工中，被雇主或单位拖欠工资的占 0.5%，比 2011 年同期下降了 0.3 个百分点；签订劳动合同状况改善不明显，外出受雇农民工与雇主或单位签订劳动合同的占 43.9%，与 2011 年基本持平；外出农民工参加社会保险的水平有所提高，雇主或单位为农民工缴纳养老保险、工伤保险、医疗保险、失业保险和生育保险的比例分别为 14.3%、24%、16.9%、8.4% 和 6.1%，分别比上年提高 0.4 个、0.4 个、0.2 个、0.4 个和 0.5 个百分点，但总体仍然较低。

据赶集网与北京大学联合发布的《2013 都市新蓝领生存报告》[1]，随着城

---

① 《2013 都市新蓝领生存报告》，赶集网，2013 年 10 月 23 日。

市化进程的加快，新蓝领这一介于产业工人和白领之间的新群体诞生，他们多从事服务业工作，生存状况、社会地位偏向蓝领，而收入又在赶超白领。他们承受着巨大的生活与精神压力，在城市打拼多年却依然游走在边缘人群的地带。报告显示，由于大城市容纳人口能力被高估，促使新蓝领放弃城市选择回乡的最后一根稻草不是城市的生存压力，而是未来实现更高生活水平的希望越来越渺茫；同时，阶层结构日趋固化，新蓝领很难摆脱蓝领阶层的命运，而且随着现有生活水平的下降，认为子女未来生活更好"可能性很小"的比例显著上升。为了突破自身目前的生存困境，部分新蓝领选择回流。

由全国总工会主持的第七次全国职工队伍状况调查已于 2012 年末完成。先期发布的《职工队伍思想动态报告》[1]披露，职工队伍思想整体上呈现"四增强""四加重"的趋势。一是服务大局意识增强。近六成职工对工人社会地位的提高持肯定态度，68.6% 的职工表示家庭生活水平比五年前有提高。二是立足现实、拼搏向上的进取精神增强。52% 的职工希望自己能成为劳动模范，认为"劳模是工人学习的榜样"的占 41.6%，44.8% 的职工把"实现自我价值"作为自己的人生目标，52% 的职工认同"靠劳动能够过上富裕生活"的理念，不认同"重复的工作、最低的工资、围墙的管理"。三是民主法制观念增强。签订劳动合同的占 94.8%，89.8% 的职工对合同履约情况比较满意，64.3% 的职工认为工会能够在为职工维权方面发挥作用，57% 的职工愿意在劳资冲突时找企业工会帮助。在回答"最近一次劳动争议解决过程中采取了什么办法"的问题时，78.3% 的职工表示采用了协商方式。四是社会责任感明显增强，有 85.2% 的职工肯定并认同雷锋精神的社会价值。

但是，职工思想状况中也存在"四个加重"的问题。一是超越现实、急于求成的心态加重。特别是青年职工对物质追求和精神享受的目标普遍偏高，对幸福生活的愿望诉求过急过快，70.6% 的职工认为"干得好不如嫁（娶）得好"，部分职工尤其是新生代农民工工作耐挫力较低，心理易失衡。二是工作生活压力感加重。48% 的职工认为工作"非常累"或"比较累"，尤其是

---

[1] 引自本课题组：《当前我国职工队伍思想动态情况调查报告》，中国工运研究所：《劳动关系与工会运动研究文集（2012）》，中国工人出版社，2013。

30 岁以下的青年职工选择该项的比例达 52.9%。66.1% 的职工感觉在单位发展机会不多，69% 的职工认为物价上涨使生活压力变大。三是对自身利益实现的忧虑情绪加重。调查表明，让职工最担忧的问题依次是：收入低、就业难、看病就医费用高、工作不稳定、子女教育、房价越来越高等。其中，农民工群体的焦虑感更加严重，且他们对城市的归属感最弱。四是对一些社会现象的不公平感加重。76.5% 的职工认为现在贪污腐败现象较为普遍，49.9% 的职工认为当前社会总体不太公平或很不公平，36.9% 的职工认为"收入分配差距大"对社会和谐稳定的影响最为突出。

《中共中央关于全面深化改革若干重大问题的决定》强调要保障农民工同工同酬，推进城乡基本公共服务均等化。其中特别强调推进农业转移人口市民化，逐步把符合条件的农业转移人口转为城镇居民。创新人口管理，加快户籍制度改革，全面放开建制镇和小城市落户限制，有序放开中等城市落户限制，合理确定大城市落户条件，严格控制特大城市人口规模。稳步推进城镇基本公共服务常住人口全覆盖，把进城落户农民完全纳入城镇住房和社会保障体系，将其在农村参加的养老保险和医疗保险规范接入城镇社保体系。

二 工会十六大继续推进中国特色社会主义工会发展

继 2012 年全国总工会十五届六次执委会作出学习宣传中国特色社会主义工会发展道路理论决议以后，2013 年 2 月，全总十五届七次执委会再次对这一理论和工会体制的一些重大问题进行深入阐述：[1] 就党和工会的关系指出，工会不是自治组织，是中国共产党领导的、职工群众自愿参加的工人阶级群众组织，是人民团体。工会的政治理念和党的目标是高度一致的。有些人有意地混淆这点，要把工会作为自治组织，这是十分错误的。就工会直选问题强调，工会主席选举，必须坚持党的领导，必须充分发扬民主。要重视把握好候选人提名这个关键点，工会主席候选人提名，既要民主，也要科学。

---

[1] 《王兆国在全总十五届七次执委会议上的讲话》，人民网，2013 年 3 月 1 日。

4月28日，习近平总书记在全总机关同全国劳动模范代表座谈时特别强调，中国特色工会道路是中国特色社会主义道路的重要组成部分，深刻反映了中国工会的性质和特点，是工会组织和工会工作始终沿着正确方向前进的重要保证。要始终坚持这条道路，不断拓展这条道路，努力使这条道路越走越宽广。他要求，要让职工群众真正感受到工会是"职工之家"，工会干部是最可信赖的"娘家人"。各级党委和政府要加强和改善对工会的领导，支持工会开展工作，为工会工作提供更多资源和手段，为工会履职创造更好条件。①

在10月18～22日举行的中国工会第十六次全国代表大会上，该会工作报告进一步指出，过去十年工会工作的最大成就，就是继续探索并坚持和丰富了中国特色工会道路。这条道路的核心是坚持自觉接受党的领导，根本是坚持工会的社会主义性质，关键是坚持维护职工群众合法权益。同时，报告也坦承工会工作还存在许多不适应，主要是：服务职工、维护职工合法权益的工作，还不能完全满足职工群众的多样化需求；参与劳动关系协调、化解劳动关系矛盾的机制和能力有待进一步健全、提升；源头参与和制度建设需不断加强，对基层的分类指导要切实改进；在基层组织快速发展的同时，一些基层工会作用发挥不够充分，凝聚力亟待提升；工会工作还存在机关化、行政化倾向，少数工会干部脱离职工群众，作风亟待改进。展望未来，强调做到"六个必须"，即必须始终坚持工会工作的正确政治方向，必须创新新形势下职工群众工作，必须倡导辛勤劳动、诚实劳动、创造性劳动，必须切实维护职工合法权益，必须弘扬社会主义法治精神，必须以改革创新精神推进工会建设。②

工会十六大结束后，习近平又同全国总工会新一届领导班子成员集体谈话并发表重要讲话：一是强调工会工作要坚持正确政治方向。工会要永远保持自觉接受党的领导这一优良传统，坚持中国特色工会道路。二是要把广大职工充分调动起来，满怀信心投身于为实现中国梦而奋斗的火热实践，让劳动最光荣、劳动最崇高、劳动最伟大、劳动最美丽的观念蔚然成风。三是保障职工群众的经济、政治、文化、社会权益是中国社会主义制度的根本要求，是党和国

① 《习近平在同全国劳动模范代表座谈时的讲话》，《光明日报》2013年4月29日。
② 《李建国在中国工会第十六次全国代表大会上的报告》，新华网，2013年10月24日。

家的神圣职责。工会要赢得职工群众的信赖和支持，必须做好维护职工群众切身利益的工作，促进社会公平正义。工会维权要讲全面，也要讲重点，重点就是职工群众最关心、最直接、最现实的利益问题，就是职工群众面临的最困难、最操心、最忧虑的实际问题，要抓好一线职工、农民工和困难职工三个群体的权益维护。但维权不能脱离发展阶段。四是改进工作作风，牢记党的重托、不做官老爷，加深对职工群众的感情，密切同职工群众的联系，为他们排忧解难。① 李克强总理在为工会十六大所作的经济形势报告中也特别提及"要完善政府和工会联席会议制度，既然是制度就要办。通过联席会议制度，可以多听工人特别是普通工人的心声"②。

2013 年以来，工会组建继续快速发展。截至 6 月末，全国工会会员总数已达 2.8 亿人，其中农民工会员总数为 1.09 亿人；全国基层工会组织总数 275.3 万个，覆盖基层单位 637.8 万家，职工入会率达到 81.1%，与 2008 年工会会员总数 2.12 亿相比，这五年净增会员 0.68 亿人。截至 2012 年年底，全国共建立乡镇（街道）工会 40502 家，全国已建立基层工会联合会 12.1 万个，覆盖小微企业 287.2 万个，选聘社会化工会工作者 3 万多人，世界五百强在华企业建会 3053 家，建会率为 91.9%。此外，工会组建工作还取得了一些新的经验：一是外部环境进一步优化。全国已有 23 个省出台了加强工会工作或党建带工建指导意见。二是各级工会推进力度加大。一些省通过开展"工会组建月""百日建会攻坚行动"，集中力量推进建会。三是基层工会组建方式创新。天津等地通过配强乡镇街道工会干部、加强经费保障等措施，强化一线工作。吉林等地注重发挥社会化工会工作者队伍的作用。四是基层工会建设质量提升。多数企业工会的批复文件、法人资格证书、建家评家等档案资料完整。③

在集体劳动关系协调方面，各级工会积极推进工会与同级政府联席会议制度建设，推动健全完善协调劳动关系三方机制，推进集体合同和工资专项协议签订工作，加强集体协商指导员队伍建设，加强企事业单位民主管理制度化、

① 《习近平同中华全国总工会新一届领导班子集体谈话》，新华网，2013 年 10 月 23 日。
② 《李克强在中国工会十六大上的经济形势报告》，《工人日报》2013 年 11 月 4 日。
③ 闻鉴：《各地工会推进工会组建工作成效显著》，《工会工作通讯》2013 年第 9 期。

规范化建设，深化法律援助工作，建立劳动关系预警机制。截至2012年年底，全国共30个省（区、市）建立工会与同级政府联席会议制度，23个省（区、市）的地（市）一级全部建立联席会议制度。全国多数省（区、市）小企业劳动合同签订率已达到80%。截至2013年6月底，全国共签订集体合同244.6万份，覆盖企业584.8万家，覆盖职工2.76亿人。签订工资专项集体合同130.2万份，覆盖企业324万家，覆盖职工1.5亿人。全国女职工专项集体合同签订数达到了118.7万份，覆盖企业283.4万家，覆盖女职工7903.9万人。还有沃尔玛、肯德基、家乐福等一批知名的世界五百强在华企业均开展了集体协商工作。截至2012年年末，全国已建立工会的企事业单位单独建立职工代表大会制度的有404.9万多家，比2008年增加了248.1万家。①

2012年年初，深圳市总工会确立了"民主选举产生、规范化运作、向职工群众负责"的基层工会工作思路，随后在163家到期换届企业推行了基层工会的直选，以期"把权力交给工人，让工人自己说了算"②。在直选程序上，强化了三个方面的民主：首先是"会员代表民主产生"。其次是"工会委员民主产生"，候选人的产生完全放开，并采取自荐、互荐、组织推荐以及企业推荐等多种方式，最终由会员代表选举确定。最后是"工会主席民主产生"。工会主席及副主席候选人先由工会委员投票选举产生，候选人再通过会员代表大会进行差额选举，直至最终产生工会主席。实行工会直选，增强了企业工会在集体协商中的合法性、独立性和代表性，从而有了实质上的协商谈判过程，而大幅度的工资增长也使工会与会员的关系更为密切。③ 但是，这些直选工会仍然依附于企业雇主，无法完全满足和实践工人的维权要求。2013年2月，由工人直选工会主席的深圳欧姆厂部分工人竟试图罢免他们2012年选出的工会主席赵绍波，引发了社会的广泛关注。3月28日，厂工会委员会就"是否启动工会主席罢免案"进行投票，最终结果是5票反对、2票同意、1票弃权，

---

① 《全总宣教部部长王晓峰通报工会十六大相关情况》，中工网，2013年10月11日。
② 《把权力交给工人——深圳市总工会副主席王同信专访》，《中国工人》2013年第5期。
③ 闻效仪：《工会直选——广东实践的经验与教训》，中国人力资源开发研究会劳动关系分会第六届年会论文。

罢免最终并未通过。① 但此案说明，新工人的成熟度和民主经验、企业雇主的态度及工会体制的痼疾都在相当程度上影响着仍然稚嫩的工会直选。

三　构建中国特色和谐劳动关系的探索

继 2011 年 8 月中央举行构建和谐劳动关系经验交流会议后，中国已进入全面推进构建中国特色和谐劳动关系阶段。按照官方的说法，所谓和谐劳动关系，即劳动者和管理者在社会主义国家中都是主人，其根本利益一致，劳动关系矛盾属于人民内部矛盾，不具有对抗性，因此可以通过协商、协调、沟通的办法来解决。② 前全总主席王兆国特别强调，要把劳动关系的建立、运行、监督、调处等环节都纳入法制轨道，兼顾劳动关系双方利益，把企业与职工建成利益共同体、事业共同体、命运共同体。既注重解决突出问题，又注重建立长效机制，努力形成职工得实惠、企业得效益、经济得发展、社会得稳定的和谐劳动关系新局面。要避免对抗，坚持法治，尽量减少诉讼。要通过理性、合法的方式解决矛盾，不提倡、不鼓励、不支持采取罢工、示威等强力对抗性的方式解决劳动关系矛盾。③

党的十八大报告第一次完整地对劳动关系工作进行阐述，将它放在了中国特色社会主义事业五位一体总体布局的重要位置上。2013 年以来，我国全面加强了劳动关系矛盾的源头治理，这是将工作关口前移，通过劳动关系法律、体制机制和能力建设，实现矛盾治理从治标到治本、救济到防范的转变。④ 其重点之一是以健全组织和完善职能为重点加强协调劳动关系政劳资三方机制建设。到 2012 年年末，全国共建立各级劳动关系三方协调机制（包括地方和产业）2.4 万个。中国三方机制的一项富有特色的工作是创建劳动关系和谐企业与工业园区的活动。自 2006 年国家颁行《关于开展创建劳动关系和谐企业与

---

① 《欧姆工会"罢免门"》，《南方都市报》2013 年 4 月 15 日。
② 王兆国：《大力发展社会主义和谐劳动关系　推动科学发展、社会和谐》，中华全国总工会：《构建社会主义和谐劳动关系》，中国工人出版社，2012，第 5 页。
③ 《王兆国在全总十五届七次执委会议上的讲话》，人民网，2013 年 3 月 1 日。
④ 《稳中求进　开拓进取　全面推进构建中国特色和谐劳动关系》，《中国劳动》2013 年第 5 期。

工业园区活动的通知》以来，各地结合近年新颁行的劳动立法和地区的经济、政治、文化特点，及劳动保障工作重点，设定有地区特色的创建标准。如广州将劳动关系和谐企业分为三个等级：劳动关系守法和谐、劳动关系诚信和谐及劳动关系全面和谐；新疆标准框架与国家三方标准类似，但更为细化，每条标准都有详细说明和地方法规依据；辽宁标准由明确的数字量化，特别是强化反招聘中滥用风险押金，企业用工必须备案，工位须持证上岗，关注员工身心健康，全过程反歧视等；青海将职工教育培训纳入标准，提出重视职工素质教育；四川给予三方机制建制和缴纳社会保险费各占分值的15%，显示这两项指标占据重要位置。

总体上看，这项活动是政府创新社会管理的一项引导性政策举措，对企业建章立制、规范劳动关系、协调管理发挥了积极作用，在性质上属于企业自律性的，但在指标上也注意发挥劳方各主体的积极性。它注重用商业信誉和市场化措施刺激和激励企业，如北京规定，获得荣誉称号的企业和园区可免去劳动保障日常巡查和社保缴费专项审计，汇入企业诚信系统，优先推荐评先、评优等。但迄今尚未对评选效果做过扎实的调查研究，在不少地方，走形式、走过场依然如故。人社部正在以天津滨海新区、广东顺德为样板，以体制制度创新、机制整合和要素集成为重点建设和谐劳动关系综合试验区，以推动这项工作的深化。

重点之二是加强劳动争议的"大调解"机制和效能建设。国务院颁布的《国家基本公共服务体系"十二五"规划》将加强劳动人事争议调解仲裁服务体系建设列为重点任务之一。2013年1月，最高法院出台《关于审理劳动争议案件适用法律若干问题的解释（四）》。6月，人社部等部委发布《关于加强非公有制企业劳动争议预防调解工作的意见》，目前已有34家商会启动劳动争议预防调解工作。基层各类调解组织如企业劳动争议调解委员会，基层人民调解组织、乡镇、街道具有劳动争议调解职能的组织，事业单位人事争议调解组织的组建率也不断提高，截至6月底，全国"两网化"管理地级城市覆盖率达到65.77%。[①] 同时，部门联动机制也在发挥积极作用。

---

① 《总体和谐稳定　长效机制初建》，中国劳动保障新闻网，2013年8月21日。

从 2012 年情况看，各级劳动人事争议调解组织和仲裁机构共受理劳动人事争议案件 140.3 万件，其中调解组织受理（含仲裁机构案外调解）76.2 万件，① 连续第二年超过仲裁机构裁决劳动人事争议案件数量。此外，仲裁机构还推出了作为法律文书的调解建议书制度、推动调解社会化的委托调解制度，以及向仲裁机构申请提高调解协议法律效力的制度，提高了调解效能。中央深化改革的决定要求创新有效预防和化解社会矛盾体制，建立畅通有序的诉求表达、心理干预、矛盾调处、权益保障机制，使群众问题能反映、矛盾能化解、权益有保障，完善人民调解、行政调解、司法调解联动工作体系，建立调处化解矛盾纠纷综合机制。

另外，即在劳动关系微观领域贯彻十八大报告所提出的加强社会主义民主法治建设，注重健全民主制度和丰富民主形式，发挥法治在国家和社会管理中的作用，促进劳资双方主动参与劳动关系规制和管理，形成国家治理和劳资自治相结合的劳动关系体系格局。其一是厂务公开民主管理制度建设取得新的发展。截至 2012 年年底，在全国已建工会的企业中，有 88.08% 的公有制企业和 85.53% 的非公有制企业建立了职工代表大会制度，有 84.50% 的公有制企业和 84.63% 的非公有制企业建立了厂务公开制度。② 而且，其工作内容从侧重关注职工切身利益问题向企业经营管理的重大问题延伸、向职工关心的热点难点问题延伸、向反腐倡廉和党风建设的重点领域延伸、向企业文化建设的重要环节延伸，逐步与企业党风建设、领导班子建设、职工队伍建设、企业文化建设等结合起来。在制度建设方面，2012 年，中纪委等六部门联合下发了《关于进一步做好职工代表大会民主评议国有企业领导人员工作的意见》、《关于学习青岛港实行厂务公开民主管理构建和谐劳动关系经验的通知》、《企业民主管理规定》等法规文件，目前全国已有 27 个省市区出台了 35 个企业民主管理的地方性法规，为企业开展民主管理工作提供了政策依据。各地探索区域（行业）职代会制度、职工代表巡视制度、职工代表竞选制度等民主管理制度建设，推动这些制度融入企业经营管理制度之中；拓宽领域和创新形式，推动

---

① 《2012 年度人力资源和社会保障事业发展统计公报》，人力资源和社会保障部官网，2013 年 5 月 28 日。

② 陈豪：《努力开创厂务公开民主管理工作新局面》，《工人日报》2013 年 10 月 12 日。

建立健全各地政府与同级工会联席会议制度，将区域（行业）职代会等形式与加强和创新社会管理相结合，并通过职工议事会、民主恳谈会等基层民主协商的形式，畅通职工表达利益诉求的渠道。

其二是贯彻落实 2012 年 12 月 28 日新修订的《劳动合同法》，依法规制劳务派遣。该法修正案规定，将经营劳务派遣业务的注册资本提高到"不得少于人民币二百万元"，且必须"向劳动行政部门依法申请行政许可。未经许可，任何单位和个人不得经营劳务派遣业务"。此次修改的重点是同工同酬，增加了"用工单位应当按照同工同酬原则，对被派遣劳动者与本单位同类岗位的劳动者实行相同的劳动报酬分配办法"的规定。对于"三性"岗位，修正案特别强调："劳动合同用工是我国的企业基本用工形式。劳务派遣用工是补充形式，只能在临时性、辅助性或者替代性的工作岗位上实施"，并明确界定"临时性工作岗位是指存续时间不超过六个月的岗位；辅助性工作岗位是指为主营业务岗位提供服务的非主营业务岗位；替代性工作岗位是指用工单位的劳动者因脱产学习、休假等原因无法工作的一定期间内，可以由其他劳动者替代工作的岗位。"修正案还要求："用工单位应当严格控制劳务派遣用工数量，不得超过其用工总量的一定比例，具体比例由国务院劳动行政部门规定。"①

《劳动合同法》修正案已于 2013 年 7 月 1 日施行。按照人社部的部署，除出台劳务派遣行政许可办法外，还应颁行《劳务派遣若干规定》，以增强法律的操作性。并全面开展规范劳务派遣专项行动，建立健全业务行政许可和定期报告情况等长效监管机制，同时做好法律宣传和企业用工整改工作。但临近年末，《劳务派遣若干规定》仍未出台，多数劳务派遣企业和用工单位仍在观望和拖延等待，员工因怕失去工作，运用法律维权的案例很少，② 劳动保障执法有待进一步加大力度。

《中共中央关于全面深化改革若干重大问题的决定》要求推进社会协商和开展形式多样的基层民主协商，健全以职工代表大会为基本形式的企事业单位在民主管理制度和保障社会组织职工参与管理和监督的民主权利方面发挥作

---

① 《劳务派遣若干规定（征求意见稿）》提出，用工单位在辅助性岗位使用的被派遣劳动者数量不得超过用工总量的 10%。
② 《劳务派遣诉讼几乎为零：维权怕丢工作》，《沂蒙晚报》2013 年 8 月 30 日。

用。同时，深化行政执法体制改革。减少行政执法层级，加强安全生产、劳动保障等重点领域基层执法力量。

总的来说，2013 年在经济稳健增长和中国特色和谐劳动关系体制机制不断健全完善的背景下，职工状况和劳动关系呈现出少有的"平安无事"，但职工队伍对更高质量就业和体面劳动的追求与经济结构调整、企业增本减利的矛盾愈加突出。随着中国特色和谐劳动关系体制和中国特色社会主义工会发展道路的确立及其内涵愈加清晰，我国已形成市场经济条件下的坚持系统治理、加强党委领导、发挥政府主导作用与劳资自主协调相结合的劳动关系调整模式，且这一模式的国家集权程度更高，国家主义色彩更浓厚，劳资代表组织亦具有国家统合主义的特征，其目标不仅要争取各自代表群体的利益，更要引领职工队伍参与全面深化改革，实现"中国梦"。

参考文献

《中共中央关于全面深化改革若干重大问题的决定》，新华网，2013 年 11 月 15 日。

《习近平在同全国劳动模范代表座谈时的讲话》，《光明日报》2013 年 4 月 29 日。

《习近平同中华全国总工会新一届领导班子集体谈话》，新华网，2013 年 10 月 23 日。

《李克强在中国工会十六大上的经济形势报告》，《工人日报》2013 年 11 月 4 日。

《李建国在中国工会第十六次全国代表大会上的报告》，新华网，2013 年 10 月 24 日。

《王兆国在全总十五届七次执委会议上的讲话》，人民网，2013 年 3 月 1 日。

《稳中求进　开拓进取　全面推进构建中国特色和谐劳动关系》，《中国劳动》2013 年第 5 期。

《2013 年前三季度我的国民经济运行情况》，中国政府门户网站，2013 年 10 月 18 日。

《人力资源社会保障部发布会介绍三季度工作进展情况》，中央政府门户网站，2013 年 10 月 25 日。

《2012 年度人力资源和社会保障事业发展统计公报》，人力资源和社会保障部官网，2013 年 5 月 28 日。

吴江主编《中国人力资源发展报告（2013）》，社会科学文献出版社，2013。

《国家统计局发布 2012 年全国农民工监测调查报告》，中央政府门户网站，2013 年 5 月 27 日。

本课题组：《当前我国职工队伍思想动态情况调查报告》，《劳动关系与工会运动研究文集（2012）》，中国工人出版社，2013。

私营企业的权利、责任与发展环境

张厚义 吕 鹏*

摘 要：

本文利用"中国私营企业抽样调查"数据，分析了私营企业和私营企业主在权利、社会责任和发展环境三个方面的议题。本文发现，私营企业主对参与社会管理有着很大的认同，但大多数人所理解的社会管理，仍然局限于经济和企业层面。在具体的社会责任行动方面，有六成多的企业主表示有过慈善捐助行为，但发布企业社会责任报告的比例依然很低，一些企业主在对社会责任的认知和行动方面存在不一致。此外，通过对企业捐助、规费、摊派、招待和公关的考察，以及对企业创办过程的评价，本文分析了私营企业在发展过程中遇到的一些困境。过去十年的调查数据表明，私营企业主对其自身经济、社会和政治地位的主观评价有下行的趋势，但总体上仍然将自身界定在中层及以上。

关键词：

私营企业主 权利 责任 发展环境

2013 年私营经济领域最引人关注的"公共事件"之一，就是关于"在商言商"的讨论。包括马云、王石、柳传志、王健林等在内的许多知名企业家分别以直接或间接的方式，表达了对企业家如何参与公共生活、如何处理政商关系的看法。这些表态在媒体上引发了热烈的讨论和反响。如此众多的"重

---

* 张厚义，中国社会科学院社会学研究所研究员；吕鹏，中国社会科学院社会学研究所助理研究员。

量级"企业家如此密集地公开讨论这一话题，是多年来没有出现过的一个社会现象。这背后反映了两个基本的事实：一是企业家在社会责任这个议题上的"自觉意识"在加强；二是私营企业主在看到成绩的同时，对发展环境抱有更高的期望。

正是基于这一基本认识，本报告将对过去两年里私营企业在社会责任和发展环境方面的一些议题作一回顾，同时在一些问题上兼顾 2002～2012 年十年里的一些情况比较。本报告使用的数据，如无特殊说明，均来自中共中央统战部、中华全国工商业联合会、国家工商管理总局、中国民（私）营经济研究会所组成的"中国私营企业研究"课题组历年进行的"中国私营企业抽样调查"。关于该数据库抽样、样本特征及加权处理的详细说明，请参见中国私营企业研究课题组历年发布的分析综合报告，在此不赘述。

一　私营企业主对参与社会管理的认知

"中国私营企业抽样调查数据"目前所能获得的最新数据，是自 2012 年 3 月开始收集，2013 年 3 月整理完成的（若无特别说明，下文所列数据，均来自此最新调查）。问卷询问了被访者对"是否参与社会管理"的看法，这也是政府和社会各界关注的一个重点话题。问题原本设计有五个选项，本文将"不清楚社会管理的具体内容，谈不上参与"和"说不好"这两项合并。从表1中可以看到，绝大多数被访私营企业主都对参与社会管理持肯定态度，认为这是企业应负的社会责任。不管是按照资产规模、政治地位（是否人大代表或政协委员）分组，还是按照教育程度分组，各个分组对参与社会管理持肯定态度的都超过了六成（见表1）。

进一步的分析表明，某些类型的私营企业主群体较其他私营企业主在社会管理参与上的态度更积极一些。比如，资产规模更大的企业主，就更多地持积极态度。具体来说，企业主里，资产规模 1 亿元以上的有 90.9% 持积极态度，1000 万～1 亿元的只有 85%，而 100 万～1000 万元和 100 万元以下的，则又有所下降。此外，担任人大代表或政协委员的私营企业主里，有 85.7% 持肯定态度，比没有参政议政的高出近20个百分点。最后，不同学历者之间的差

表 1 不同类型的企业主对"是否参与社会管理"的看法

单位：%

企业类别 \ 选项		应当参与社会管理，这是企业应负的社会责任	社会管理主要是党和政府的事，企业在商言商，不应参与	不清楚	其他
资产规模分组（四分法）	100 万元以下	64.8	5.0	28.5	1.6
	100 万~1000 万元	75.5	4.5	18.7	1.4
	1000 万~1 亿元	85.0	4.0	9.5	1.5
	1 亿元以上	90.9	2.7	5.0	1.4
是否人大代表或政协委员	否	66.9	5.2	25.3	2.6
	是	85.7	3.5	8.5	2.3
是否有大专以上文凭	否	67.4	5.4	24.2	2.9
	是	78.3	3.9	15.0	2.8

异也很明显。78.3%有大专以上学历的企业主为肯定态度，而大专以下学历企业主中这一比例只有 67.4%。

对参与社会管理持消极态度的企业主的比例，在各个群体中的分布差别不是很大，大体上在 4%~5%之间浮动。这些被访者认为社会管理主要是党和政府的事情，企业"在商言商"，不应参与。即便如此，依然可以发现不同企业规模、政治参与和教育水平的效应差异。比如，企业规模越大，持消极态度的就越少，尤其是 1 亿元以上资产规模的私营企业主这一比例最低，只有 2.7%。

与此同时，还可以发现，对参与社会管理态度不明确的群体分布则呈现出与之相反的趋势。资产规模越小的企业主，越有可能对社会管理表示不清楚；非人大代表和政协委员、大专以下学历的私营企业主这两个群体，对社会管理不清楚的比例也远远高于对照群体中的相应比例。

尽管被访私营企业主中的大多数对参与社会管理持有积极的态度，但"社会管理"的内容是什么，依然是一个可以各自解读的问题。2012 年的调查提供了六项具体内容请被访者做多选题，选择他们认为应该属于"社会管理"的方面：①提供稳定的就业岗位；②抓好对员工的科学化管理和人性化服务；③尊重和维护员工的各项合法权益；④积极参与社会公共事业和公益事业；⑤参与维护社会治安；⑥参与调处同业间的民商事纠纷。我们可以看到，这六

个选项，实际上存在着一个参与社会公共领域强度的递进关系。选项①主要是一种社会或市场的经济职能，我们称之为"经济层面"；选项②和选项③是企业内部对员工的尊重，是"企业层面"；选项④才是直接参与到社会公共领域，属于我们所说的"社会层面"；选项⑤和选项⑥则带有处理纠纷和冲突的内容，可以视为"政治层面"。

表2　不同类型的企业主对"参与社会管理内容"的看法

单位：%

企业类别 \ 选项		企业参与社会管理主要表现在哪些方面？						
		提供稳定的就业岗位	抓好对员工的科学化管理和人性化服务	尊重和维护员工的各项合法权益	积极参与社会公共事业和公益事业	参与维护社会治安	参与调处同业间的民商事纠纷	其他
资产规模分组	100万元以下	76.9	58.8	59.9	52.5	33.1	15.5	0.5
	100万~1000万元	83.2	63.0	67.6	63.1	38.0	19.9	0.6
	1000万~1亿元	86.8	71.8	77.0	73.4	44.0	21.3	0.6
	1亿元以上	89.2	79.3	83.6	83.6	53.1	25.4	1.4
是否是人大代表或政协委员	否	78.2	59.5	63.0	54.0	35.5	15.9	0.5
	是	86.6	71.4	76.4	77.5	45.1	23.8	0.5
是否有大专以上文凭	否	77.6	58.1	63.0	57.3	37.2	18.3	0.6
	是	83.4	67.9	72.3	67.6	41.0	19.9	0.7

从表2可以看到，被访的私营企业主对这六项内容的态度，也基本存在着一个层层递进的关系。"经济层面"获得的认可度最高，其次是"企业层面"，然后是"社会层面"，最后是"政治层面"。四者之间的差距比较大。具体来说，被访私营企业主认可"提供稳定的就业岗位"属于社会管理责任的比例，都在76%以上；对"企业层面"的支持率，为60%~80%；到"社会层面"，认可率则有所下降；对"政治层面"的认可率下降更为明显，尤其是"参与调处同业间的民商事纠纷"这一选项，认可率下降到26%以下。这说明被访私营企业主对"社会管理"的看法，并不像一些人所认为的那样主要是社会性和政治性的。相反，绝大多数私营企业主所理解的"社会管理"，仍然是"经济层面"和"企业自身管理"层面。

各个不同的群体在对"社会管理"的具体内容的理解上也存在差异。从

表 2 可以看到，首先，资产规模越大的企业主，对社会管理内容的包容度就越高。比如，在资产规模 1 亿元以上的被访者中，有 25.4% 的人认为"参与调处同业间的民商事纠纷"是企业参与社会管理的一个方面，而这一比例在资产规模 100 万元以下的被访者那里，只有 15.5%。在其他选项上，我们也可以发现同样的规律。其次，担任人大代表或政协委员的企业主对社会管理的理解和包容度也比他们的对照群体要高。还是以"参与调处同业间的民商事纠纷"为例，选择这一选项的比例在人大代表或政协委员里有 23.8%，而在没有参政议政的企业主里，只有 15.9%。最后，在有大专以上学历的被访者和大专以下学历的被访者之间，也存在同样的模式。

二 私营企业主的社会责任行为

上文反映的仅仅是被访私营企业主对"社会管理"的认知。他们在实际中的行为又是如何？通过表 3 我们可以发现，首先，表示在过去两年里，为扶贫、救灾、环保、慈善等公益事业捐助过现金或实物等的企业的比例在六成以上。其中 2010 年这一比例为 63.2%，2011 年为 62.3%。其次，企业与公益组织合作的比例远远低于没有合作的比例。表示与政府主办的公益组织有过合作的企业只有 33.6%，而与民间公益组织有过合作的企业比例更低，只有 25.6%。最后，绝大部分企业没有发布社会责任报告，只有 5.3% 的被访企业表示在最近两年发布过企业社会责任报告。这三个发现提醒我们，私营企业的社会公益参与仍然处于比较初级的阶段。

此外，被访私营企业主在行动与认知之间存在一定的差距。认为应该参与"社会管理"的人，不一定就会有慈善或公益的行为；而认为社会管理主要是党和政府的事情的企业主，却有一部分在慈善或公益的行为方面胜于在理念上对社会管理持积极态度的人。比如，在认为企业应该参与社会管理的企业家里，分别有 30.9% 和 32% 的被访者在 2010 年和 2011 年没有任何的捐助行为。而在认为社会管理主要是党和政府的事情的企业家里，却分别有 61.9% 和 60.8% 的被访者表示自己在 2010 年和 2011 年有过捐助行为。再比如，在认为企业主要就是要在商言商的企业家里，也有 21.5% 表示与政府主办的公益组

织有过合作，有18.1%表示与民间公益组织的合作，3.9%表示在近两年发布过企业社会责任报告（见表3）。

表3 对社会管理的态度与企业公益行为的交互分析

单位：%

行 态 为 度		总体	对参与社会管理的态度			
			应当参与社会管理,这是企业应负的社会责任	社会管理主要是党和政府的事,企业在商言商,不应参与	不清楚	其他
2010年是否做过慈善	没有	36.8	30.9	38.1	60.8	41.4
	有	63.2	69.1	61.9	39.2	58.6
2011年是否做过慈善	没有	37.7	32.0	39.2	60.2	46.5
	有	62.3	68.0	60.8	39.8	53.5
近两年,您的企业与政府主办的公益组织(如扶贫基金会、红十字会等)有无合作?	有	33.6	39.8	21.5	11.9	32.2
	没有	66.4	60.2	78.5	88.1	67.8
近两年,您的企业与民间公益组织有无合作?	有	25.6	30.2	18.1	10.2	16.7
	没有	74.4	69.8	81.9	89.8	83.3
近两年,您的企业有没有发布过社会责任报告?	有	5.3	6.6	3.9	1.1	2.3
	没有	94.7	93.4	96.1	98.9	97.7

为了更进一步了解不同类型私营企业主进行慈善活动的方式的差异，我们单独挑选了曾经在2010年或2011年有过捐助行为的企业主，对其行为进行了分析。如表4所示，我们可以发现，在担任人大代表或政协委员的私营企业主里，如果他们在过去两年里有过捐助行为的话，则56.9%的企业与政府主办的公益组织有过合作，高于与民间组织有过合作的比例（42.2%）。相反，那些不是人大代表或政协委员的私营企业主虽然有过捐助行为，却分别只有37.8%和28.1%的比例与政府主办的公益组织和民间公益组织有过合作。有人大或政协身份的私营企业主所在的企业发布社会责任的比例，也略高于非人大或政协身份的企业主；教育水平不同导致的差异也与此类似。有大专以上文凭的私营企业主更有可能与政府主办的公益组织、民间公益组织合作，各自的比例（52.7%和38.7%）要高于大专以下文凭的私营企业主（39.4%和30.9%）。

表4　不同类型的私营企业主进行慈善活动的方式

单位：%

企业类型＼方式		近两年，您的企业与政府主办的公益组织（如扶贫基金会、红十字会等）有无合作？		近两年，您的企业与民间公益组织有无合作？		近两年，您的企业有没有发布过社会责任报告？	
		有	没有	有	没有	有	没有
是否人大代表或政协委员	否	37.8	62.2	28.1	71.9	6.7	93.3
	是	56.9	43.1	42.2	57.8	7.5	92.5
是否有大专以上文凭	否	39.4	60.6	30.9	69.1	6.9	93.1
	是	52.7	47.3	38.7	61.3	7.1	92.9

三　捐助与"三项支出"占营业收入的比例

上面的分析只是针对2012年调查的情况。为了更全面地回溯过去10年里私营企业在社会慈善领域内的贡献，我们统计了自2002年以来，六次调查中企业主在被调查当年的慈善捐助数额与当年营业收入/销售额的比例。由于企业的捐助额度都是自报数据，因此在调整了奇异值和进行逻辑检验之后，我们得到了表5。通过对这个表格的分析我们可以发现，具有人大代表或政协委员身份的被访私营企业主，在所有的调查年份里（2008年除外），企业捐助占营业收入的比例，都要高于非人大代表或政协委员。其中，2002年、2010年和2012年均高出约0.3个百分点。相反，具有中共党员身份的被访企业主并没有比非党员更多地投入慈善。除了在2004年和2010年基本相等之外，剩下的4个调查年份里，反而是非党员私营企业主的企业捐助与营业收入比要高于党员企业。最后，教育程度上的差别导致的差异并不明显。从2008年开始，有大专以上文凭的私营企业主的企业捐助占营业收入的比例要略高于大专以下文凭企业主的企业，但相差的幅度非常小，在2010年和2012年的调查里都仅为0.1个百分点。这正好逆转了2002~2006年所揭示的模式。在此期间，大专以下文凭企业主的捐助占营业收入比，反而比大专以上文凭企业主的略高一点。

表5　不同类型的企业主的慈善捐助占企业营业收入/销售额的比例（2002~2012年）

单位：%

年份 企业类型		2002	2004	2006	2008	2010	2012
是否人大代表 或政协委员	否	0.48	0.45	0.55	0.63	0.37	0.48
	是	0.78	0.53	0.61	0.57	0.67	0.75
是否中共党员	否	0.67	0.48	0.58	0.96	0.52	0.63
	是	0.53	0.48	0.53	0.57	0.52	0.54
是否有大专 以上文凭	否	0.65	0.51	0.59	0.61	0.45	0.53
	是	0.58	0.47	0.57	0.65	0.55	0.63

　　如果说企业的捐助是一种"社会责任"的话，那么，各类规费、摊派和公关招待费用所构成的"三项支出"，则是另外一种企业卷入社会的模式，在历次调查中这也都是我们了解企业与政府、社会等关系的一个重要途径。在清理了一些明显的奇异值之后，表6所提供的数据表明，2008年以来，企业的平均负担额并没有下降，尤其是摊派的费用在2012年上涨很多。从中位数来看，公关招待的费用在上升，最大值也在变大。此外，进一步的分析表明，在2012年的调查中，三项支出的平均水平，在东部地区最高，在中部地区最低。这也与过去的调查结果一致。

表6　私营企业"三项支出"情况比较（2008~2012年）

单位：%，万元

年份	三项支出	样本比	中位数	最小值	最大值	均值	标准差
2008	各种规费	62.6	3	0	28239	59.9	649.9
	摊派	56.6	0.5	0	1580	7.1	42.6
	公关、招待	73.3	3	0	680	13.6	37.7
2010	各种规费	65.8	1	0	36137	52.9	787.5
	摊派	52.3	0	0	781	5.1	27.9
	公关、招待	56.9	3	0	1100	16.3	57.1
2012	各种规费	79.5	3	0	19041	66.4	485.6
	摊派	67.7	0	0	9590	22.2	231.3
	公关、招待	76.8	5	0	19450	36.7	351.2

　　当然，"三项支出"的绝对值甚至均值，都不能完全反映企业的负担水平。为此，我们统计了各项支出占当年企业收入的比重。从图1可以看出，摊

派和公关招待费用占营业收入的比例，从 2008 年到 2012 年，都是呈上升趋势。其中摊派的比例从 0.97% 上升到了 3.01%；公关招待费用从 2.40% 上升到了 5.11%。规费占营业收入的比例，在 2010 年的大幅上升之后（6.73%），在 2012 年的比例有了很大幅度的下降（3.07%）。其中的原因仍需进一步分析。尽管如此，2012 年的这个比例也依然高于 2008 年的 2.48%。进一步分析则表明，小微型企业的负担相对于大中型企业尤其沉重。交费、摊派和公关招待在 2012 年的调查中，占小微型企业营业收入的比例分别为 3.58%、3.76% 和 5.34%，而在大中型企业中这三者的比例仅为 0.88%、0.45% 和 0.59%。这与之前几年的调查结论是一致的。

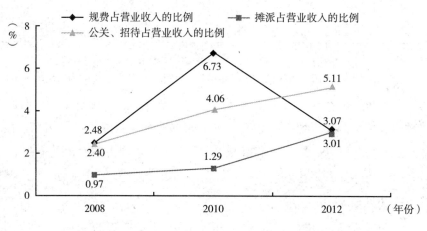

图 1   "三项支出"占营业收入的比例（2008~2012）

四　对创办企业过程的评价

表 7 反映了不同类型的私营企业主对企业从筹备到创办过程的难易程度的评价。可以发现，企业的规模和地理位置对于企业主的评价没有什么显著的影响。小微型企业和大中型企业绝大多数（60% 以上）选择了"较便利"这个中性的评价。由于这题带有一定的"回溯"色彩，我们还计算了不同创业年数（亦即处于不同企业生命周期）的企业主的看法，结果同样没有显著差别。

表7　不同类型的私营企业对创办难易程度的评价

单位：%

| 企业类型 | 选项 | 您认为近两年企业从筹备到开业的创办过程便利程度如何？ | | | | |
		非常便利	较便利	不便利	很不便利	不好说
企业类型	小微型企业	10.1	66.1	11.6	2.9	9.4
	大中型企业	9.7	71.1	10.9	2.7	5.7
	合计	10.0	67.1	11.4	2.8	8.6
东中西分布	东部	9.5	67.5	11.3	2.5	9.1
	中部	12.5	67.3	10.3	2.6	7.3
	西部	8.5	65.4	13.4	4.1	8.7
	合计	10.0	67.1	11.4	2.8	8.6
创办企业的年数	5年以内	12.1	63.9	12.1	3.5	8.5
	5~10年	10.2	66.6	11.8	2.4	8.9
	10年以上	8.8	69.5	11.2	2.4	8.1

　　在对企业创办过程中出现的问题的归纳方面，不同地区的私营企业主的选择并没有什么显著差异。尤其是在涉及"创办企业的各种手续繁杂、时间长"和"政府有关部门推诿扯皮"方面，东中西部的企业主的选择比例相互接近，只是西部略高一点点。缺少技术和人才、资金等商业因素方面，是企业主们感到最为困难的部分。尤其是东部地区对技术和人才的需求，比中西部地区都要更高一些（见表8）。

表8　不同地区的私营企业在创办过程中遇到的问题

单位：%

地区	创办企业的各种手续繁杂、时间长	政府有关部门推诿扯皮	缺少场地和设施	缺乏相关法律知识	缺乏信息	缺乏资金	缺少技术和人才	其他
东部	18.3	5.8	12.0	7.4	14.4	19.1	22.4	0.5
中部	18.0	6.2	9.8	8.3	14.6	21.0	21.9	0.1
西部	19.6	8.6	9.2	7.1	12.9	21.1	21.1	0.4
总体	18.5	6.4	11.0	7.6	14.2	19.9	22.0	0.4

　　2012年的调查还询问了被访者对于企业创办过程中的困难的原因分析。如果将"相关法律制度不健全""政府部门服务意识差""相关政策落

实不到位"这三点看做政府原因的话，那么选择这三者的比例分别占16.9%、14.6%和26.5%，合计达到了58%。"创业者自身能力和素质局限"属于自我归因，比例为19.8%。有21.6%的被访企业主认为原因是"缺乏专业机构的服务"，这一不低的比例反映了他们对市场和社会力量的呼唤。此外，在东中西部不同企业中，企业主的归因没有显著的区别（见表9）。

表9 不同地区私营企业主对创办过程中困难原因的分析

单位：%

地区 \ 选项	企业创办过程中困难的原因					
	相关法律制度不健全	政府部门服务意识差	相关政策落实不到位	创业者自身能力和素质局限	缺乏专业机构的服务	其他
东部	16.9	14.7	26.5	19.3	21.9	0.7
中部	17.5	13.7	26.4	20.4	21.5	0.3
西部	16.4	15.4	26.7	20.6	20.5	0.4
总体	16.9	14.6	26.5	19.8	21.6	0.6

五 主观经济、社会和政治地位评价

无论是考察企业的"三项支出"的情况，还是对企业创办情况的评价，目的都是对私营企业主所面对的市场发展环境做出评估。除此之外，私营企业主本人如何看待他们的经济、社会和政治地位，也是一个非常值得考察和追溯的指标。在历年的调查中，被访者被要求就自己的经济、社会和政治地位做出主观评判，并按照1～10的分值打分。分数越高，表明被访者认为自己的地位越低。我们追溯了2002～2012年的调查数据，同时为了符合大多数人的思维习惯，对分值进行了反转，即分值越高，则主观认同的地位越高。我们通过主观评价的均值，来反映过去10年间的走势。

图2展示的是2002～2012年不同资产规模的私营企业主对自身经济地位的评价走势。我们可以发现，首先，总体上来说，资产规模越大，对自身经济地位的评价就越高，均值也越高。这在过去的十年里没有改变。其次，改

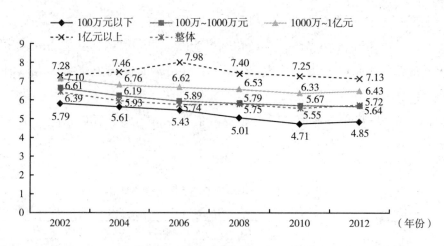

图 2 不同资产规模的私营企业主对自身经济地位的评价（2002～2012）

变的是，不仅整体上私营企业主对自身经济地位的认同度在降低（均值从 2002 年的 6.39 分降到 2012 年的 5.72 分），而且，在同一资产规模组里，被访私营企业主的主观经济地位的认同度也在降低。100 万～1000 万元资产组的降幅最为明显，从 2002 年的 6.61 分，降到了 2012 年的 5.64 分，下降了 0.97 分；100 万元以下资产组均值从 2002 年的 5.79 分降到 2012 年的 4.85 分，下降了 0.94 分。同一资产规模组在过去十年里的经济地位认同度降低，也许部分地与快速发展的经济和通货膨胀有关，同样的资产，可能会带来的成就感也许在逐年降低。不过，降幅最小的，是 1 亿元以上资产组，降幅仅为 0.15 分，而且 2002～2006 年，这一组别的经济地位认同度是唯一处于上升势头的。

图 3 所揭示的社会地位的主观评价的走势与图 2 有相似之处。首先，社会地位的主观评价，整体上也是处于走跌的趋势。2002 年的均值是 6.96 分，到 2012 年时只有 5.7 分；这种走跌的趋势在各个资产规模组别里大体如此。其次，资产规模越大的组别，对社会地位的主观评价的均值也越高。唯一的例外，是 2002 年时 1000 万～1 亿元组别的均值（7.51 分）高于 1 亿元以上的组别（7.4 分）。但从 2004 年的调查开始，两者之间的认知差距明显拉开。最后，1 亿元及以上资产规模组，从 2002 年到 2008 年的社会地位的评价都是非常稳健的，只是从 2010 年开始，出现小幅度的下跌。

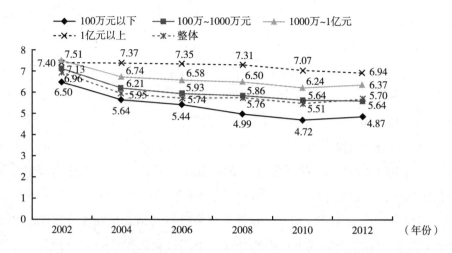

图3 不同资产规模的私营企业主对自身社会地位的评价（2002～2012 年）

图 3 也有一些与图 2 不太相同的地方。与 2010 年相比，1000 万～1 亿元的组别和 100 万元以下的组别在 2012 年的主观社会地位评分的均值在提高。不过由于这种提高的幅度很小（0.1 分左右），因此尚不能判断这将构成一种新趋势或这仅仅是技术性的提高。即便审慎乐观，对自身社会地位的评价，2012 年的主观评分的均值也低于 2002 年的评分结果。

图 4 显示的是不同资产规模的私营企业主对自身政治地位的评价。总体来说，被访私营企业主的评价是一种下行的趋势，但在 2012 年时，几乎

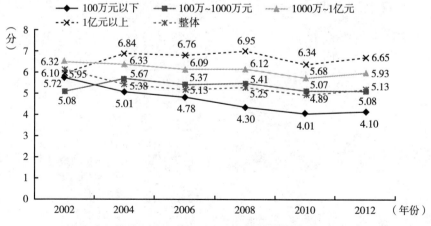

图4 不同资产规模的私营企业主对自身政治地位的评价（2002～2012 年）

都较 2010 年有所上升。评价下行幅度最大的，是 100 万元及以下的组别，均值由 2002 年的 5.72 分降到 2012 年的 4.1 分，下降 1.62 分；100 万 ~ 1000 万元组别的评分下降 0.05 分；1000 万元到 1 亿元组别的评分下降 0.39 分；相反，1 亿元以上组别的政治地位主观评价却与众不同：除 2010 年外，2002 ~ 2012 年，基本上处于上升的势头。

　　当然，最后需要指出的是，不管过去十年里经济、社会和政治地位的主观评价的走势如何，被访私营企业主的主观赋分都是在一个中等以及中等偏上的区间。如果说 1 ~ 3 分属于"低层"，4 ~ 7 分属于"中层"，8 ~ 10 分属于"高层"的话，那么，所有主观评价里最低的均值，也在 4 分以上。大部分私营企业主在主观认同上，仍然是我国中间社会力量的重要组成部分。而他们的态度与行为，也将对未来我国各个方面的发展产生直接和间接的深远影响。

B.18
2013：中国农民组织化进程报告

许欣欣*

摘　要：

近一年来，我国农民组织化进程步伐较快，取得了显著进展。农民合作组织的综合化趋势逐渐明朗，关注和加盟农民组织化进程者日益增加，但中国农民组织化体系的构建依然存在诸多问题并面临一些困境。

关键词：

农民专业合作社　综合农协　纵向一体化农协体系

截至 2013 年 6 月底，全国依法登记的农民专业合作社为 82.8 万家，实有成员 6540 多万户，占全国农户总数的 25.2%。覆盖产业逐步增多，涉及种养、加工和服务业，其中种植业约占 45.9%，养殖业占 27.7%，服务业占 18.6%，涵盖粮棉油、肉蛋奶、果蔬茶等主要产品生产，并逐步扩展到农机、植保、民间工艺、旅游休闲农业等多个领域。[①] 与 2012 年相比，近一年来我国农民合作组织的发展步伐较快，取得了显著进展，但也存在许多问题。

一　农民组织化的主要进展

概括而言，近一年来我国农民组织化进程的主要进展集中体现在以下三个方面。

---

* 许欣欣，中国社会科学院社会学研究所研究员。

[①] 《全国农民合作社发展部际联席会议首次全体会议召开》，2013 年 8 月 28 日农业部网站：http：//www.moa.gov.cn。

（一）农民合作组织的综合化趋势日趋明朗

一年来，随着经营能力的增强，农民组织化程度不断提高，农民专业合作社综合化趋势越来越明朗：一是跨业化。越来越多的农民专业合作社突破专业范围，从简单的技术、信息服务向农资供应、统防统治服务延伸，由产前产中服务向产后的包装、储藏、加工、流通服务拓展。二是功能多样化。合作社不仅开展生产互助，而且提供供销、资金服务，有的还涉足社会服务领域。三是联合化。一个地方的不同专业合作社进行横向联合，建立联合社，共同开展服务。四是纵向一体化。同类合作组织突破村和乡镇范围，开始在县、市，甚至省级建立联合社，朝着纵向一体化方向发展。下面三个案例可以充分说明这一点。

案例1　"农禾之家"联盟的创新实践

近年来，我国农民合作组织出现的综合化、规模化现象，虽然缺乏明确的政策与法律支持，但一直在发展中。"农禾之家"联盟即是一个颇有说服力的案例。

概括而言"农禾之家"联盟是一个有意愿走向经济与社会功能综合发展方向的农民合作组织网络。2005 年，在中国社会科学院社会政策中心的支持下，2005 年由 7 家农民合作组织发起成立。① 自 2008 年起，"农禾之家"联盟每年召开一次年会。截至 2013 年 10 月，加盟的成员组织已发展至 119 家，覆盖 19 个省自治区、直辖市，基本分布在我国 13 个粮食主产区。

从联盟成员组织的业务结构看，有 48 家从事单纯种植或养殖业务；36 家从事两类以上的涉农综合性业务，其中 13 家开展了内部资金互助；17 家从事单纯的资金互助业务；另有部分合作组织从事手工艺或农产品销售业务。从成员组织所覆盖的区域看，县级层面的合作组织已达 15 家，且大部分合作组织

---

① 7 家发起成立"农禾之家"联盟的农民合作组织分别为：山西永济蒲洲镇农民协会、安徽阜阳南塘兴农合作社、河南兰考胡寨哥哥农牧专业合作社、山东济宁鱼台县谷亭镇姜庄村农民合作社、吉林梨树县榆树台闫家百信农民合作社、陕西洛川旧县顺超有机苹果合作社、河南兰考马庄生态农产品专业合作社。

已突破村级行政地域。

目前，"农禾之家"各成员组织向综合性合作组织发展的趋势日渐明朗，虽然其起点与发展路径各不相同。例如，有缘起于农业技术推广和农村社区文化建设的山西永济"蒲韩乡村社区"；有缘起于农村金融合作的四川"仪陇县乡村发展协会"；有缘起于农业专业协会的四川"南江县秦巴山新农村建设发展联合会"；有缘起于农业公司的内蒙古"赤峰克旗新农村综合发展协会"，以及肇始于综合农协制度试点、以官民共治共享为特点的湖北"建始县河水坪地区新农村综合发展协会"，等等。这些农民合作组织虽然起点不同，业务侧重也有差异，但在各自曲折的发展过程中，都相继建立了合作金融、合作供销、社区教育、农业技术推广等综合性的业务功能。

概而言之，这些农民组织自发走向综合农协方向的动力源于弥补自己业务发展的短处，要求突破专业限制，沿着弥补自身缺失的功能的方向进行组织改进与创新，以获得自我发展。正如四川南江县秦巴山新农村建设发展联合会理事长所言："原来我们做的是农民的生产技术合作，但是总做不好，农民参与很被动，原因在于我们的社区教育没有做好，我们碰到的一切问题都可以从这里找到原因。"四川仪陇县乡村发展协会理事长也认为："我们开始就是做农民小额贷款，在发展中越来越发现，合作金融需要和销售合作连接，需要和社区教育结合，不然单一的合作金融难以走出可持续的路。"①

2013 年 8 月，"农禾之家"商标证书正式由国家商标局核定签发。核定使用的商品涵盖了肉、蛋、奶、调味品、茶、糖、粮食产物、谷类制品、蔬菜、花卉等大多数涉农产业产品。相信这一举措将带动更多加盟的农民合作组织走向综合化发展之路。

案例 2　集经济、社会、文化功能于一体的"蒲韩乡村社区"

山西永济"蒲韩乡村社区"是一个用以说明基层农民合作组织主动向综合性发展的极佳案例。1997 年，永济蒲洲镇寨子村小学乡村女教师郑冰在帮助丈夫

---

① 综合农协研究组：《探索综合性农民合作组织　促进"三农"改革新突破》，《综合农协》（内部刊物）2013 年第 3 期。

经营农资时发现农民缺少技术，于是自费请专家来做培训，由此形成了一个农民自治的团队并不断学习成长。于 2004 年在当地民政局正式注册为"农民协会"。

经过 16 年的探索，"蒲韩乡村社区"开发了一条独特的可持续发展之路。目前，社区以永济市蒲州镇寨子村为中心，成员遍及周围两个镇的 43 个村庄（其中有 24 个行政村、19 个自然村），拥有 3865 户农户成员（均有"会员证"，有档案可查），占所在区域农户总数的 62%。有一个由 53 名专职受薪人员组成的工作团队，其中大中专毕业生占 60%，平均年龄 30 多岁。

迄今为止，"蒲韩乡村社区"下辖 18 个正式注册的农民专业合作社、一个果桑服务公司、一个农民技术学校（在教育局注册）。此外，还有农资店、有机联合社、城乡互动中心、青年农场、资金服务部、手工艺加工坊等多个经营性部门。其中，手工艺加工坊已成立十多年，由 200 多名妇女将自家棉花自纺自织再加工的各种工艺品注册了"红娘牌"商标，销路甚好。有机联合社通过签约服务方式，为 1635 户骨干会员的近万亩耕地进行土地的有机转化，提供从选种、施肥、耕地、技术指导、资金互助到产品统销的一条龙服务。从 2009 年至今，已经摸索出一套既能给农民增收又能让"蒲韩乡村社区"有稳定收入的农产品流通与分配制度。资金服务部于 2012 年 9 月开始设立，截至 2013 年 7 月底，不足一年的运营，实现净利润 43 万元，会员借贷还款率达到 100%。

除生产经营合作和资金互助外，"蒲韩乡村社区"还于 2013 年开展了生活消费品统购服务，并成立了消费合作社，原来专营农业生产资料的 5 个农资店也陆续转型为以生活用品的统购为主。

另外，青年工作、妇女工作、老人和儿童服务、乡村文明建设和环境保护，也都是"蒲韩乡村社区"的重点关注领域。为此，社区先后组建了青年农场、电脑服务部（社区为 70% 的专职受薪人员配备了电脑，并在寨子村各部门办公地安装了可随时上网的无线路由器）、妇女舞蹈队、老人康乐服务中心、居家和社区老年人服务、儿童夏令营、农耕家园（负责垃圾分类处理、小乐队、村史农谚搜集、红白喜事服务、后勤组与小食堂）等公共服务项目组或公共设施。自 2012 年以来，"蒲韩乡村社区"更是与成员所在的 23 个村委会①合作，帮

---

① 寨子村的垃圾统一处理早在 10 多年前即已开始。

助各村以农户每月出资 1~2 元的方式设立村垃圾处理员岗位，推广垃圾分类制作堆肥技术。

可以说，现在的"蒲韩乡村社区"已经成为一个区域性、网络化的农民自组织群体，是一个集供销、信用、生态农业、农技推广、社区商业、社区福利、村容环境、文化教育等经济、社会、文化功能于一体的新型农民合作组织，在当前中国农民合作组织蓬勃发展的大潮中颇具典型性。①

案例3　由资金互助起步实现千亩土地流转的新型农业经营主体"古树于农民专业合作社"

河北沧州东光县"古树于农民专业合作社"于 2008 年 3 月由村民王杰华等 5 人发起成立。合作社最初的发展是从资金合作起步的，社员入社的股金所派的第一个用场，即是花 85000 元购买了一台可以把更多人从土地上解放出来的大型拖拉机。2008 年秋后，合作社开始吸收村民流转的土地入社，主要采取"500 元底金 + 土地经营分红"的方式，当年便接受社员流转土地 890 亩。对于流转的土地，合作社进行了统一整理（去除道路、田埂等），使耕地面积增加了近 90 亩。土地流转前由农户经营时，大约 30% 的土地一年只能种一季。流转到合作社后，100% 的土地变成一年种两季，从而使得单位面积产量增加 20% 以上，加上土地平整后增加了 10% 的种植面积，两项相加，合作社经营的土地可增产 30% 以上。此外，合作社成立后，为社员提供的农机服务和销售服务不仅使农户的种地成本大大降低，每亩每年少支出 150 元，而且使农产品销售价格提高了 5% 以上。②

合作社的经营与服务让农民得到了真真切切的实惠，于是，在最初签订的 3 年土地流转合同到期后，所有农户皆与合作社续签了转让合同，并大都同意将合同期限延长至 5 年。目前，合作社接受的流转土地已达 1100 亩，其中最多的一户流转了 20 多亩土地到合作社。为了将这些土地建设成高效的机械化示范田，合作社先后投资近 200 万元购买了 30 多台玉米、小麦联合收割机、

①　杨团、石远成：《走进山西永济蒲韩乡村社区：一个自治的综合性农民合作组织联合体》，载杨团《综合农协：中国"三农"改革突破口》，社会科学文献出版社，2013。
②　李昌平：《有这样一个合作社》，《综合农协》（内部刊物）2013 年第 2 期。

新型播种机、拖拉机等现代农业机械。土地流转使合作社形成了千亩土地连片耕种的规模，于是，2013年由政府投资300万元为合作社打了一口深井，并配备了可实现千亩喷灌的全套灌溉系统。社员收入有了进一步的保障。

土地流转不仅使合作社成为新型的农业经营主体，而且在很大程度上解放了农业劳动力。合作社成立5年来，通过土地流转已经帮助100多位村民离开了土地，全村新办小型加工厂40个（以纸箱机械厂为主）。

通过土地流转，农户在合作社用土地抵押贷款也成为现实。长期以来，由于信息难以掌握，一直没有任何正规银行愿意向农民提供贷款。用土地抵押贷款，在中国更是一个悬而未决的大难题。但是，古树于农民合作社成立资金互助部后，社员以自己的承包地在合作社抵押贷款已经成为自然而然的事情了。有记录显示，有的社员已从合作社贷款10余次，社员土地抵押贷款额最高的达20万元。迄今为止，社员借贷还款率100%。

经过5年的发展，古树于村180户村民全都加入了合作社。目前，合作社下设有资金互助部、水利部、农机部、农地流转经营部、农资和生活资料部、技术服务部等。为了方便社员的生活，合作社还提供了生活超市服务，社员凭证在合作社超市购物时，可享受3%的优惠，每年给社员的优惠近30000元。

古树于农民专业合作社的健康发展赢得了邻近村庄的羡慕，于是，2012年，以古树于农民合作社为核心、涵盖周围17个行政村的"连镇农民专业合作社联合社"挂牌成立。截至目前，连镇农民专业合作社联合社共有资金800余万元，土地经营面积总计4000余亩；社员总计2500户。联合社内设农机服务中心、农资服务中心、资金互助中心、村级社区服务中心、养殖合作社服务中心等机构。联合社拟订的发展方向是：有规划、有步骤地成长为综合性农民合作组织，真正维护农民的权益。

（二）新一代"返乡人"开始成为推动农民组织化进程的弄潮儿

2013年8月6日至8日，第二届"返乡大学生论坛"在海南省海口市开心农场举行。这是一个有200多名来自全国各地的返乡精英、返乡大学生、返乡农民工，以及专家学者参加的新一代"返乡人"大会。与一年前召开的第一届"返乡大学生论坛"相比，不仅与会人数增加了近 10 倍，而且社会影响力大幅提升。在这次会上，明确提出"返乡人"概念，"返乡人"社群营造正式起步，一些社会精英也纷纷表示愿为新一代的"返乡行动"助一臂之力。

新一代"返乡人"认为，如果将 1949 年以前晏阳初、梁漱溟等发起中国"乡村建设"运动的那群知识分子称为"返乡一代"；将 1949~1999 年间，包括"文革"时期"上山下乡"知识青年在内者称为"返乡二代"；那么，自 2000 年起自愿返乡并正在形成"返乡浪潮"的新一代知识青年则可称为"返乡三代"。

与前两代相比，"返乡三代"认为自己有几个突出特点：第一，他们的返乡是一种发自内心的"起而行"，就近服务家乡成为一种感召力。第二，他们的返乡既是一种价值观也是一种生活方式，他们对浮华的都市生活投了否定票，转而追求简单自然的生活方式。第三，他们的返乡是一种时尚，是带着知识和创意的快乐返乡，为乡村注入了文化创意和生活美学。第四，他们的返乡是一场伟大的移民运动，返乡者把在城市学到的知识和积累的财富转移到农村，成为乡村再造的供血者和造血者。第五，他们的返乡是一种幸福，返乡者在故乡找回了自己生命的意义，而他们的幸福也增添了故乡的荣耀。①

从学历上看，新一代"返乡人"中既有初中、高中毕业生，又不乏学士、硕士、博士学位获得者；从返乡前的职业看，既有农民工，又有公务员、律师、公司白领、合作社志愿者等；从返乡时间看，既有刚出校门不久的新人，又有返乡多年已经颇有建树的成功者；从返乡创业的地点和形式看，则更是五花八门，应有尽有，例如，创建"3 个 1 工程"（即"一个返乡大学生，一栋民宿，一个社区营造"）的海南省海口市永兴镇"博学生态村发展理事会"；利用电子网络，帮助新疆喀什农户卖干果的"良心干果项目"和"维吉达尼合作社"；注册了"山妞果蔬"品牌的浙江"庆元县山妞果蔬专业合作社"和将文化、农业和旅游三个产业结合起来的"庆元县农村青年创业联盟"，以及开设在杭州的"柴米油盐酱醋茶"农产品专营店；通过"合作社＋订单农业＋现代营销"模式，解决了当地农产品滞销问题的"北京甜利农果品产销

---

① 陈统奎：《返乡，并结队》，《综合农协》（内部刊物）2013 年第 3 期。

专业合作社"；在湘西武陵山区探索"公司＋基地＋农户"方式的湖南"中方县丁家乡有机农业开发有限公司"；践行"返乡大学生＋村民"共同创业模式的北京"小毛驴市民乐园"和社会企业"分享收获"；在福建龙岩培田村创办的"社区大学"和强调生产者与消费者合作的"CSA生态农场"，以及初步建立起村、乡（镇）、县三级纵向一体化结构的农民合作组织"河北隆化县农牧综合发展协会"，等等。

新一代"返乡人"并不想当"独行侠"，他们更希望能够"一个人带一群人，一群人带一村人"，通过组建农民合作组织、社会企业或社区发展理事会等，在乡村打造出一个个多元合作的平台，让越来越多的乡村社区在地力量和外界力量共同参与到他们的"返乡大戏"中去，为中国新农村建设和城乡一体化发展发挥更大的作用。联合起来的新一代"返乡人"已经在初战中证明了知识的力量并显示出"集团军作战的成效"，他们有望在今后的中国农民组织化进程中创造更大的辉煌。

（三）助推农民组织化进程的外部协作者逐渐增多

农民合作组织初创阶段非常需要外部协作者的帮助。目前，助推农民组织化进程的外部协作者主要来自以下三个方面。

（1）外部协作者之一：梁漱溟乡村建设中心

作为农民合作组织的外部协作者，早在20世纪90年代末，由中国人民大学教授温铁军发起创建的梁漱溟乡村建设中心即开始以支持和鼓励大学生支农调研为开端，通过开展农民合作、新乡村试点建设以及农村发展人才培养计划等，在全国范围内培养致力于中国农村发展和社会进步的青年骨干人才。迄今为止，经他们（包括中国人民大学乡村建设中心）培训出的骨干已达1000多名。这些骨干在全国各地开花，并颇有成就。目前，"乡建中心"的主要工作是推动农民合作，意在通过培训出更多的支持者和陪伴者，促进中国农民组织化程度的提高和新农村建设的健康发展。

2013年1月，梁漱溟乡村建设中心向全国发出了青年返乡倡议书，希望有更多的年轻人行动起来，关心和关注家乡的发展，在返乡道路上与越来越多的同路人并肩携手同行，为共同创造魅力永续的家乡一起努力。

目前，梁漱溟乡村建设中心正在致力于建立一个返乡青年的合作创业网络，以鼓励更多的年轻人返乡或从事服务农村的各项事业，提升返乡青年对社区互助发展的引领作用。建立这一网络的目标是增强返乡青年人在地组织化能力，构建返乡青年的交流平台，促成农民合作组织与青年志愿者的互动。

（2）外部协作者之二：北京农禾之家咨询服务中心

由中国社会科学院社会学所研究员杨团发起、由一些关注中国农民组织化进程的专家学者共同组成的"北京农禾之家咨询服务中心"，也是近年来颇有影响的农民合作组织的外部协作者之一。它以推动中国"综合农协"体系构建为目标，一方面以专业研究推动公共政策的制订，一方面致力于深入乡村社区培训和陪伴在地精英和返乡精英。为了更好地推动中国农民组织化进程，促进乡村人才素质的提高，"北京农禾之家咨询服务中心"于2013年提出了一套三级递进的乡村人才培训计划，即"禾力计划"："乡工"（乡土社区工作者，操作型的职业人才）—"乡师"（乡土培训师）—"农合CEO"（农民合作组织总干事，领导型的职业人才）。

2013年8月10日至12日，农禾之家首期"禾力计划·乡土培训师"培训计划付诸实施。"乡师"的培训旨在解决"乡工"培训中专家学者与农民组织学员之间由学历背景等差异造成的对话机制不对等问题，力图培养一批具有多年乡村社区工作经验的实践人才成长为能够取代专家学者而直接给"乡工"授课、督导的乡土培训师。此次参加培训的11名学员主要来自河北、山西等地农民合作组织成立较早并发展较好的地区。所有学员均拥有5年以上的乡村工作实践经验。"乡师"培训计划包含核心授课、观摩参访、深度提升、国际经验学习四个阶段。此次培训为第一阶段"核心授课"。课程分为三个模块：社会政策与农协组织（包含社会政策、组织管理等课程）、职业能力提升（包含性格与行为、项目管理等课程）、参与式学习（包含社区参与行动、授课技能等课程）。此次培训为即将开展的乡村社区工作者培训储备了师资。

2013年8月19～25日以及2013年9月23～29日，农禾之家第一、第二期"禾力计划·乡工培训"于山西永济蒲韩乡村社区开展。两期培训共计招收"乡工"学员55人。其中，既有来自全国各地的农民合作组织学员，又有涉农NGO、企业学员、干部学员、社工及高校学员。学员以农民组织工作人

员为主，同时吸纳涉农行业及基层政权人员参加，旨在搭建乡村社区互助体系，实现多主体共建、综合发展。

"禾力计划·乡工培训"实行"授课导师制"模式。导师一律为具有多年乡村实践工作经验的本土精英即"乡师"。除课程讲授外，特别安排了课后咨询指导、实际入户体验、实地督导、实践操作等内容，意在从理论到实践由导师全方位陪伴"乡工"学员成长。

"禾力计划·乡工培训"的课程共分三大块，包括："乡工"理念、"乡工"服务和"乡工"技能。具体而言，"乡工"理念注重于对乡土社区工作者自我意识和服务理念的培养，明确定位，设有"乡工定位"、"乡工素质"和"综合农协"课程；"乡工"服务培训注重于开发"乡工"的多元服务思维，设有"我们的乡村"、"经营服务"、"农技推广"、"社区服务"、"金融服务"、"财务分析"和"社区服务"与"文化课程"；"乡工"技能培训侧重于运用及整合各类资源、掌握村民互动的工作方法及团队合作，设有"农户工作"、"沟通与情绪管理"、"资源整合"、"团队建设"和"乡工文档"课程。"乡工"培训所使用的教材全部由北京农禾之家咨询服务中心的专家学者编撰。

2013年8月中旬，致力于培训农民合作组织高级经营人才的"禾力计划·农合CEO"在北京启动。来自全国各地的25名农民合作组织总干事经过两天集中授课培训后前往台湾，对当地的农会组织进行了为期一周的观摩、考察与学习。

（3）外部协作者之三：NGO

近年来，越来越多的NGO加入了助推中国农民组织化进程的外部协作者行列，如香港施永青基金会、友成企业家扶贫基金会、福建正荣公益基金会、招商局慈善基金会、香港乐施会、华民慈善基金会、无锡灵山慈善基金会等。以前，这些公益组织进入乡村所做的社区发展项目通常都是单一项目型，项目结案即撤，往往遗留很多问题。现在，这些NGO从实践中逐步认识到"长期陪伴"的重要性，认识到乡村社区的扶贫和发展，光给钱是不够的，还需要陪伴在地组织的成长，尤其是陪伴社区人的成长。一群返乡人的到来，不仅能带回资源和智慧，也能带来新的活力，因此，吸引更多致力于乡村社区发展的"返乡人"归来，为乡村社区可持续发展培养不可或缺的中坚力量，促进乡村社区农民组织化程度，已经成为这些公益组织的一项重任。

此外，2008 年 3 月在日本学者白石正彦①的帮助下创办的青岛农业大学合作社学院，也可视为一个值得关注的农民合作组织的外部协作者。

二　当前农民组织化进程中存在的主要问题与面临的困境

一是对农民合作组织的意义认识不清。邓小平设计的农村改革"分两步走"和"两次飞跃"是：第一步使"少数人先富"，通过把农民从人民公社旧体制中解放出来，实现一次飞跃；第二步是"共同富裕"，通过重走合作和集体经济道路，实现二次飞跃。当前，中央建设全面小康与和谐的新农村战略部署与邓小平的"共同富裕"、"两次飞跃"构想是一脉相承的。近年来，许多合作社的实践已经证明，农民合作组织的健康发展不仅在增加农业后劲和粮食产量、解放劳动力等方面作用显著，而且是实现农村第二步改革目标的正确道路。可是，由于中央没有清晰的关于农民组织化体系构建的顶层设计，目前的各级干部队伍中，很多人还视农民合作组织为"左"的东西，不敢理直气壮地扶持。一些基层干部甚至私下抱怨：到底是"少数人先富"优先？还是"多数人共富"优先？中央应给一个明确的说法。这是当前制约农民合作事业发展与新农村建设的最大思想障碍。

二是综合性农民合作组织发展缺乏专门的政府部门管理、指导和服务。小农户需要综合功能的合作组织。单一经济功能的专业合作社如同用一个平面服务于一个多面体，难以为多数小农提供细碎的、多样的、小而全的、综合的服务。因此，中国真正的农民合作社特别是乡（村）域内的农民合作社，一般都是综合性的。然而，由于现行《中华人民共和国农民专业合作社法》只对农民专业合作社作出了规定，因此，一个综合性的农民合作组织在登记注册时，往往困难重重，不仅需要同时找工商、银监会、供销社、农业局、土地局等多个部门，而且没有一个部门愿意为之登记、监管、指导和服务。

①　白石正彦，日本东京农业大学教授、日本合作经济学会原会长、国际合作社联盟原执行委员。

农民合作组织若想直接冠以"农民专业合作社"或"农民协会"的名称，更是难上加难。例如：当年河北沧州东光县"古树于农民专业合作社"的执照就是在创办人来来回回跑了 3 个月时间后才办下来的，当时受阻的原因是："农民"后面必须附加种植、养殖、果品等明示"专业"类别的词语；而山西永济"蒲韩乡村社区"则至今没有申办执照。原因在于，其前身"永济市蒲洲镇农民协会"引发了太多学者、媒体和上层领导的关注，虽然早在 2004 年即已在当地民政局登记注册，并曾获奖无数且得到过时任市委书记的首肯，却还是于 2007 年在面临换届的省民政厅与市民政局有关领导的双重压力下，被迫变更注册为"蒲洲镇果品协会"——理由只有一个："农民协会"的名称无论如何不能再用。由于果品协会的名称无法涵盖已经开展多年的经济、社会、文化等各项事业，经会员讨论后，"蒲韩乡村社区"这一新称谓被创造出来。它从会员所在的蒲州镇和韩阳镇各取一个字，以乡村社区表示不是行政区域，而是协会统辖的各类农民合作组织及其会员所在的地域。①

"蒲韩乡村社区"（及其前身"蒲洲镇农民协会"）16 年的发展完全源于农民自发的创造力，是在不断发现问题、解决问题，发现需求、满足需求的过程中形成了今天的组织和业态。它不仅解决了小农户组织起来对接大市场、实现农民共同富裕的问题，而且培育了农民自强自立的精神，发展了社区的公共服务，实现了农村社区的和谐稳定，保护了农村环境，维护了乡村文明。应该说，这是一种具有长远生命力的来自民间的组织创新，完全符合国家的政策导向。然而令人遗憾的是，迄今为止这类综合性农民合作组织还缺乏在名义上的政策认可与法律许可。

三是农民合作组织严重缺乏外部协作者。农民合作组织在初创过程中，特别需要外部协作者一起讨论章程、制度、财务监管、控制风险、调节内部矛盾、处理社会关系等。20 世纪 30～40 年代，当年国民政府领导的农村合作运动发展的一个显著特点，即政府对合作教育非常重视。在当时，合作教育被称

---

① 杨团、石远成：《走进山西永济蒲韩乡村社区：一个自治的综合性农民合作组织联合体》，载杨团《综合农协：中国"三农"改革突破口》，社会科学文献出版社，2013。

为"合作运动之母"。概括而言，国民政府的合作教育可划分为高级教育、中级教育和低级教育三个层次。[①] 高级合作教育旨在培养高级合作研究人才和领导骨干。1935 年 7 月，中央政治学校设立合作学院，这是中国规模最大的独立的合作社研究培训机构，招生对象全部为大学毕业生。此外，抗战前的南开大学、浙江大学，抗战期间的浙江英士大学、国立商学院等，以及抗战胜利后的国立复旦大学、湖南大学等，都相继设有合作组或合作系。中级合作教育旨在培养省、市、县合作指导人才，大多采取短训班的形式。初级合作教育旨在向合作社社员、职员及群众灌输合作社常识和业务知识。一般采取讲习会、巡回教育、通俗讲演及张贴挂图等方式，主要由各团体和地方政府在农闲时间组织。南京国民政府通过合作教育当其推动农村合作社发展培养了大量层次不同的合作人才与合作事业协作者。

目前，我国各地初创的农民合作组织亟待外部协作者的扶持。然而，除个别地方外，现在的普遍现象是：无论是大学还是各级地方党校，都不注重培养农民合作人才和农民合作事业协作者，以致农民合作组织的外部协作者严重缺乏，只能任凭农民合作组织自己在凶险的市场经济商海中扑腾，从而严重制约了中国农民组织化的进程。

四是政府对农民合作组织的保护措施不力。近年来，虽然国家对农民的各种补贴与保护措施在增加，但是在保护大多数小农户的可获利空间使之不至于过多地被工商资本所挤压方面则做得明显不够。大量工商资本进入生产领域，由投资边际效应决定的经营规模不仅会挤压农民的升级空间，而且，资本下乡后为追求最大利润，通常难以充分利用农村"质量较低"的多样化资源，并且倾向于尽量减少人工成本的投入，从而造成土地生产率的下降。针对这一问题，联合国粮农组织早在 2011 年即发出号召，要重视和发挥传统农业生产方式在节约资源方面的优势。然而，当前一些地方政府的做法却是将农业现代化与大规模经营和公司化等同起来，除了资助资本下乡外，还在经济上重点补贴支持大户。与此同时，弱小的农民合作组织却得不到同等对待。这种做法，无

---

① 潘劲：《民国时期的农村合作运动》，杜吟棠主编《合作社：农业中的现代企业制度》，江西人民出版社，2002。

异于工业领域粗放式增长在农业领域的再版。此外，政策资金被配套给私人投资者后，将转变为私人资产，这在法理上也难以解释。

五是农民合作组织过于弱小，缺乏上层组织建构，无法与大资本抗衡。根据农业部的数据，截至 2013 年 6 月底，全国依法登记的农民专业合作社为 82.8 万家，实有成员 6540 多万户。照此计算，平均每个合作社不到 80 户农民，这样小的规模使得合作社在金融、加工、销售等市场领域中的地位与个体农户基本无异。流通与金融是现代经济不可或缺的重要领域，对从事弱质产业的小农户合作组织来说，是决定其能否持续发展的命门。实际上，受规模和能力所限，许多农民专业合作社根本不能满足兼业小农的合作金融、联合购销这类综合服务的需要，更不要谈提供社会服务了。有些甚至连生存下去都是问题，成为了名存实亡的"假合作社"、"空壳社"。

在同属小农经济的我国台湾地区及我国近邻日本、韩国，其农户之所以生活水平能与城市居民相差无几，关键在于它们都拥有一个纵贯全国或全地区的多功能、一体化农民组织体系。基层合作社做不好或无力承担的事情，可以交由上层组织去做。以农机购买为例，虽然这些国家或地区的农业生产资料并未实行垄断经营，但是由农协（农会）出面统一购置，就会以最优的价格惠及所有成员，国家或地方政府的相关补贴也自然会惠及全体成员。然而在我国内地，尽管近年来国家的农机补贴额度不断增加，并于 2013 年达到 217.5 亿元，但是农民及其合作组织的获益却很有限。调查中，许多合作组织主要负责人反映，如果直接去农机生产厂家购买，价格甚至比政府补贴后的价格还要低。这说明，许多农机补贴的真正受益者其实都在流通环节。虽然农业生产资料在我国已放开经营，但没有上层组织、形不成综合实力的小农合作组织根本无法与早已占领流通市场的大资本抗衡，因此无法真正享受到国家农机补贴的实惠。而能在流通领域叱咤风云的国家供销合作社系统，却早已是有合作社之名、无合作之实的类国有企业。其获益与盈利跟农民合作组织几乎无实。

三　政策建议

第一，国家应在适当的时候进行顶层设计，构建一个有利于将广大农民纳入其中的，兼具经济、社会、教育、文化等多种功能的，处于制度统合框架之内的，能在中观领域承担利益代表与协调功能的纵向一体化农民合作组织体系。

第二，根据2013年中共中央一号文件中关于尽快抓紧研究修订农民专业合作社法的指示，尽快将修订工作提上日程。鉴于近年来我国农民合作组织发展的真实状况以及广大农户的实际需求，应赋予综合性农民合作组织以合法地位。

第三，作为改进或创新农民合作组织的一个方向，综合性农民合作组织需要通过试验或试点来得到检验、试错。因此，应积极开展综合性农民合作组织的试点工作。试点可从村、乡（镇）基层开始，适时向县域和省域推进。多样性、曲折性、试错性是任何组织和制度创新的必然特征，不宜求全责备。在综合性农民合作组织的法律没有形成之前，有关部门可根据现实的法规给予农合组织恰当可行的帮助，让试验或试点能够继续进行而不至于无谓搁浅。

第四，流通与金融是农民合作组织健康成长壮大的根本保证，应适时将我国供销社系统与信用社系统恢复"合作"性质的问题纳入议程。

当前是我国农民合作组织第三波兴起的重要时期，为了大多数普通农民的利益，为了让他们摆脱长久以来的贫弱地位，为了农村和国家的长治久安，各有关方面应当按照《中共中央关于全面深化改革若干重大问题的决定》提出的要求和方向，大力支持和帮助农民合作组织走上综合化、纵向一体化道路，促进"三农"改革的历史性新突破。

B.19
中国社会发展统计概览（2013）

张丽萍*

一　经济发展

在国内外复杂多变的经济形势下，我国经济发展保持了增长的态势。截至2013年第三季度末，全国 GDP 达到386761.7亿元，按可比价格计算，同比增长7.7%。分产业看，第一产业、第二产业和第三产业的增长率分别为3.4%、7.8%和8.4%。

分区域看，人均地区生产总值和增长率在各个地区是不平衡的。从2012年数据看，天津、北京和上海的人均地区生产总值超过8.5万元，而贵州、甘肃、云南、西藏则低于人均2.3万元。从经济增长速度看，地区生产总值增长较快的省份都在西部地区，其中贵州、陕西、重庆、四川、云南、甘肃的增长速度都在12%以上。2013年上半年，各地的地区生产总值增速有所变化，其中天津、贵州、重庆、云南超过12%。

---

* 张丽萍，中国社会科学院社会学所副研究员。

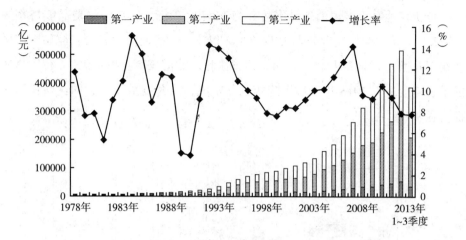

图1　国内生产总值总量与增长率变化情况

数据来源：1978～2012年数据来源于《中国统计摘要2013》，中国统计出版社，2013；2013年数据来源于中华人民共和国国家统计局网站（http://www.stats.gov.cn/tjsj/）。

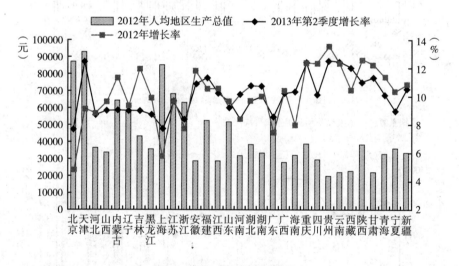

图2　地区生产总值与增长率

数据来源：国家统计局，《中国统计摘要2013》，中国统计出版社，2013。

社会消费品零售总额是分析人民生活、社会消费品购买力、货币流通等问题的重要指标。2012年年底社会消费品零售总额达到21.03万亿。截至2013年9月，社会消费品零售总额为168817亿元，比上年同期增长12.9%。从经营单位所在地看，城镇消费品零售额为145799.2亿元，乡村消费品零售额为23017.8亿元，增长速度分别为12.7%、14.5%。按消费形态看，商品零售增长快于餐饮，商品零售增长13.4%，餐饮收入的增长幅度为8.9%。餐饮收入的增长速度进入2013年以后下降幅度非常大，从月度数据看，同比增长幅度保持在9%左右。

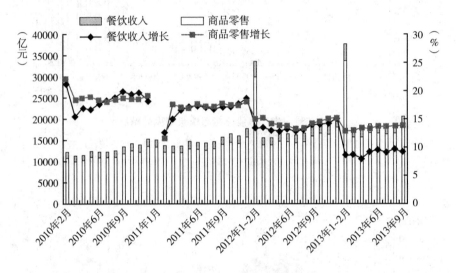

图3　社会消费品零售总额变化情况

数据来源：中华人民共和国国家统计局网站（http：//www.stats.gov.cn/tjsj/）。

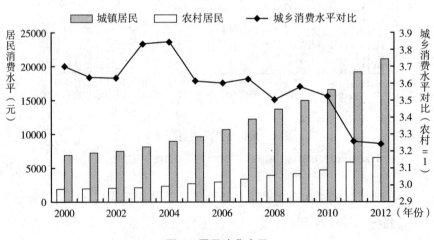

图4　居民消费水平

数据来源：国家统计局，《中国统计摘要2013》，中国统计出版社，2013。

居民消费水平继续提高，2012 年城镇居民消费水平为 21120 元，农村为 6515 元，分别比上年增长 2012 元和 645 元。从城乡消费水平对比看，二者虽然还有很大差距，但是这一差距也在逐渐降低，2012 年降低为 3.2。

二 人口与就业

随着生育水平的下降，我国人口增长速度降低。总人口数量在 2012 年年底为 13.54 亿。同时，城镇化水平的提高，城镇人口占总人口的比例达到 52.57%。

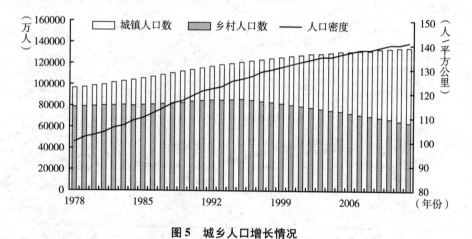

图 5　城乡人口增长情况

数据来源：国家统计局，《中国统计摘要 2013》，中国统计出版社，2013。

生育政策调整是改善人口结构的有效途径。从随机微观人口仿真模型估计值的均值来看，若现行生育政策不变，出生人口将处于持续减少的趋势之中。出生人口规模估计值的均值将从 2010 年的 1500 万人下降到 2050 年的 900 万人左右。假设 2015 年"单独"二孩政策开始实施，2016 年出生人口规模估计值的均值将达到 1600 万人左右，比现行生育政策不变的均值高 100 万人左右。95% 可能性的上限将达到 1900 万人，比生育政策不变的估计值 95% 可能性的上限高 200 万人左右。

生育政策的调整对于总人口的规模也会产生直接影响。如果现行生育政策一直不变，我国总人口将在 2023～2025 年左右达到峰值，峰值时期总人口估

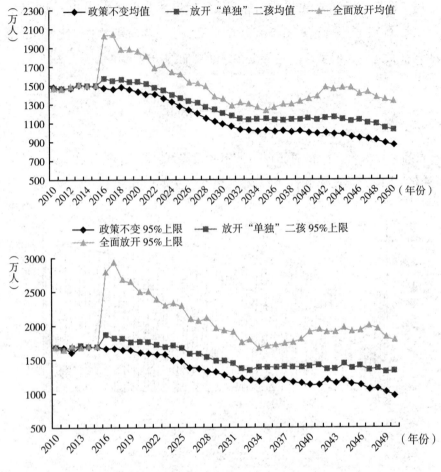

图6　不同生育政策条件下的出生人口规模均值与上限估计

注：如果放开"单独"二孩政策，假定"单独"育龄妇女二孩生育比例的下限为40%，均值为60%，上限为90%，而非"单独"育龄妇女生育政策不变；全部放开二孩生育政策，假定全部育龄妇女二孩生育比例的下限为40%，均值为60%，上限为90%。

数据来源：王广州、胡耀玲、张丽萍著《中国生育政策调整》，社会科学文献出版社，2013。

计值的均值为13.92亿。高峰过后，总人口的下降速度非常快，预计2050年全国总人口估计值的均值下降到12.6亿左右，如果2015年全国城乡统一放开"单独"二孩政策，那么，总人口高峰约在2026～2029年出现，高峰总人口估计95%的可能性上限为14.12亿人左右，区间为［13.83，14.12］。

就业人口数近年来保持平稳增长，2000年年底全国就业人口数为72085

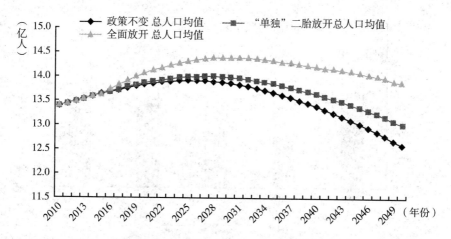

图7　不同生育政策条件下的总人口高峰估计

数据来源：王广州、胡耀玲、张丽萍著《中国生育政策调整》，社会科学文献出版社，2013。

万人，2012 年为 76704 万人。就业人员的城乡结构也在发生着变化，2012 年城镇和乡村的就业人数分别为 37102 万人和 39602 万人。城镇就业人员比例从 2000 年的 32.1% 提高到 2012 年的 48.4%。

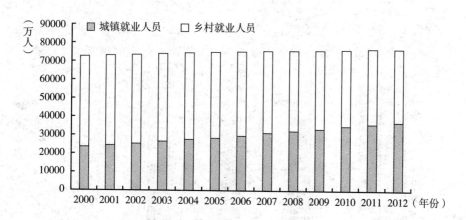

图8　城乡就业人员基本情况

数据来源：国家统计局，《中国统计摘要 2013》，中国统计出版社，2013。

农民工就业人数持续增加。2008 ~ 2012 年农民工数量从 2.25 亿增加到 2.63 亿，外出农民工也从 1.40 亿增加到 1.63 亿人。

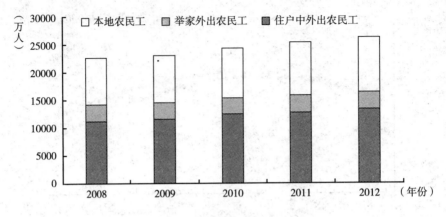

图9 农民工数量与构成

数据来源：2012年我国农民工调查监测报告，中华人民共和国国家统计局网站（http：//www.stats.gov.cn/）。

近年来，农民工的年龄结构也在发生着变化，40岁及以下的农民工的比例呈下降趋势，其中16~20岁农民工所占比例由2008年的10.7%降到2012年的4.9%。40岁以上农民工的比例逐年上升，从2008年到2012年41~50岁所占比例由18.6%提高到25.6%，50岁以上农民工比例由11.4%提高到15.1%。

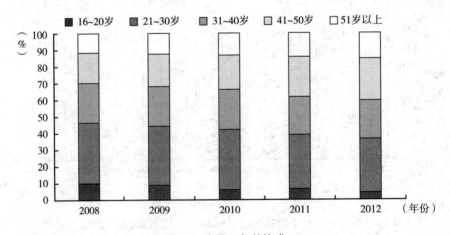

图10 农民工年龄构成

数据来源：2012年我国农民工调查监测报告，中华人民共和国国家统计局网站（http：//www.stats.gov.cn/）。

三　城乡居民生活

城乡居民收入持续增长，城乡居民生活水平明显改善，同时城乡差距也依然存在。从收入水平看，2006～2012年城镇居民家庭人均可支配收入从11759.5元提高到24564.7元，农村居民家庭纯收入从3587元提高到7916.6元。从收入增长速度看，从2010年起，农村居民收入增速开始快于城镇居民，2011年，达到11.4%，超过城镇居民收入的8.4%的增速，2012年农民收入增长速度为10.7%，依然高于城镇居民。

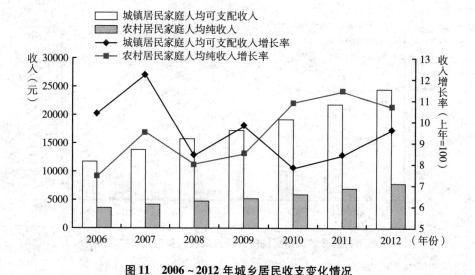

图11　2006～2012年城乡居民收支变化情况

数据来源：国家统计局，《中国统计摘要2013》，中国统计出版社，2013。

城镇和农村内部的收入也存在很大差距。从按五等份分的城乡居民家庭收入数据看，2005年，城镇高收入户的收入是低收入户的5.7倍，随后这一差距略有下降，2011年降为5.35倍，2012年继续下降到4.97倍。与城镇相比，农村的高收入户与低收入户的差距更大，2005年高收入户的收入是低收入户的7.26倍，这一差距随后继续增大，2011年达到8.38倍，2012年略有下降，为8.26倍。

随着人民生活水平的提高，居民消费水平不仅仅在数量上上升，消费结构

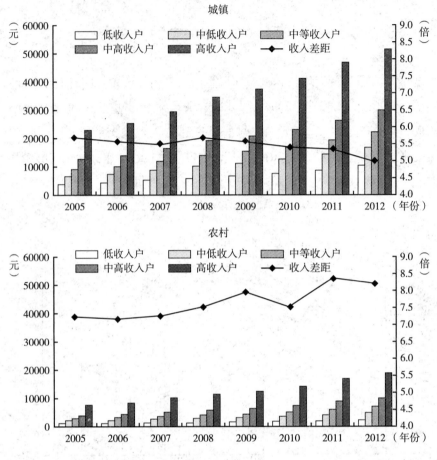

图 12　按五等份分的城镇居民家庭可支配收入和农村居民家庭纯收入

数据来源：国家统计局，《中国统计摘要 2013》，中国统计出版社，2013。

也在发生着变化。从最近几年的数据看，城镇居民家庭人均消费性支出从
2006 年 8697 元增加到 2012 年的 16674.3 元；农村居民家庭人均生活消费支出
从 2006 年的 2829 元增加到 5908 元。从城镇居民家庭的消费结构看，食品支
出比例近几年有所波动，从 2006 年的 35.8% 略有下降后回升到 2012 年的
36.2%，较 2011 年略有降低。2006～2011 年，交通和通信支出从 13.2% 提高
到 14.7%；衣着消费支出比例从 10.4% 提升到 10.9%；居住和医疗保健的支
出比例均有所下降。农村居民家庭人均生活消费性支出比例较高的是食品支
出。2006～2012 年食品支出比例从 43% 降低到 41.0%，2012 年较 2011 年微

升；居住支出从 16.5% 提高到 19.2%；交通通信支出提高到 11.5% 左右；医疗支出比例有所上升，从 6.8% 提高到 9.1%。

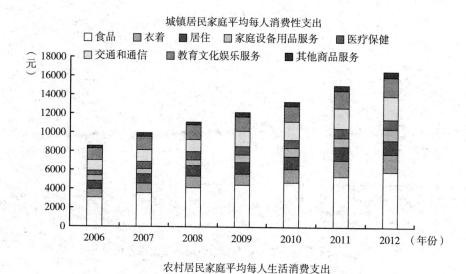

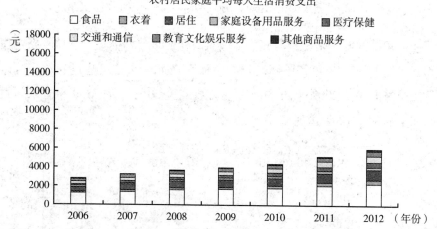

图13 城镇居民家庭平均每人消费性支出与农村居民家庭平均每人生活消费支出

数据来源：国家统计局，《中国统计摘要2013》，中国统计出版社，2013。

居民消费价格指数（CPI）是根据与居民生活有关的产品及劳务价格统计出来的物价变动指标。2013 年 1 月 CPI 为 2%，在 2 月份上升到 3.2% 后保持在 2.1% ~ 2.6% 之间，9 月份上升到 3.1%，10 月微升至 3.2%。在 CPI 偏高的月份，食品价格上涨影响较大，其中蔬菜价格上涨的影响较为明显。9 月份同比上升 18.9%，10 月达到 31.5%，对居民生活产生重要影响。

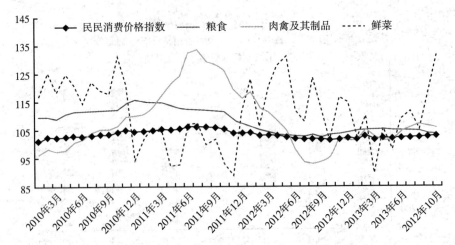

图 14   居民消费价格指数与部分食品价格指数变化情况

数据来源：中华人民共和国国家统计局网站（http://www.stats.gov.cn/tjsj/）。

住房条件的好坏是衡量居民生活质量高低的重要指标之一。城乡新建住宅面积逐年增加，2012 年，城镇新建住宅面积在近年来首次超过农村。城镇人均住房建筑面积从 2002 年的 24.5 平方米提高到 2012 年的 32.9 平方米，农村人均住房面积 2012 年达到 37.1 平方米。

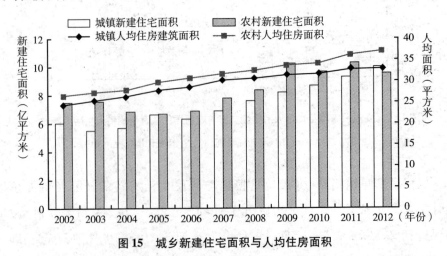

图 15   城乡新建住宅面积与人均住房面积

数据来源：国家统计局，《中国统计年鉴 2013》，中国统计出版社，2013。

四　教育、卫生、社会保障与社会服务

近年来，全国各级各类教育持续发展。2012 年学前教育规模持续扩大，学前教育机构数达到 18.12 万所，小学学校数量下降至 22.86 万所，初中、高中学校数略有下降，分别是 5.32 万所和 1.35 万所，中等职业教育学校数微降至 1.27 万所，普通高等教育机构数继续上升，达 2442 所。

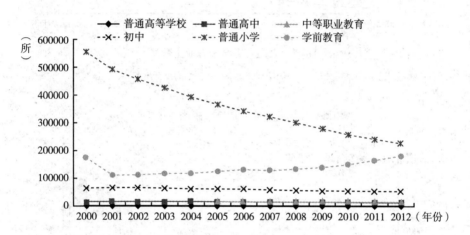

图 16　各级各类学校数

数据来源：国家统计局，《中国统计年鉴 2013》，中国统计出版社，2013。

各级各类学校毕业生数也发生了较大变化。其中学前教育毕业生数处于快速增长阶段，2012 年为 1433.6 万人；普通小学毕业生数近年来持续下降，2012 年为 1641.6 万人，比 2000 年减少 778 万人；初中毕业生数在 2005 年以前持续上升，之后下降，到 2012 年毕业生数为 1660.8 万人；普通高中毕业生数经历了上升后在 2008 年后趋于平稳，2012 年为 791.5 万人；中等职业教育毕业生和普通本专科毕业生人数均处于增长阶段，2012 年分别为 674.9 万人和 624.7 万人。

教育经费方面，2011 年教育经费为 23869.3 亿元，比上年增加 4307.4 亿元。从经费结构看，国家财政性教育经费占 77.9%，其中主要以公共财政预算教育经费为主，2011 年为 16804.6 亿元；事业收入中的学杂费收入也占到教育经费的 13.9%，为 3316.9 亿元。

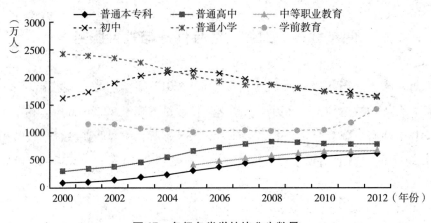

图17 各级各类学校毕业生数量

数据来源：国家统计局，《中国统计年鉴2013》，中国统计出版社，2013。

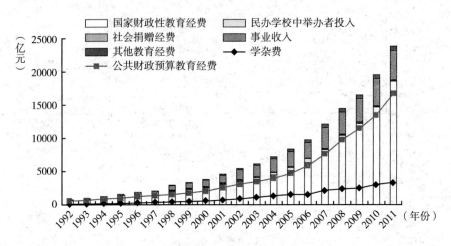

图18 教育经费

数据来源：国家统计局，《中国统计年鉴2013》，中国统计出版社，2013。

卫生总费用反映了在一定社会经济条件下政府、社会和个人对卫生健康的投入规模与结构。2012年卫生总费用达到27846.84亿元，比上年增加14.4%。其中政府卫生支出8365.98亿元，社会卫生支出9916.31亿元，个人现金卫生支出9564.55亿元。从历年数据看，卫生总费用的增长非常迅速，1987～1997年10年间每年增速在20%～28%之间，随后增速放缓，维持在10%～18%之间，2008年后增长速度再次加快。从支出结构变化看，政府卫生支出和社会卫生支出比例经历了从下降到上升的过程，个人现金卫生支出比例先上升后下降，2012 年分别占 30.0%、50.9% 和 34.3%。

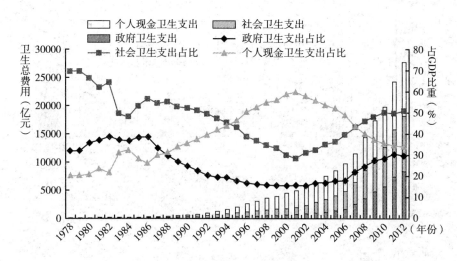

图19　卫生总费用支出情况

注：2001 年起卫生总费用中不含高等医学教育经费，2006 年起包括城乡医疗救助经费。

数据来源：国家统计局，《中国统计年鉴2013》，中国统计出版社，2013。

近年来，我国社会保障体系建设取得了明显成效，形成了以五大社会保险为基础，以新型农村合作医疗、社会优抚和社会救助为补充的社会保障体系，随着社会保障体系建设的快速推进，各类社会保险覆盖面持续扩大，参保人数逐年增加。2013 年 9 月底，基本养老保险、基本医疗保险参保人数分别为 31626 万人和 56360 万人，另外，失业保险、工伤保险、生育保险的参保人数也有不同程度的增长，分别是 16195 万人、19602 万人和 16060 万人。基金收入与支出增长迅速。2012 年全年五项社会保险（不含城乡居民社会养老保险）基金收入 28909 亿元，基金支出 22182 亿元，累计结余 35804 亿元。

2012 年我国基本实现新型农村和城镇居民社会养老保险制度全覆盖，截至 2012 年 9 月底，城乡参保总人数达到 48369.5 万人，其中达到领取待遇年龄参保人数 13382 万人。分地区看，参保人数最多的为河南、山东两个人口大省，分别为 4719.7 万人和 4401.2 万人。达到领取待遇年龄参保

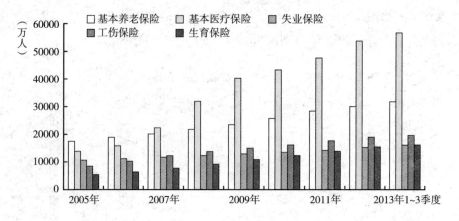

图20　社会保险参保人数

数据来源：2005～2012年数据来源于《中国统计年鉴2013》，中国统计出版社，2013年数据来源于中华人民共和国人力资源和社会保障部网站（http：//www.mohrss.gov.cn）。

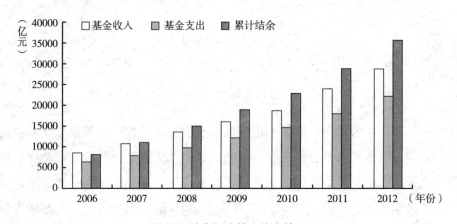

图21　社会保险基金收支情况

数据来源：国家统计局，《中国统计年鉴2013》，中国统计出版社，2013。

人数排在前两位的也是这两个省。另外，从达到领取待遇年龄人数占参保人数比例来看，天津、上海和浙江比例最高，分别为78.2%、56.2%和43.0%。

社会福利服务设施建设的加快，提高了老年人、孤残儿童和残疾人的生活水平。提供住宿的社会抚养机构床位数在2008年以后超过300万张，2012年达到449.3万张，其中老年人及残疾人床位数从265.7万张增加到416.5万

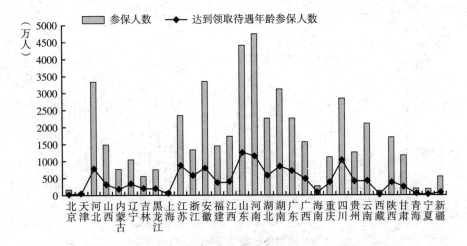

图22　分地区城乡居民社会养老保险参保与达到领取待遇年龄参保人数

数据来源：国家统计局，《中国统计年鉴2013》，中国统计出版社，2013。

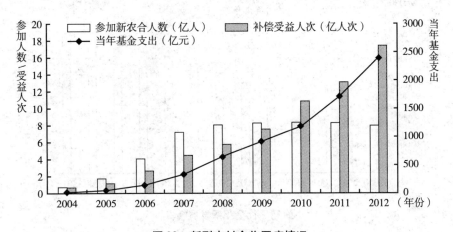

图23　新型农村合作医疗情况

数据来源：国家统计局，《中国统计年鉴2013》，中国统计出版社，2013。

张，但随着人口老龄化的加速，现有条件与群众需求之间还有一定差距，每千老年人口的养老床位数依然不高，2012年仅为21.48张。

2012年社会团体数为271131个。从发展速度看，社会团体数量21世纪初一直缓慢增加，2005年为171150个，2012年较2005年增加了近10万个。民办非企业单位数量增长很快，2000年时为22654个，2012年达到225108个。基金会2012年达到3029个。

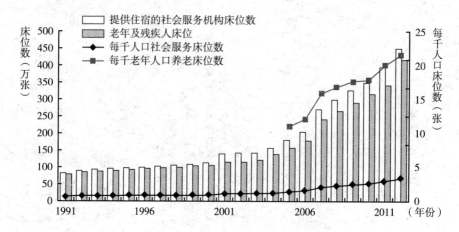

图24 提供住宿的社会服务机构床位数

数据来源：国家统计局，《中国统计年鉴2013》，中国统计出版社，2013。

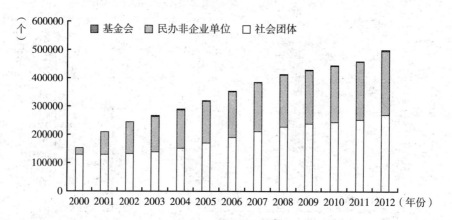

图25 社会组织发展情况

数据来源：国家统计局，《中国统计年鉴2013》，中国统计出版社，2013。

Abstract

This is the 2014 Annual Report (*Blue Book of China's Society*) by the Research Group on "The Analysis and Forecast of China's Social Development", issued by Chinese Academy of Social Sciences (CASS). Researchers and scholars from various research institutions, universities and government departments report on statistical data released by the government or social science surveys. This project is organized by the Institute of Sociology at Chinese Academy of Social Sciences.

Based on the main spirit of the third Plenary Session of the 18th Central Committee of the Communist Party of China (CPC), which highlights the theme of "deepening reform and opening up in an all-around way", the report systematically summarizes the significant achievements China has made in economic and social development. The report points out that, at this decisive stage, China needs on one hand to continue its effort in adjusting its economic structure, keeping the momentum of stable economic growth, tackling the problem of income inequality, and preventing the risk of widening income gap between urban and rural residents. On the other hand, the government also needs to pay more attention to adjusting the current employment structure, improving the social security system, and promoting the equal distribution of public services. Furthermore, it is essential for the government to improve social development quality and people's well-being, resolve the resistance to social system reform, and emphasize the importance of the modernization of social governance.

"Deepening reform in an all-around way" will become the new engine of China's economic and social development. Currently, the turning point of the economic downturn has yet to arrive, and there is room for industrial structure adjustment, which is accompanied by the limitation on environment capacity. As a result, social fairness and social justice become the main issue in today's society.

According to "the Decision on Major Issues Concerning Comprehensive Reform Plan of the CPC Central Committee", China will promote the modernization of its governance system and governance capacity, which include the modernization of administrative system and social governance system. Also, China will promote reform-oriented development and employment. At the same time, the advancement of income distribution reform, social security reform, medical and healthcare reform, education reform, cultural reform, and reform in other areas, will stimulate the rise in income and consumption for urban and rural residents, and ensure people's well-being. Furthermore, the reform plan will construct a system securing social fairness and justice, enhancing the well-being of urban and rural residents in both objective and subjective aspects, which are necessary for realizing the Chinese Dream.

Based on the aforementioned understanding, the reports in the book present detailed discussion on the following issues: fair payment and employment situation; old-age support and social security system, living arrangement for and health condition of the elderly population; medical service and new medical reform; education reform and the development of an equal education system; employment and social attitude of university graduates; fairness and justice of income distribution, people's quality of life and the evaluation of social development quality; improvement of employment situation and the prosperity of privately-owned businesses, especially small and medium-sized enterprises; challenges posed by internet-based public opinion in the area of social governance.

This book, on one hand, builds the discussion on the foundation of reliable survey data and official statistics, and on the other hand, offers comprehensive and insightful analysis and opinions on various social problems, accompanied by practical reference and policy recommendations.

Contents

Abstract: In 2013, China has stepped into a crucial stage of social and economic reform. Facing complex and volatile international situation, coupled with complicated social problems at the domestic level, the third Plenary Session of the 18th Central Committee of the Communist Party of China (CPC) approved "the Decision on Major Issues Concerning Comprehensive Reform Plan of the CPC Central Committee", which will stimulate social and economic development.

In general, a series of policies have been implemented in order to facilitate structural adjustment, stabilize the momentum of development, and promote economic

growth. Currently, the rate of economic growth has been stabilized; at the same time, labor demand exceeds labor supply, which has significant impact on the employment situation. With growing number of migrant workers in metropolitan areas, the urbanization rate will reach 54%. Government enforced policies to promote equality in education, and the percentage of college enrollment in central and western China has been increased. Reforms of the transformation of government function arrive at a new stage, accompanied by a period of dramatic increase of social organizations in the near future. The number of participants in social insurance programs keeps rising, with expanding social insurance coverage. However, problems of imbalanced and unsustainable development still exist. Statistics from the first three quarter show that the rate of income increase for urban and rural residents is decelerating, and the rate of increase for per capita disposable income of urban residents is lower than GDP growth rate. Under this background, food price and housing price keep rising, which has negative impact on consumption of average people. At the same time, soaring price show down of necessities show down the process of eitigenization of peasant workers. Due to the adjustment of industrial structure, for a long petimeriod in the future, new graduates will probably face large scale structural unemployment. As an aging society, old-age support will become an important social issue in the future. Disputes over pollution have been multiplied because of the deterioration of environment. And in some regions, civil disturbance has weakened sense of security. Therefore, in 2014, government should adjust the scope of macro-control, promote steady growth, and implement a comprehensive package plan oriented in the right towards correct direction. At the same time, more effort should be made to protect and improve people's well-being, which has a predominant impact on the effect of the current reform plan. It is very important to provide equal opportunity for every Chinese to fulfill the "Education Dream" and "Employment Dream". With prudent planning in the area of the *hukou* registration regulations, reform should be carried out in a balanced and comprehensive manner. With the new adjustment to the one-child policy, the new policy allows couples to have two children if one spouse is an only child. However, population structure and scale should be consistent with sustainable development. Reforms over rural land and housing regulation should move forward with full consideration of the protection of peasants' rights and interests. The

overarching reform target should be set over the foundation of innovation of social governance, which is essential in maintaining social harmony and social stability.

Key Words: Social Governance; Reform of the Hukou Registration Regulation; Urbanization; Equality of Education; Social Justice

B. 2   Income and Consumption Conditions of Urban and Rural Residents in China in 2013
Lyu Qingzhe / 013

Abstract: This paper analyzes overall income and consumption in urban and rural China in 2013, and forecasts the trend of residents' consumption in the future. In 2013, income level continues to increase steadily for both urban and rural residents. Meanwhile, residents' living standard is further improved; the consumption level has increased, where consumption ideology and consumption model have risen to a new height. However, admittedly, the macroeconomic situation contributes to the less optimistic expectation for domestic consumption, and high housing prices and soaring expenditure on basic necessities affect the immediate consumption and weaken the momentum of domestic consumption. The marginal effect of measures and policies to increase domestic demand has reached its limits, and an unsafe environment continues to be an obstacle to boosting domestic consumption. For 2014, the GDP growth rate will be higher than 7% , and the total retail sales of consumer goods will increase by about 13% .

Key Words: Income of Residents; Consumption of Residents; Quality of life

B. 3   New Round of Industrial Transformation and the Development of Employment Situation
Mo Rong, Zhou Xiao and Meng Xuduo / 029

Abstract: In 2013, China's labor market maintains a stable situation throughout

社会蓝皮书

the year, and substantial employment opportunities are created. For the first three quarters, a total of 10. 66 million urban jobs were created, which already accomplished the annual target set at the beginning of the year. The urban registered unemployment rate still maintains at a low level of 4. 04% , which is below the 4. 6% control level. In recent years, the industrial transformation and upgrading have positive impact on the total amount of employment, and optimize the employment structure. The internal structure of the secondary and tertiary industry has changed significantly, and the tertiary industry becomes the main engine in terms of job creating. During the process of industrial transformation, frictional unemployment is a newly emerging problem, which demonstrates negative impact on traditional manufacture sector.

Key Words: Industry; Transformation and Upgrading; Impact on Employment

B. 4   China's Income Distribution and Its Future

Trend   *Yang Yiyong*, *Chi Zhenhe* / 047

Abstract: The income inequality has become a focal issue in China. The paper analyzes new changes in China's income distribution. The income gap between urban and rural residents has been reduced in 2012, which results the overall reduction of the income inequality. As to the functional distribution, the aggregate labor share increases in 2012 due to the decreasing share of secondary industry. The income distribution among households, firms and government is still favorable to the government, and government gets more fiscal advantage through the income redistribution.

Key Words: Income Inequality; Labor Payment Ratio; Income Redistribution

B. 5 The Stable Advancement of Social Security

System in China in 2013   *Wang Fayun*, *Ding Yi* / 059

Abstract: In 2013, China has made comprehensive progress in developing the

344

social security system. The old-age pension and medical insurance system for both urban and rural residents were gradually established. The level of social insurance and potential benefits are dramatically enhanced, and all kinds of social insurance fund are also keep in balance. However, the rate of increase over expenditure still exceeds the rate of revenue. Government has launched the top-level policy design in terms of old-age insurance system. Issues related to the potential deficit of old-age pension fund, the postpone of retirement age, reform of the old-age insurance in government and others organizations have been intensively debated.

Key Words: Social Insurance; Potential Deficit of Old-age Pension Fund; Postpone of Retirement Age

B. 6　2013: The Progress of Education Development, Reform and Expectation in China　　*Wang Jian* / 071

Abstract: Since the implementation of the Outline of China's National Plan for Medium and Long-Term Education Reform and Development (2010-2020), a series of policies and projects have beneficial effect to promote education equality; such policies include the nutrition improvement project for rural students in compulsory education schools, the free secondary vocational education policy for rural students, and the universal policies to enable migrant workers' children to take college entrance exam in different areas. Meanwhile, local reform pilot programs have achieved successful experience, some of which have been promulgated and put into effect at the national level with dramatic effect. Now, China's education reform has entered a critical stage, where comprehensive and integrated approach needs to be introduced with full consideration of potential economic and social impact. Chinese education system needs to address many problems and challenges as soon as possible in order to achieve important progress in adjusting educational structure, promoting fair chance of higher education enrollment, reforming examination and enrollment system, and transforming government functions. To achieve these goals, national macro-level policies and decisions should be supported through strengthening the top-level design and finding breakthrough of the current education reform.

社会蓝皮书

Key Words: Education Development; System Innovation; Comprehensive Reform

B. 7 Medical and Healthcare Reform and
Development in China, 2013 *Fang Lijie* / 090

Abstract: By 2013, China's new healthcare reforms have been launched for five years. From statistics, the input and spending on the area of medical and healthcare keeps increasing; and all levels of medical institutions and services have been improved greatly. However, the rising trend of medical expense is still significant, which poses substantial burden to average patients. From the perspective of current healthcare reform, private capital has been supported by various policies, and the scale of private hospitals expands beyond expectation. However, we have to admit that it is far from satisfactory for the reforms at primary-level medical and healthcare institutions, and the mode of "first doctor visit at primary-level medical institutions" is not compatible with the contemporary reform direction. The public hospitals reform is also at the preliminary stage where many uncertainties and challenges are ahead of the reform agenda. The healthcare security system is improved greatly in terms of its coverage and magnitude, where there is still uncertainty from the perspective of its sustainability. In the future, it is urgent to integrate the government-oriented mechanism and the utility of market, and improve "comprehensive doctor system". At the same time, it is important to transform the mode of primary medical and healthcare institutions.

Key Words: New Medical and Healthcare Reform; Expenditure Control; Health Management; Public Hospital Reform

B. 8 The Chinese Dream is the Dream of the People
—Report on Chinese Social Survey, 2013

Chinese Social Survey Research Group, Institute of Sociology, CASS / 106

Abstract: From the perspective of Chinese Dream, the paper analyzes public's evaluation of social situation and the expectation of the future. The paper covers five aspects, including economic construction, political construction, cultural construction, social construction, environmental and ecological construction, coupled with multiple sub-level indexes. In general, in terms of economic construction, the income level of both urban and rural residents increases steadily, the situation of employment remains stable, and the coverage of social security system keeps expanding. From the perspective of political construction, the general public holds more confidence over the effect of government's anti-corruption campaign. As for cultural construction, the general public have high evaluation of our national cultural influence and soft power; and the core ideology of China's socialism has been highly recognized. Regarding social construction, people have high level sense of security, with improved satisfaction level and sense of happiness. However, when it comes to environmental and ecological construction, many people urge that it is important to transform the mode of economic development and realize a harmonious relationship between human and the nature.

Key Words: Chinese Dream; Economic Construction; Political Construction, Cultural Construction; Social Construction; Environmental and Ecological Construction

B. 9　Regional Comparative Report of Urban Social Quality in China：
—Report Based on the Survey of 6 Cities in the Eastern, Middle and Western Districts

Zhang Haidong, Bi Jingqian and Yao Yelin / 130

Abstract: This article analyzes the regional differences of urban social quality by comparing social quality key indicators. The results reflect the obvious social quality differences among urban regions in the domains of socio-economic security, social cohesion, social inclusion and social empowerment. How to raise social quality by improving social policy is a common problem of China's urbanization process.

 社会蓝皮书

Key Words: Social Quality; Socio-economic Security; Social Cohesion; Social Inclusion; Social Empowerment

B. 10 Report on 2013 Survey of Quality of Life for Chinese Residents

Victor Yuan, Zhang Hui and Jiang Jianjian / 152

Abstract: 2013 Chinese Residents' Quality of Life Survey shows: life quality has improved greatly in many aspects, such as price tolerance level, consumption confidence, and the anti-corruption confidence, which reflects the effectiveness of the new government's efforts and the positive social attitude in general. Problems relating to people's well-being, such as polarization between the rich and the poor, soaring price of housing and basic necessities, are the most important factors affecting residents' quality of life. Meanwhile, respondents show intensive concern over issues including old-age support, anti-corruption, social stability and social morality. Furthermore, respondents demonstrate low confidence over individuals' competition ability, while show great confidence over China's future and China's international status.

Key Words: Overall Life Quality Satisfaction; Wealth Polarization; Social Justice

B. 11 Report on China's Labor Situation Survey in 2012

Liang Hong / 175

Abstract: Based on the 2012 CLDS survey data of Sun Yat-Sen University, the paper finds that the average education year among Chinese labor force is about nine years, accompanied with the problem of insufficient technical training. At the same time, only a few workers hold professional and technical qualification certificate. The regional mobility of labor force has exceeded 15% with significant age disparity. Among all respondents, more than 20% have changes on Hukou registration with significant gender differences. Among labor force, most of them are employed by others, followed by peasants, the self-employed, and employers. 9% are economically inactive population. The rate of signing labor contract is about 50%. Most workers have prolonged working hours, and many of them are violated in terms of their legitimate rights. Among respondents, many of them are not satisfied with their income, working environment, and other related indexes. Meeting their basic necessities is their primary request.

Key Words: Labor Quality; Economically Inactive Population; Labor Mobility; Protection of Workers' Legitimate Rights; Labor Ideology

B. 12 The Most Difficult Employment Situations for University Graduated Students:
—A Report Based on a Tracking Survey of University Graduated Students from 12 Universities

Li Chunling / 197

Abstract: Relying on longitudinal survey focusing on university graduated students from 12 universities, the paper analyzes the challenges facing newly graduated students from universities. Although the year of 2013 is called "the most difficult job-finding year", the overall employment situation is far better than expectation. The prominent employment rate of graduated students from higher vocational schools demonstrates that higher vocational education has successfully transformed towards a market-oriented mode. However, university graduated students with bachelor degree have the lowest rate of employment, where students from rural areas are the most difficult group among them. On the other hand, the amount of female university graduated students keeps increasing; and female students have outnumbered male students at the threshold of employment market. Therefore, relevant government departments and employers should pay close attention towards this situation.

社会蓝皮书

Key Words: University Students; University; Employment

B. 13　Analysis on Internet-based Public Opinion in China in 2013

The Public Opinion Monitoring Office, People. com / 215

Abstract: The development of internet-based public opinion has reached a turning point in 2013. On the one hand, the intensity of internet debate has declined, and internet debunking of negative news has been tuned down. The VIPs of mini-blog become more cautious in expressing their opinions. Many internet users transferred from public debate platform of mini-blog towards more private internet discussion group such as WeChat. The relation between internet and the current system stepped into an adjustment period. Government has launched a campaign towards certain internet opinions which have affected the construction of a harmonious society. On the other hand, government also encourages mainstream media and official mini-blog to promote the positive energy of the internet. And internet-based anti-corruption has been integrated with government-centered anti-corruption system.

Key Words: Mini-blog; WeChat; News Report APP; Internet Rumor; Mini-blog VIP, Judicial Interpretation by the Supreme People's Court and the Supreme People's Procuratorate; Opinion Leaders

B. 14　Living Condition and Social Attitude of University Students

—A Report Based on a Tracking Survey of University Students from 12 *Universities*

Zhao Lianfei, Tian Feng / 239

Abstract: The "post-1990 generation" have become the main group in university students. Their living condition and social attitude have great influence on China's future development. The "post-1990 generation" have experienced globalization and the digital era. Globalization and information revolution have great impact on the "post-1990 generation": they play Smart Phones, use laptop computers, watch American TV shows, listen western music and communicate with their friends through internet. At the same time, they are facing a world of expanding wealth gap, diminishing social trust and prevailing individualism. Therefore, the "post-1990 generation" are restructuring their world through their own standpoint.

Key Words: "Post-1990 Generation"; University Students; Living Condition; Social Attitude

B. 15 Parents' Expectations for Their Children:
—A Survey on Parents of Primary and
Middle School Students in China

Xue Pin, Shi Changhui, Zhang Wenxia, He Guangxi and

Zhao Yandong / 259

Abstract: Based on a survey of students in primary and middle schools in China, the paper describes parents' expectation on their children in terms of future education, occupation and studying or working abroad. The results show that around 90 percent of Chinese parents hope their children to finish university level education or even higher. More than 40 percent of Chinese parents hope their children could study or work abroad in the future. More parents prefer their children to choose professional occupations with higher prestige and stability in the future, whilst almost no parents hope their children to become worker or peasant. The expectations for children also vary among different social classes.

Key Words: Primary and Middle School Students; Educational Expectation; Occupational Expectation; Expectation of Going Abroad

B. 16　2013：Stepping into A New Stage of High

Quality Employment　　　　　　　*Qiao Jian* / 273

Abstract：Under the steady economic growth, the main feature of China's labor force in 2013 is that, the balance of labor demand and supply created a favorable employment situation. However, the rate of increase of wage is decelerating, and the increment of residents' income is lower than economic growth rate. The scale of collection and payment of employees' social insurance keeps rising, whereas the old-age pension replacement rate continues a downward trend. There is a significant improvement of occupational safety among workers. However, pneumoconiosis and occupational lung disease received extensive attention. On the one hand, the amount of labor disputes keeps in a stable level; on the one hand, the amount of mass disturbance is gradually reduced. The overall welfare and rights protection of workers is greatly improved, accompanied with a tendency of "four strengthened aspects" and "four weakened aspects". In general, the stability of the employment situation remains on the right track, and government-centered collective labor relation coordination system is on its way of formation.

Key Words：High Quality Employment; Harmonious Labor Relation with Chinese Characteristics; Origin-oriented Governance over Labor Relation Conflict

B. 17　The Rights, Responsibility, and Development

Environment of China's Entrepreneurs in

Private Sector　　　　　*Zhang Houyi*, *Lyu Peng* / 293

Abstract：The paper analyzes China's entrepreneurs in private sector using survey data, especially focusing on their rights, responsibility and development environment. The paper find that, although China's entrepreneurs in private sector have deep understanding in the concept of social management, their understanding is still limited in the area of economy and enterprises. In the aspect of social responsibility, 60% of interviewees have conducted charity and other philanthropy related activities. However, the publication of social responsibility report is quite rare. Many entrepreneurs show a pattern of incongruity between their understanding and practice. Furthermore, through the study of enterprises charity, fee allocation, accommodation, public relationship and their startup process, the authors analyze the difficulties of the development environment for China's entrepreneurs. Finally, for the last ten years, China's entrepreneurs' self recognition of their economic, social and political status has shown a downward trend, although most of them still define themselves as upper-middle class.

Key Words: Entrepreneurs in Private Sector; Rights; Responsibility; Development Environment

B. 18   2013: Report on the Progress of Farmers' Organizations

Abstract: In 2013, Chinese farmer cooperatives have made great progress. The development of farmers' specialized cooperatives gradually moves into a new stage, where there is a significant increase of people who pay attention and who join farmers' organizations. But there are many challenges over issues such as how to establish a framework of national farmer's organizational system.

Key Words: Farmers' Specialized Cooperatives; Comprehensive Farmers' Association; Vertically Integrated Farmers' Organizations

B. 19   Social Development Graphs of China, 2013

权威报告　热点资讯　海量资源

当代中国与世界发展的高端智库平台

皮书数据库　www.pishu.com.cn

　　皮书数据库是专业的人文社会科学综合学术资源总库，以大型连续性图书——皮书系列为基础，整合国内外相关资讯构建而成。该数据库包含七大子库，涵盖两百多个主题，囊括了近十几年间中国与世界经济社会发展报告，覆盖经济、社会、政治、文化、教育、国际问题等多个领域。

　　皮书数据库以篇章为基本单位，方便用户对皮书内容的阅读需求。用户可进行全文检索，也可对文献题目、内容提要、作者名称、作者单位、关键字等基本信息进行检索，还可对检索到的篇章再作二次筛选，进行在线阅读或下载阅读。智能多维度导航，可使用户根据自己熟知的分类标准进行分类导航筛选，使查找和检索更高效、便捷。

　　权威的研究报告、独特的调研数据、前沿的热点资讯，皮书数据库已发展成为国内最具影响力的关于中国与世界现实问题研究的成果库和资讯库。

皮书俱乐部会员服务指南

1. 谁能成为皮书俱乐部成员？

- 皮书作者自动成为俱乐部会员
- 购买了皮书产品（纸质皮书、电子书）的个人用户

2. 会员可以享受的增值服务

- 加入皮书俱乐部，免费获赠该纸质图书的电子书
- 免费获赠皮书数据库100元充值卡
- 免费定期获赠皮书电子期刊
- 优先参与各类皮书学术活动
- 优先享受皮书产品的最新优惠

社会科学文献出版社 皮书系列

卡号：**3295357771126447**

密码：

3. 如何享受增值服务？

（1）加入皮书俱乐部，获赠该书的电子书

　　第1步 登录我社官网（www.ssap.com.cn），注册账号；

　　第2步 登录并进入"会员中心"—"皮书俱乐部"，提交加入皮书俱乐部申请；

　　第3步 审核通过后，自动进入俱乐部服务环节，填写相关购书信息即可自动兑换相应电子书。

（2）免费获赠皮书数据库100元充值卡

　　100元充值卡只能在皮书数据库中充值和使用

　　第1步 刮开附赠充值的涂层（左下）；

　　第2步 登录皮书数据库网站（www.pishu.com.cn），注册账号；

　　第3步 登录并进入"会员中心"—"在线充值"—"充值卡充值"，充值成功后即可使用。

4. 声明

　　解释权归社会科学文献出版社所有

社会科学文献出版社

皮书系列

　　"皮书"起源于十七、十八世纪的英国,主要指官方或社会组织正式发表的重要文件或报告,多以"白皮书"命名。在中国,"皮书"这一概念被社会广泛接受,并被成功运作、发展成为一种全新的出版形态,则源于中国社会科学院社会科学文献出版社。

　　皮书是对中国与世界发展状况和热点问题进行年度监测,以专业的角度、专家的视野和实证研究方法,针对某一领域或区域现状与发展态势展开分析和预测,具备权威性、前沿性、原创性、实证性、时效性等特点的连续性公开出版物,由一系列权威研究报告组成。皮书系列是社会科学文献出版社编辑出版的蓝皮书、绿皮书、黄皮书等的统称。

　　皮书系列的作者以中国社会科学院、著名高校、地方社会科学院的研究人员为主,多为国内一流研究机构的权威专家学者,他们的看法和观点代表了学界对中国与世界的现实和未来最高水平的解读与分析。

　　自20世纪90年代末推出以《经济蓝皮书》为开端的皮书系列以来,社会科学文献出版社至今已累计出版皮书千余部,内容涵盖经济、社会、政法、文化传媒、行业、地方发展、国际形势等领域。皮书系列已成为社会科学文献出版社的著名图书品牌和中国社会科学院的知名学术品牌。

　　皮书系列在数字出版和国际出版方面成就斐然。皮书数据库被评为"2008~2009年度数字出版知名品牌";《经济蓝皮书》《社会蓝皮书》等十几种皮书每年还由国外知名学术出版机构出版英文版、俄文版、韩文版和日文版,面向全球发行。

　　2011年,皮书系列正式列入"十二五"国家重点出版规划项目;2012年,部分重点皮书列入中国社会科学院承担的国家哲学社会科学创新工程项目;2014年,35种院外皮书使用"中国社会科学院创新工程学术出版项目"标识。

法 律 声 明

  "皮书系列"（含蓝皮书、绿皮书、黄皮书）由社会科学文献出版社最早使用并对外推广，现已成为中国图书市场上流行的品牌，是社会科学文献出版社的品牌图书。社会科学文献出版社拥有该系列图书的专有出版权和网络传播权，其LOGO（ ）与"经济蓝皮书"、"社会蓝皮书"等皮书名称已在中华人民共和国工商行政管理总局商标局登记注册，社会科学文献出版社合法拥有其商标专用权。

  未经社会科学文献出版社的授权和许可，任何复制、模仿或以其他方式侵害"皮书系列"和LOGO（ ）、"经济蓝皮书"、"社会蓝皮书"等皮书名称商标专用权的行为均属于侵权行为，社会科学文献出版社将采取法律手段追究其法律责任，维护合法权益。

  欢迎社会各界人士对侵犯社会科学文献出版社上述权利的违法行为进行举报。电话：010-59367121，电子邮箱：fawubu@ssap.cn。

社会科学文献出版社